广西壮族自治区文史研究馆 ◎ 本卷主编

国务院参事室 中央文史研究馆 ◎ 主编

红色记忆

革命老区巡礼 广西篇

中共党史出版社

图书在版编目（CIP）数据

红色记忆：革命老区巡礼.广西篇 / 国务院参事室，
中央文史研究馆主编 . -- 北京：中共党史出版社，
2025. 4. -- ISBN 978-7-5098-6793-8

Ⅰ . K29

中国国家版本馆 CIP 数据核字第 20251E4Z64 号

书　　名：红色记忆——革命老区巡礼（广西篇）
作　　者：国务院参事室　中央文史研究馆

出版发行：**中共党史出版社**
责任编辑：庄涵莉
责任校对：申宁
责任印制：段文超
社　　址：北京市海淀区芙蓉里南街 6 号院 1 号楼　邮编：100080
网　　址：www.dscbs.com
经　　销：新华书店
印　　刷：北京盛通印刷股份有限公司
开　　本：720mm×1000mm　1/16
字　　数：260 千字
印　　张：20
版　　次：2025 年 4 月第 1 版
印　　次：2025 年 4 月第 1 次印刷
书　　号：ISBN 978-7-5098-6793-8
定　　价：75.00 元

广西篇组委会、编委会名单

组织工作委员会
主　　任：张志文
副主任：黄　景　韦廷宗
委　　员：喻明强　郑　健　韦青峰　熊玉宇

编撰工作委员会
主　　编：黄　铮　庾新顺
副主编：覃坚谨
编　　委：蒙爱群　彭　洋

前言

　　革命老区是党和人民军队的根。百余年来，党带领老区人民同全国人民一道，以"为有牺牲多壮志，敢教日月换新天"的大无畏气概，书写了中华民族几千年历史上最恢宏的史诗。

　　新民主主义革命时期，以毛泽东同志为主要代表的中国共产党人追光逐梦，把马克思列宁主义基本原理同中国具体实际相结合，开辟了农村包围城市、武装夺取政权的正确革命道路。党带领人民建立的革命根据地承载着中国革命的希望之光。虽然初创条件艰苦、偏僻闭塞，近代以来经济文化十分落后，但是星星之火可以燎原，人民的精神一旦觉醒，文明的沉淀一经激发，就以澎湃之势谱写出改天换地的壮丽史诗。正是有了革命老区，革命的武装就有了后方，就能够冲开绝壁、夺隘而出，在苦难中创造辉煌，开启全国胜利的新纪元。

　　新中国成立后，我们党带领老区人民推进社会主义革命和建设，自力更生、发愤图强、重整山河，为摆脱贫困、改善人民生活打下了坚实基础。进入改革开放和社会主义现代化建设新时期，党团结带领老区人民实施了大规模、有计划、有组织的扶贫开发，着力解放和发展社会生产力，着力保障和改善民生，取得了前所未有的伟大成就。党的十八大以来，以习近平同志为核心的党中央情系老区，提出实现脱贫攻坚目标的总体要求，实行扶持对象、项目安排、资金使用、措施到户、因村派人、脱贫成效"六个精准"，实行发展生产、易地搬迁、生态补偿、发展教育、社会保障兜底"五个一批",发出打赢脱贫攻坚战的总攻令。经过持续奋斗,党带领老区人民同全国人民一道,坚持精准扶贫、尽锐出战,打赢了人类历史上规模最大的脱贫攻坚战,全国 832 个贫困县全部摘帽,近一亿农村贫困人口实现脱贫,960 多万贫困人口实现易地搬迁,历史性地解决了绝对贫困问题,创造了又一个彪炳史册的人间奇迹,为全球减贫事业作出了重大贡献。

百年征途、沧桑巨变、波澜壮阔。革命老区井冈山从高举红旗创建第一块农村革命根据地到树起全国第一面脱贫红旗,"糍粑越打越黏,生活越过越甜";曾窝在大山深处的四川巴中,易地扶贫搬迁实施后乡亲们有了"稳稳的幸福";斯诺眼中最不适合人类居住的陕北黄土高原,如今成为全国第一个完全"拴牢"流动沙地、绿色版图向北推进 400 多公里,连片增绿幅度最大的地区;淮海战役时当地群众用小推车载满军粮支前的山东临沂,入选首批国家物流枢纽,书写出告别贫困的沂蒙传奇……山川巨变见证初心使命,中国共产党从诞生之日起,就把为中国人民谋幸福、为中华民族谋复兴确立为自己的初心使命,并为之不懈奋斗。江山就是人民,人民就是江山。这一切的变化,都是中国共产党带领老区人民追梦美好生活的最美注脚,是中国共产党人民情怀的生动体现。

追寻掩映在山水间的红色足迹,体会艰苦奋斗的峥嵘岁月,革命老区的伟大历程完整展现了中国式现代化道路的艰辛探索、光明前景和勃勃生机。这是最生动的党的故事、中国故事、发展的故事、艰苦创业的故事、勤劳致富的故事,这其中所蕴含的精神力量,今天依然是我们朝着第二个百年奋斗目标,全面建设社会主义现代化国家的宝贵精神财富。

行程万里，不忘初心。党的十八大以来，习近平总书记多次到革命老区考察调研，瞻仰革命历史纪念场所，看望老区群众。习近平总书记指出："我们绝不能忘记革命先烈，绝不能忘记老区人民，要把革命老区建设得更好，让老区人民过上更好生活。"习近平总书记强调要传承红色基因、赓续红色血脉，让信仰之光照耀前行路，"要讲好党的故事、革命的故事、根据地的故事、英雄和烈士的故事，加强革命传统教育、爱国主义教育、青少年思想道德教育，把红色基因传承好，确保红色江山永不变色"。

为深入贯彻习近平总书记关于革命老区的系列讲话精神，国务院参事室、中央文史研究馆编辑出版了这套《红色记忆——革命老区巡礼》系列丛书，以期通过编撰、整理各地革命老区的红色历史记忆和新时代发展成就，深入挖掘革命老区所承载的红色基因，呈现老区人民底色不变、奋斗不变和发展巨变，在老区今昔发展对比中展示中国共产党的百余年辉煌足迹串连起的中国奇迹，让人们深刻领悟红色政权是从哪里来的、新中国是怎么建立起来的、今天的幸福生活是怎么得来的。以英雄的土地、人民和续写的红色传奇，进一步丰富人们的精神世界，提高人们的党史国史修养，在全社会树立正确党史观。

本套丛书第一部分"老区概览"系统梳理革命老区的历史概貌；第二部分"烽火岁月"以一个个有代表性的人物、故事为切入点，弘扬党带领老区人民所形成的革命精神、革命文化、革命传统；第三部分"沧桑巨变"展现新中国成立以来，特别是新时代以来革命老区以习近平新时代中国特色社会主义思想为指导加快大建设、推动大发展、实现大突破，在推动高质量发展中交出的红色"成绩单"。

本套丛书追随习近平总书记在各地革命老区考察的脚步，选取了目前写作较为成熟的河北、山西、安徽、福建、江西、山东、湖南、广西、四川、陕西、甘肃、宁夏等 12 个省（自治区）作为第一批次出版。丛书编撰得到了中央党史和文献研究院及各省、自治区党史研究部门的大力支持和悉心指导。参加编撰工作的专家学者不辞辛苦分赴各地深入挖掘史料，几易其稿、竭尽所能，终成此书。今后我们还将继续推进其他有关省（自治区）书稿出版工作。

党带领老区人民英勇奋斗的非凡历程，是数千年中华文明史、百余年中国共产党史和 70 多年中华人民共和国史的璀璨篇章，是取之不尽的红色资源宝库。本套丛书无法穷尽其全貌，也远未达到全面周详，但希望通过一个个感人至深的历史瞬间，缅怀先烈、激励当下，为党和国家的伟大事业作出一份贡献。倘能遂愿，则可令参加编撰工作的百余名专家学者深感欣慰。

高雨

2024 年 5 月

目录 CONTENTS

第一部分　老区概览

一、千古南疆英雄魂

祖国南疆，八桂西南，云贵高原东南边缘，有一片神奇土地——左右江革命老区。

万千气象，万水千山，这里地貌奇特，风光旖旎。北回归线当中而过，气候温暖，光照充足，年平均气温 20℃，长夏无冬，春秋相连，雨水丰沛，唐代诗人李商隐"地暖无秋色，江晴有暮晖"的诗句写出这里气候特点。这里是全国乃至全世界喀斯特地貌分布最集中、类型最齐全、表现最典型的岩溶地貌，山中环山，山中有盆，峰峦叠嶂，峰丛洼地，构成千山万崒；由西北而来的右江与由西南而来的左江，汇邕江郁江，与同为珠江之源的红水河汇西江，千回百转，气壮山河，直奔大海。独特的地貌造就着奇山秀水，靖西通灵大峡谷、鹅泉，凌云浩坤湖，乐业大石围天坑，百色澄碧湖、大王岭，大新德天瀑布、明仕田园，崇左石林，巴马百魔洞，环江牛角寨，大化七百弄，凤山三门海，天峨龙滩峡谷……奇峰异石、绿树红花、流水飞

◆ 列入世界自然遗产的环江喀斯特峰林地貌。

瀑、游鱼飞鸟，无处不是世外桃源，随处都是山水画卷。右江和红水河顺流而下可抵粤港澳，逆流而上可达滇黔以及越南，是大西南最便捷的出海通道；西邻越南，南临北部湾，蔚蓝的南海连接着广阔的太平洋，"一湾相挽十国"；依山、靠海、沿江、沿边，这里有通往全世界的地理和区域优势。

钟灵毓秀，物华天宝，这里绿树长青、百花常开、瓜果不败。左右江地区森林覆盖率超过 70%，其中，右江、天峨、凌云、田林、乐业、东兰、凤山等地的森林覆盖率超过 80%，动植物资源丰富，种类繁多，生态系统多样，是全国林业产业集中区、全国重点生态功能区，还是著名的"国际长寿之乡"。盛产水稻、甘蔗、芒果、火龙果、香蕉、荔枝、柑橘、茶叶、香料、药材、山羊、香猪、香牛、麻鸭、蚕茧等，是国家商品粮生产基地、全国亚热带水果生产基地、全国南菜北运基地。这里矿产资源丰富，尤其是锰、锑、锡、铝，是著名的"有色金属之乡"。百色铝土矿已探明储量 7.8 亿吨，远景储量 10 亿吨以上，约占全国的四分之一；河池锡金属储量占全国三分之一、锑和铅金属储量居全国第二；崇左大新锰矿储量占全国四分之一。丰富物

◆ 大新德天瀑布。

产资源为左右江老区的经济发展以及脱贫致富奠定基础。

悠久历史，灿烂文化，这里地灵人杰，舞台天成。石刀石锤，石铲石斧，新旧石器时代遗址在这里交叠延续；"百色手斧"闻名天下，是发现距今年代最早的古人类所制造和使用的手斧，从根本上动摇了莫维士的理论和国际学术界的认知：东亚古人也能打造工艺复杂的手斧，而且比欧洲手斧还早30万年，"百色手斧"是破除西方文化中心论、反对种族歧视的有力武器。筑坝围田，驯化稻谷，旷野炊烟，织染衣裳，左右江先民首开稻作之源，是中华文明的重要组成部分，是中华民族劳动人民的智慧结晶；左江百里岩画，牧野横戈，铜鼓鸣蛙，悬崖绝壁上朱砂绘出千古之谜，绘出骆越先民历史画卷，是中华民族古代艺术的瑰宝。百越境界，布洛陀传说，姆洛甲创世之神；骆越古国，勾町封侯，夜郎自大，青铜铸鼓；秦王拓土，凿渠南征，象郡交趾，南越故地；秦汉之后，岭南与中原交流密切，茶马古道，铁器陶瓷，连接丝绸之路；千年土司，藩篱院落，制度奇绩……左右江各族人民靠勤劳、勇敢、智慧，建立那山那水的美好家园，开创了灿烂的文化，对幸福美好生活的向往和奋斗从未改变。

壮乡和歌，民族融合，岭南文化、民族文化在此水乳交融、交相辉映，奇风异俗灿若星辰。先秦古籍称今苏、浙、皖、赣、闽、粤、桂等南方的众多部族为"百越"。分布在广西境内的越人属于"西瓯""骆越"等部族，是壮族、侗族、水族、仡佬族、毛南族、布依族、傣族、黎族等的

◆ 百色手斧。

祖先。秦始皇统一中国，岭南和中原的交往、迁移、融合持续不断。千百年来，汉族和少数民族在这片土地上相互杂居、通婚、交往，和平友好、相互融合、共同进步始终是主流。到唐末时，岭南东部地区汉化基本成局，粤语作为汉语的一个方言开始形成，而岭南西部地区成为壮族、侗族等少数民族聚居地。左右江地区是壮族、汉族、瑶族、仫佬族、毛南族、彝族、水族、仡佬族等世居民族主要聚居地，各民族保持自己的语言文字、宗教信仰、生活方式和风俗习惯。蒸糯米饭，打油茶，捣糍粑，吹芦笙，奏铜鼓，编竹帽，织壮锦，抛绣球，对山歌，筑风雨桥，建鼓楼……多民族、多元文化在此交相辉映，绽放出独特的魅力，展现着各族人民对美好生活的追求和奋斗。

中华情，民族根，心相连的千秋血脉。这里是民族融合先行区，各民族在历史的长河里交融汇聚，逐渐形成了如今你中有我、我中有你、谁也离不开谁的多元一体格局，各民族文化相互碰撞、相互融合、交相辉映，谱写中华民族交流、交融史上一曲璀璨乐章和歌奏响民族融合、共同进步的华章。习近平总书记指出，"我们辽阔的疆域是各民族共同开拓的""我们悠久的历史是各民族共同书写的""我们灿烂的文化是各民族共同创造的""我们伟大的精神是各民族共同培育的"①。"中华文明的统一性，从根本上决定了中华民族各民族文化融为一体、即使遭遇重大挫折也牢固凝聚，决定了国土不可分、国家不可乱、民族不可散、文明不可断的共同信念，决定了国家统一永远是中国核心利益的核心，决定了一个坚强统一的国家是各族人民的命运所系"②。左右江历史证明了只有中国共产党才能实现真正意义上的民族平等、民族团结、民族繁荣、民族进步。

---

① 习近平:《在全国民族团结进步表彰大会上的讲话》(2019年9月27日),《人民日报》2019年9月28日。
② 习近平:《在文化传承发展座谈会上的讲话》(2023年6月2日),《求是》2023年第17期。

◆ 花山岩画——壮族文化瑰宝。

　　左右江畔，红水河边，云贵高原边上，十万大山下，乡村振兴的集结号再次嘹亮吹响。弘扬老区精神，传承红色基因，让老区精神温润乡村的精气神，焕发乡村的生机与活力，奏响乡村振兴的乐章。帮扶政策不断、力度不减、机构不散、干部不撤；乡村基础设施不断完善，公共服务水平不断提升；香蕉、芒果、甘蔗、桑蚕、沃柑、火龙果、茉莉花等乡村产业集群逐步建成，特色农业、乡村旅游、庭院经济不断融合，多渠道增加农民收入……一个天蓝山青水净的美丽老区，一个经济社会高质量发展的、欣欣向荣的老区必将崛起于祖国南疆。

　　心之所至，情之所钟。近代以来，各族人民为了拯救民族危亡进行了不屈不挠的反抗，无数仁人志士前赴后继，苦苦探寻救亡图存的出路，结局却都以失败而告终。天地朗朗，人间正道。实现中华民族伟大复兴的历史重任落在中国共产党人身上，为生民立命、为万世开太平的英雄主义，天下为公、不屈不挠的精神为中国共产党人发扬光大。

◆ 友谊关。

二、红旗漫卷左右江

千年以降，这里就是一片热土，各族人民用勤劳和智慧谱写骆越华章；

百年以降，这里更是一片热土，革命先烈用青春和热血践行初心使命。

这里是农民运动领袖韦拔群的故乡，广西农民运动的发祥地，全国最早开展农民革命运动的地区之一，是中国共产党领导的大革命时期农民革命运动的重要组成部分；邓小平、张云逸、韦拔群等老一辈无产阶级革命家在这里领导百色起义和龙州起义，组建人民军队红七军、红八军，建立左右江革命根据地，这是土地革命战争时期中国共产党在西南边陲、少数民族聚居区建立的最大的唯一的革命根据地，在党史军史上留下了浓墨重彩的光辉一页；这里是广西红旗屹立不倒的地方，从大革命时期到解放战争时期，中共广西地方组织在屡次遭到敌人"围剿"封锁破坏，屡次与上级党组织失去联系的艰难条件下坚持革命斗争，最终迎来广西的解放，夺取新民主主义革命的胜利，在中国革命史上写下了光辉的民族篇章。

左右江岸木棉花开红艳艳，红水河畔桂花香飘万里。"拔哥"故事、邓小平到广西的故事、军民鱼水情深的故事在此代代相传，视死如归、不怕牺牲、百折不挠、艰苦奋斗的革命精神至今熠熠生辉。

◆ 韦拔群纪念馆。

东兰出了个韦拔群。为什么广西农民运动发源于穷乡僻壤的东兰县，广西规模最大的武装起义爆发在边陲的左右江地区，很大的因素就是韦拔群。1921年秋，27岁的韦拔群在东兰领导成立改造东兰同志会和国民自卫军。1923年7月至10月，韦拔群领导农军三次攻打东兰县城，并在第三次攻打中占领了县城。这是广西农民运动中第一次有组织、有计划、以革命的农民武装对抗反动政府武装的大规模战斗。此时，中国共产党还没有在广西建立党组织。1925年1月，韦拔群到广州第三届农民运动讲习所学习，在这里找到了中国共产党，从激进的民主主义者转变为坚定的马克思主义者。从广州回到东兰后，韦拔群组织成立东兰县农会和县农会军事部，创办东兰农民运动讲习所，推动整个右江地区农运的蓬勃兴起，为后来的百色起义和龙州起义奠定了基础。正如邓小平所说："广西右江地区，是一个比较有群众基础的地区，这里有韦拔群同志那样优秀的、很有威信的农民群众的领袖。东兰、凤山地区是韦拔群同志长期工作的地区，是很好的革命根据地。"①

　　广西来了个邓小平。1929 年 9 月上旬，25 岁的邓小平同志作为中共中央代表，从上海来到广西，负责领导广西革命工作。短短的时间，一个新的革命高潮在广西迅速发展起来。看到广西革命星火燎原之势，寓居香港的李宗仁惊恐万状，他哀叹道："桂省几成为共产党之西南根据地。"10 月上中旬，俞作柏、李明瑞仓促反蒋失败，邓小平果断实行南宁兵变，直接领导广西教导总队及广西警备第四大队、第五大队，并转移到工农群众基础较好的左右江地区，与韦拔群的农民运动相结合。邕江、左右江、红水河畔留下了邓小平为中国人民解放事业出生入死的奋斗足迹。尽管远在上海的中共中央由于对广西的情况缺乏实际了解和受"左"倾思想的影响，对邓小平领导下的广西工作，特别是对俞、李的统战工作提出了错误的批评，但邓小平根据时局的变化对俞、李统战工作、南宁兵变、转兵左右江做出的正确的战略决策，体现着他在极端险恶的环境中的临危不惧、处变不惊的胆略和运筹帷幄、统揽全局的能力。1984 年 3 月，邓小平与日本首相中曾根康弘谈话时说："（我）二十五岁领导了广西百色起义，建立了红七军。从那时开始干军事这一行，一直到解放战争结束。"② 这是邓小平第一次独立领导一个革命战略地区的革命斗争，也是邓小平军事生涯的起点。

---

① 中共中央文献研究室编：《邓小平传（1904—1974）》（上），中央文献出版社 2014 年版，第 125 页。
② 《邓小平文选》第三卷，人民出版社 1993 年版，第 54 页。

◆ 百色起义纪念馆。

　　与其他苏区相比，左右江苏区有几个显著特点：这里是统一战线和士兵运动的成功实践，这里是民族工作和民族政策的伟大实践，这里是革命根据地坚决收回法国驻龙州领事馆和反对法帝国主义侵略的伟大实践。邓小平从实际出发，成功地与俞、李等国民党左派建立了合作关系，掌握了广西教导总队及广西警备第四大队、第五大队的指挥权，成功地进行南宁兵变。历史证明，统一战线是中国革命的一大法宝。左右江革命根据地的建立，左右江各族人民第一次实现翻身做主人的愿望，各族青年踊跃参军，红七军、红八军战士是以壮族为主体的少数民族的农家子弟；在根据地的各项建设中，红军和苏维埃政府坚持民族平等原则，坚决执行党的民族政策，为我党在民族地区的工作和民族政策的丰富发展总结经验。历史证明，只有中国共产党才能解决民族问题，根除千百年来少数民族地区贫困的根源。红八军和左江革命委员会抗议法帝国主义无理干涉左江革命，宣布收回法国驻龙州领事馆、海关及教堂，驱逐法领事和传教士，并击落入侵法军飞机一架，还用中英法文通电全世界。中共中央机关刊物《红旗》在社论《赤色的龙州》中对这次反帝斗争给予了高度评价："做了国民党军阀政府数十年所不能做所不敢做——不是，实在是所不愿做的事。实现了中国共产党之反帝国主义政纲，开辟了中国革命的新纪元，在中国革命的发展将有非常伟大的历史意义。"历史说明，中国共产党自成立之日起就把实现中华民族伟大复兴作为自己的使命，捍卫民族独立最坚定，维护民族利益最坚决，反抗外来侵略最勇敢。

◆ 龙州起义纪念馆。

百炼成钢，英雄辈出。左右江革命根据地累计培养了2000余名共产党员、近万名红军战士，为左右江地区的红旗不倒传播革命火种。经过革命战争的千锤百炼，一批红七军、红八军将士，成长为建国兴邦的将帅干才，邓小平成为我们党和国家卓越的领导人之一。1955年被授予新中国开国将军的有：大将张云逸；上将韦国清、李天佑；中将韦杰、覃健、莫文骅、冼恒汉；少将韦祖珍、黄一平、肖远久、卢绍武、姜茂生、吴西、黄惠良、覃士冕、覃国翰、袁也烈、欧致富、黄新友。朱鹤云1964年晋升为少将。还有叶季壮、雷经天、陈漫远、袁任远、龚饮冰、覃应机、张震球、李干辉、钟夫翔、黄松坚、黄荣、谢扶民、谢鹤筹、云广英、陆秀轩、李志明、阮平、林青、黄明政、黄超等 20 余位省部级干部。

左右江奔腾向前，诉说着忠诚与信仰的故事；红水河碧波荡漾，闪耀着人民英雄的光芒。韦拔群出生于封建富有家庭，但他不贪图安逸享乐，不迷恋荣华富贵，他为革命变卖所有的家产，他穿草鞋、戴斗笠，深入壮村瑶寨，和壮瑶同胞同吃同穿同劳动，情同手足。他说："革命者要不怕难，不怕死，坚决为人民的利益牺牲自己的一切。"他的一家 24 人中有 17 位亲人为革命死难，仅剩两个胞妹活到新中国的诞生。1962 年 12 月，邓小平在为纪念韦拔群烈士牺牲 30 周年亲笔题词中科学评价道："韦拔群同志以他的一生献给了党和人民解放的事业，最后献出了他的生命。他在对敌斗争中，始终是英勇顽强，百折不挠的。他不愧是无产阶级和劳动人民的英雄。他最善于联系群众，关心群众的疾苦，对人民解放事业，具有无限忠心的崇高感情。他不愧是名副其实的人民群众的领袖。他一贯谨守党所分配给他的工作岗位，准确地执行党的方针和政策，严格地遵守党的纪律。他不愧是一个模范的共产党员。韦拔群同志永远活在我们的心中，他永远是我们和我们的子孙后代学习的榜样，我们永远纪念他！"①

左右江革命根据地的斗争，是一部为人民谋幸福的奋斗史，是一部党与人民心连心、同呼吸、共命运的发展史。党的根基在人民、血脉在人民、力量在人民。左右江各族人民第一次实现翻身做主人的愿望，实现"耕者有其田"，政治地位和经济生活明显改善。当时东兰和凤山一带流传着这样的山歌："田地都平分，家家有谷收，人人心欢喜。"苏维埃政府实行民族平等、男女平等、婚姻自由及妇女解放等政策，普及政治宣传和文化教育，提高群众的思想文化素质。翻身做主人的各族群众为红军送情报、做向导、筹备粮食、缝衣做饭、护送伤病员等，有力地支援前方工作。很多家庭夫妻、父子、兄弟、姐

---

① 毛毛：《我的父亲邓小平》（上卷），中央文献出版社 1993 年版，第 275 页。

妹、祖孙、妯娌一同献身革命。在三门海、拉号洞、恒里岩等战斗遗址，至今可以感受到当年艰苦卓绝的斗争和悲壮惨烈的战斗。一次次生死相依，一次次患难与共，这就是情浓于血，这就是党民一心。党同人民一条心、军民团结如一人，则无往不胜、无坚不摧。

在长期革命斗争中，韦拔群、陈洪涛、李明瑞、俞作豫等红军将士和数万革命群众献出了宝贵的生命，但是共产党人不屈不挠、前赴后继。为了表示自己的革命斗志，韦拔群为自己的 3 个孩子分别取名为韦革命、韦坚持、韦到底。韦拔群、陈洪涛壮烈牺牲、右江革命根据地丧失后，黄松坚、陆浩仁、滕国栋、黄书祥等坚持右江地区和滇黔桂边区开展红军游击斗争。陆浩仁、滕国栋、黄书祥等牺牲后，滕静夫、黄举平、赵世同等坚持在黔桂边斗争。他们在千山万壑、丛林岩洞中坚持游击斗争，靠树皮、草根、野菜度日，以坚韧不拔精神忍受苦难、战胜困难，经抗日战争时期到解放战争时期，使红旗在桂西地区屹立不倒。

共产主义是绞不死的，共产党员是杀不完的，就像扎根大地的野草"野火烧不尽，春风吹又生"。中国共产党顽强的生命力源自赤诚的信仰信念、炽烈的家国情怀、无畏的革命斗志。在左右江革命根据地，伟大的革命事业锻造出爱党信党、坚定不移的理想信念，舍生忘死、无私奉献的博大胸怀，不屈不挠、敢于胜利的英雄气概，自强不息、艰苦奋斗的顽强斗志，求真务实、开拓创新的科学态度，鱼水情深、生死相依的光荣传统。这是老区精神，这是中国共产党人和老区人民用鲜血和生命铸就的伟大革命精神，是生死相依屹立不倒的精神丰碑，它将浸润心灵融入血脉，汇聚为传之不竭的红色基因，成为一代代中国共产党人最宝贵的精神财富。

三、敢教日月换新天

1949 年 10 月 1 日，伟大领袖毛泽东主席在北京天安门城楼上庄严宣告中华人民共和国中央人民政府成立。中国革命胜利了！中国共产党胜利了！人民胜利了！由革命党到执政党，由革命者到执政者，由奴隶变成主人翁，遍地英雄下夕烟。所有的一切都发生了改天换地的巨大变化。

艰难困苦，玉汝于成。1949 年 12 月 11 日，五星红旗插上镇南关，标志着广西战役胜利和广西全境解放，开辟了广西历史的新纪元。随后，八桂大地掀起了轰轰烈烈的社会主义革命和建设浪潮。"为有牺牲多壮志，敢教日月换新天。"从社会主义革命到现代化建设，从解决温饱到实现小康，从改天换地到翻天覆地的变化，老区各族人民坚持自力更生、艰苦奋斗、排除万难，改造穷山恶水、创造美好生活；一代又一代共产党人不怕牺牲、艰苦奋斗、无私奉献，用双手和双肩战天斗地，用鲜血和汗水改天换地，谱写了气吞山河的英雄壮歌。

八桂石榴别样红，做全国民族团结进步示范区。广西是实行民族区域自治制度的先行区，1950 年春，由毛泽东主席建议、周恩来总理直接领导，中央民委主持开展的"上来下去"为主题的民族工作。所谓"上来"，就是请地方各民族的代表到北京参观、汇报，毛泽东、朱德、周恩来等中央领导接见各民族代表。所谓"下去"就是组织中央民族访问团到各民族地区去访问，传达中央和毛主席对各族同胞的关怀和慰问。1951 年 7 月至 9 月，中央人民政府派出中南访问团到广西。著名社会学家费孝通任中南访问团代理团长，兼任广西分团团长。访问团走遍大苗山、三江、西隆、防城等地，访问了壮族、苗族、瑶族、侗族、回族、彝族、仫佬族、仡佬族等少数民族。在中央访问团的指导下，大瑶山瑶族自治区（县级）、隆林各族联合自治区（县级）、三江侗族自治区（县级）、大苗山苗族自治区（县级）成立了。1952 年 12 月，桂西僮族自治区（1956 年改为自治州）成立，这是党的民族区域自治政策的一次成功实践，是广西壮族自治区成立的前奏。自治州所辖区域与左右江革命老区大致相同。1958 年，广西壮族自治区成立。八桂各族儿女像石榴籽一样紧紧抱在一起，民族团结进步之花愈开愈艳，民族团结的果实越来越甜蜜。

◆ 1958 年 3 月，广西各地纷纷举行隆重的纪念活动庆祝广西壮族自治区成立。

高山出平湖，当惊世界殊。新中国成立之初，广西不仅重工业是一片空白，轻工业也十分落后；除了火柴可供自己需要之外，所有日用工业产品几乎都靠外面调进。到 1959 年，广西能自给、半自给的只有肥皂、日用玻璃、酒精、卷烟、灯泡、卫生衣等少数产品，大多数日用工业品都依赖区外供应。广西的工业发展缓慢，除了原有的基础薄弱，国际环境也影响国家安排在广西的投资。作为一个后发展欠发达的民族自治区，老区各族人民弘扬艰苦奋斗、坚韧不拔、无私奉献的老区精神，不怨天尤人，不因循守旧，励精图治，奋起直追。党中央作出沿海城市支援边疆的决策后，广西主动向上海求援，从上海搬迁包括罐头、糖果、橡胶、搪瓷、制药、钢精、针织、服装等企业来广西，广西派出技术骨干到上海同行业企业学习、培训，奠定了广西轻工业基础。三线建设时期，在"备战备荒为人民""好人好马上三线"的号召下，三线建设者发扬"一不怕苦、二不怕死"的创业精神，吃的是苞谷杂粮，住的是帐篷房、芦席棚、"干打垒"，干的是人拉肩扛的苦活重活，在一穷二白的老区建成了电力、机械、化工、建材、有色金属、煤炭、纺织、制糖等一批骨干企业，一座座煤矿，一座水电站，一间间糖厂，一批批农田水利工程，一批批学校、医院，一座座城镇在云贵高原边缘的高山峡谷拔地而起，为民族地区的文化、教育、卫生事业奠定了坚实的基础，也为扶贫脱贫事业奠定了基础。

百舸争流，奋楫者先。不断创新、奋勇争先是发展的动力。改革创新是时代精神核心，是解放和发展生产力的必然要求。改革开放和社会主义现代化建设新时期，左右江革命老区各族群众发扬艰苦奋斗、不等不靠的精神，大胆探索家庭联产承包制、村民自治等方面的改革，以边境贸易为特点的对外开放蓬勃发展。进入 21 世纪，广西经济实力明显增强，工业化进程加快推进，基础设施日臻完善，广西西南出海通道框架，基本形成并已发挥重要作用，国际大通道加快建设，广西北部湾经济区逐步成为引领、辐射和带动广西加快发展的龙头。

贫穷不是社会主义。老区革命和建设的历程是不断消除贫困，实现人民幸福的过程。脱贫攻坚是一份前无古人的艰巨任务，打赢脱贫攻坚战也不是一朝一夕之功，而是一代接着一代干，一棒接着一棒跑。1984 年，中共中央、国务院《关于解决部分贫困地区（山区边区）群众生产生活困难的通知》，列出广西 48 个贫困县（大化瑶族自治县成立后为 49 个）。1986 年，国务院成立扶贫开发领导小组，确定广西有 28 个国家重点帮扶、集中开发贫困县；此时，广西有 1500 万的贫困人口，占全国贫困人口的十分之一，贫困发生率很高。1994 年颁布《国家八七扶贫攻坚计划（1994—2000 年）》提出"八七"扶贫的目标：到 2000 年基本解决当时全国农村 8000 万贫困人口的温饱问题。1995 年，广西出台并通过全国第一部地方性扶贫工作法规——《广西壮族自治区扶贫开发条例》，并制定扶贫工作验收的标准和方法，通过国家财政补贴、小额信贷、异地安置等政府帮扶，以及东西部扶贫协作，广泛动员社会各方面力量参与。到 2000 年底，广西基本解决农村贫困人口的温饱问题，实现了人民生活从温饱不足到总体小康的跨越。2001 年起，《中国农村扶贫开发纲要（2001—2010）》实施。结合西部大开发战略的实施，广西集中人力、物力、财力在左右江革命老区开展边境基础设施大会战、东巴凤三县基础设施建设大会战、大石山区基础设施大会战、桂西五县基础设施建设大会战，贫困地区的基本生产生活条件，特别是贫困乡村的通水、通电、通路和广播电视等基础设施状况得到改善，逐步改变贫困地区社会、经济、文化的落后现状，为全面小康创造条件。

四、昂首迈进新时代

民心是最大的政治。我们党是全心全意为人民服务的党，坚持立党为公、执政为民，把人民对美好生活的向往作为始终不渝的奋斗目标[①]。

"中国共产党人的初心和使命，就是为中国人民谋幸福，为中华民族谋复兴。这个初心和使命是激励中国共产党人不断前进的根本

① 《习近平谈治国理政》第四卷，外文出版社 2022 年版，第 60 页。

动力。"①

"民之所忧，我必念之；民之所盼，我必行之。""全面小康、摆脱贫困是我们党给人民的交代，也是对世界的贡献。"②

党的十八大以来，以习近平同志为核心的党中央提出精准扶贫、精准脱贫的战略思想，把解决扶贫问题作为全面决胜小康的"最后一公里"，纳入"五位一体"总体布局和"四个全面"战略布局统筹推进。2015 年 11 月，《中共中央 国务院关于打赢脱贫攻坚战的决定》出台，提出到 2020 年，稳定实现农村贫困人口不愁吃、不愁穿，义务教育、基本医疗和住房安全有保障。实现脱贫地区农民人均可支配收入增长幅度高于全国平均水平，基本公共服务主要领域指标接近全国平均水平。确保我国现行标准下农村贫困人口实现脱贫，贫困县全部摘帽，解决区域性整体贫困，吹响了打赢脱贫攻坚战的号角。

广西有 49 个贫困县，其中，有 28 个是国家重点扶持、集中开发重点县。贫困县基本上分布在左右江革命老区、少数民族聚居地、边境地区。老区的决战脱贫攻坚关系着民族团结、边疆巩固和国家安全，关系着广西能否决胜全面建成小康社会。这是一场看不见硝烟的战役，一场只能打赢不许打输的硬仗。

2015 年 3 月，习近平总书记在参加十二届全国人大三次会议广西代表团审议时指出，要把扶贫攻坚抓紧抓准抓到位，坚持精准扶贫，倒排工期，算好明细账，决不让一个少数民族、一个地区掉队③。2017 年 4 月，习近平总书记在广西考察时强调，广西是革命老区，是贫困地区，也是边境地区、民族地区。脱贫攻坚工作做好了，边疆稳定、民族团结就有了坚实基础；边境建设搞好了，民族事业发展了，

---

① 中共中央党史和文献研究院编：《十九大以来重要文献选编》（上），中央文献出版社 2019 年版，第 1 页。

② 《习近平谈治国理政》第四卷，外文出版社 2022 年版，第 65 页。

③ 《习近平参加广西代表团审议：做好对外开放大文章》，《广西日报》2015 年 3 月 9 日。

对打赢脱贫攻坚战也是极大促进。这几项工作是一个有机整体，要一并研究、同步推进。对贫中之贫、困中之困，要采取超常规措施。要加快老区建设和发展，让老区人民尽快摆脱贫困，过上幸福日子。2015年，《左右江革命老区振兴规划》获得国务院批复，为左右江革命老区的振兴指明方向、注入活力。

经过艰苦卓绝的努力，2020年底，左右江革命老区建档立卡贫困人口230.32万人全部脱贫，28个贫困县全部摘帽，贫困发生率从2014年的23.72%下降到零，居民人均可支配收入增速高于全区地区生产总值增速，如期实现脱贫目标，同全国人民一道步入全面建成小康社会。2021年4月，习近平总书记在广西视察时说："我说过，脱贫路上一个也不能少。中国人说话、中国共产党说话、中国共产党的领导说话是算数的！"①

回首过往，叩问初心。曾作为深度极度贫困地区，全国扶贫攻坚主战场之一，广西扶贫攻坚任务最繁重地区，左右江革命老区全面打赢脱贫攻坚战，标志着千百年来困扰老区各族群众的绝对贫困问题将历史性地画上句号，积累脱贫攻坚重要经验，弘扬伟大的脱贫攻坚精神，以推进全面脱贫与乡村振兴有效衔接。

坚持精准扶贫、精准脱贫是决胜脱贫攻坚的法宝。按照中央统筹、省区负总责、市县抓落实的扶贫管理体制，形成五级书记抓扶贫、全党动员促攻坚的局面，层层落实脱贫攻坚责任的要求，举广西之力集中攻坚，发起义务教育、基本医疗、住房安全保障和饮水安全"四大战役"，集中解决"两不愁三保障"的突出问题；以深度极度贫困地区为重点，打好脱贫攻坚产业扶贫、易地扶贫搬迁、村级集体经济发展、基础设施建设和粤桂扶贫协作"五场硬仗"，落实保障和改善民生，不断提升老区人民群众的获得感、幸福感和满意度。

---

① 《"加油、努力，再长征！"——习近平总书记考察广西纪实》，《人民日报》2021年4月29日。

◆ 铝工业推动左右江老区加快发展。

坚持产业扶贫全覆盖，把牢产业发展方向。产业是脱贫致富最直接、最有效的办法，是增强脱贫地区造血功能、帮助群众就地就业的长远之计。出行难、上学难、看病难、住房难、饮水难等问题解决后，发展特色产业是最难啃的硬骨头。红彤彤的番茄，黄澄澄的橘子、芒果、菠萝，黑皮的、青皮的甘蔗，紫色的火龙果，绿油油的蔬菜、桑叶，还有白的羊、黄的牛、黑毛猪、绿头鸭……工业特色产业上，大力推进铝、糖、锰等传统产业转型升级，积极发展有色金属新材料，加快推进百色生态型铝产业基地、崇左"糖都"、河池"有色金属之乡"建设。左右江的特色产业可谓五彩斑斓，为左右江革命老区脱贫致富、乡村振兴注入源源不断的生机和活力。

坚持生态优势金不换，"绿水青山"就是"金山银山"理念。习近平总书记视察广西时指出，广西生态优势金不换，要坚持把节约优先、保护优先、自然恢复作为基本方针，把人与自然和谐相处作为基本目标和历史责任，使八桂大地青山常在、清水长流、空气常新。

牢记总书记的嘱托，守牢生态底线，留住"绿水青山"，换来"金山银山"，成了广西革命老区发展的行动准绳。随着退耕还林、山水林田湖草生态保护修复工程等项目的实施，如今左右江地区森林覆盖率超过 70%，是广西和全国重要的森林生态优势区、森林资源富集区和林业产业集中区。依托山清水秀生态美，挖掘民族民俗、文化历史，开发非物质文化遗产产品，创建全域旅游区，如百色起义纪念园、大新德天跨国瀑布、乐业大石围天坑群、巴马长寿养生国际旅游区驰名中外，带动了老区的脱贫致富。

◆ 广西是全国最大的柑橘产区，柑橘是脱贫致富和乡村振兴的重要产业。

小康美好生活，是人民创造的；小康壮丽史诗，是人民书写的。各族人民群众发扬自力更生，艰苦奋斗，排除万难，改造穷山恶水，创造美好生活精神。在天等县驮堪乡道念村立屯，从 1973 年到 1997年的 24 年间，立屯前后三任党支部书记传棒接力，立屯人或子承父志，或弟接兄班，在没有任何现代化机械的条件下，靠锄头、钢钎开凿，用雷管和炸药炸开巨石，用簸箕、箩筐和手推车拉石头和泥沙。日复一日，年复一年，坚持不懈，终于凿开往屯外的隧道，为隔绝的村庄打开了连接世界的大门。这条隧道，让村民翻越了贫困的大山，让产业落地生根，让百姓奔上小康致富路。这样的"现代愚公"，在左右江革命老区的脱贫攻坚战中并不少见，幸福是奋斗出来，正是愚公精神，攻克一个个难关，战胜一个个困难，创造了一个个奇迹。彰显中国共产党领导下左右江革命老区人民战天斗地、敢教日月换新天的豪情壮志，以及自强不息、攻坚破难的奋斗精神。

◆ 崇左—靖西—那坡高速公路贯通左右江革命老区。

小康美好生活，是共产党人引领奋斗出来的；小康壮丽史诗，是共产党人用青春和热血书写的。在广西脱贫攻坚战场上，无数共产党人勇挑千钧重担，只争朝夕，埋头苦干，拼命硬干，他们爬过最高的山，走过最险的路，去过最偏远的村寨，住过最穷的人家，哪里有需要，他们就战斗在哪里。他们把心血和汗水洒遍千山万水、千家万户，写下了荡气回肠的英雄赞歌。为有牺牲多壮志，敢教日月换新天。共有170多名扶贫干部的生命留在了扶贫路上，黄文秀、蓝标河、黄景教……他们用生命深刻诠释了"攻坚克难、不负人民"的价值追求，谱写脱贫攻坚的最美篇章，铸造着脱贫攻坚精神。脱贫攻坚精神是中国共产党人的精神谱系的重要内容，是新时代奋斗精神的生动写照。习近平总书记指出："脱贫攻坚精神，是中国共产党性质宗旨、中国人民意志品质、中华民族精神的生动写照，是爱国主义、集体主义、社会主义思想的集中体现，是中国精神、中国价值、中国力量的充分彰显，赓续传承了伟大民族精神和时代精神。"[①]

青山作碑，碧水为颂。在全国脱贫攻坚总结表彰大会上，习近平总书记庄严宣告，在迎来中国共产党成立一百周年的重要时刻，我国脱贫攻坚战取得了全面胜利，"这是中国人民的伟大光荣，是中国共产党的伟大光荣，是中华民族的伟大光荣！"[②] 回首近代以来左右江地区革命和发展的历程，历史和现实都证明，没有中国共产党，就没有新中国，就没有中华民族伟大复兴。没有中国共产党，就没有社会主义，就没有脱贫攻坚战的胜利。在新时代，我们将更加坚定、更加自觉地践行初心使命，坚持中国共产党的领导，坚持和发展中国特色社会主义。

时光流转，不朽的是精神。无论是在革命年代，社会主义革命和建设时期，还是在脱贫攻坚的路上，一代又一代的共产党人和老区人民以自强不息、艰苦奋斗的顽强斗志，不屈不挠、敢于胜利的英雄气概，在追梦路上砥砺前行。精神的传承生生不息，精神的力量无穷无尽。那些人、那些事永驻人心，那种精神力量超越了那个时代、那个地区，至今仍然感动着我们，温暖着我们，鼓舞着我们，激励着我们。

新时代新征程上，赓续红色血脉，接力伟大复兴，老区各族人民正遵照习近平总书记擘画的新时代壮美广西建设宏伟蓝图，踔厉

---

① 《习近平谈治国理政》第四卷，外文出版社 2022 年版，第 137—138 页。
② 《习近平谈治国理政》第四卷，外文出版社 2022 年版，第 125 页。

奋发、勇毅前行。铜鼓响，壮锦飘，山歌唱，绣球飞；民风淳厚，古道热肠；敬茶敬菜，轻歌伴唱；长寿之弧，人瑞奇观；绿色生态，宜养宜居；流水如斯，新桃旧符；网络时代，时尚老区，奔向盛世芳华！

第二部分　烽火岁月

1917 年俄国十月革命一声炮响，给中国人民送来了马克思主义。1919 年反帝反封建的五四爱国运动席卷全国。1921 年 7 月，中国共产党在上海成立，中国革命的面貌从此焕然一新。随着五四运动的深入发展和中国共产党的诞生，马克思主义在广西逐渐传播，广西的学生运动和工农运动逐步兴起。为了推动广西的革命斗争，中共中央和广东区委向广西调派党团员。1922 年，梧州成立了中国社会主义青年团地方团。1925 年 10 月，周恩来领导创建了广西第一个党组织——中共梧州支部。从此，广西党组织领导各族人民在八桂大地谱写了波澜壮阔的光辉篇章。

一、农民运动　风起云涌

1921 年秋，韦拔群领导农军三次攻打东兰县城，以东兰、凤山为中心的右江农民运动兴起。1925 年 1 月，韦拔群、陈伯民进入广州农民运动讲习所第三届学习，接受了马克思列宁主义理论，实现了从民主主义者向共产主义者的思想转变。同年夏，他们返回东兰农村，掀起了大革命农民运动高潮。1925 年 10 月，中共广西第一个党组织在梧州成立。1926 年初，国共合作在广西实现。中共广西地方组织领导的工农民运动蓬勃发展。韦拔群领导以东兰、凤山为中心的右江农民运动，成为广西全省农民运动的重点地区，在中国农民运动史上谱写了光辉篇章。

要想革命找"拔哥"

"要想过河搭桥过，要想革命找拔哥。莫看官府千万兵，个个害怕韦拔群……"这首山歌至今还在左右江革命老区传唱。

韦拔群是广西农民运动先驱和领袖、中国红军第七军和右江革命根据地创建人之一。韦拔群深受左右江各族群众的热爱和拥戴，人们亲切称之为"拔哥"。

韦拔群的祖父以经营烟酒发家，到韦拔群出生时，家有200多亩耕地，二三百头牛，十七八匹马，九个长工。和平原地区的大地主相比，韦拔群家只能是小地主。但在"九山半水半分田"的东兰县，一头牛或一匹马加上几亩地就是小康人家了，韦拔群的家无疑也是大富豪之家。

◆ 韦拔群画像。

◆ 韦拔群故居。

韦拔群出身"豪门"，但从小就没有半点纨绔子弟的习气。他和穷苦的孩子一起上山放牛、下河游泳，经常偷拿家里的粮食衣物救济他们，替他们打抱不平。

韦拔群忠厚耿直、疾恶如仇，在宜山县庆远中学读书时，因强烈反对给校长祝寿送礼而被开除；后到桂林就读广西法政学堂，因学校风气迂腐不端，愤而退学。退学后到广州、上海游学两年。

1916年，袁世凯复辟后，游学归来的韦拔群变卖家产，购置武器弹药，在家乡募集100余名青年，前往贵州参加讨袁护国军。因反对旧军队的贪污腐化被撤职监禁，幸得同乡解救，被送到贵州陆军讲武堂学习。1919年，从讲武堂到驻渝黔军当参谋，受五四运动影响，在军中宣传民族主义、国家主义、无政府主义等思想，被军部查究，愤而辞职。

韦拔群辞职后再次游学上海、广州等地。在广州加入孙中山领导的改造广西同志会。韦拔群将解放广西的希望寄托在孙中山领导的民主革命。

1921年，粤军长驱直入，占领南宁，统治两广的旧桂系军阀陆荣廷垮台。孙中山派改造广西同志会的一班人马到南宁，主政广西。

此时的广西处于四分五裂的状态中，粤军只占据桂东南一带，陆荣廷虽然下野了，但他的残余部队在广西各地占山为王，兵匪不分，四处搜刮民脂民膏。军阀割据的广西处于清末以来最动荡、最黑暗的时期。

韦拔群婉拒改造广西同志会的各种委任，坚决回家乡，组织改造东兰同志会，"打破不平，救家乡，救广西，救中国"。

1921年秋起，韦拔群穿草鞋、戴斗笠，走遍西山村村寨寨。他性格豪爽，仗义疏财，大家都亲切喊他为"拔哥"。很快，陈伯民、黄大权、牙苏民等一批进步青年汇集在"拔哥"周围。韦拔群带领他们成立改造东兰同志会（后改称"东兰公民会"）。他们杀鸡歃血，在刀架下，拜天地，结"老同"，并以"拔哥"为首。

同年重阳节，韦拔群在武篆的银海洲山坡上召集东兰、凤山两县同志会会员100多人举行革命同盟，誓要"同心革命"，高呼"有福同享，有祸同当，有饭同食，有衣同穿"。同时提出"打倒军阀，打倒贪官污吏，打倒土豪劣绅""不交租，不还债，不纳税""拥护俄国共产党，实行社会革命"等主张。这是改造东兰同志会成立后的第一次同盟大会，标志着东兰早期农民运动蓬勃兴起。

右江地区长期以来实行土司制度，世袭的土司就是土皇帝。在东兰西山一带，土司和地主占有大量的土地，被称为"山主"；瑶族群众少地无地，受苦最深重，见到"山主"要主动让道、要喊"老爷"，要给"山主"抬轿、送礼、服役。韦拔群走村串户，号召瑶族同胞不喊"山主"为"老爷"，不给"山主"抬轿、送礼、服役。改造东兰同志会在圩日、歌圩公开宣传减租减息、反对土豪劣绅。

革命不能光喊口号，要有枪杆子，韦拔群卖掉家里的几头牛，购置一批枪支弹药，组建国民自卫军（后改称"农民自卫军"，简称农军），对农民武装骨干开展军事训练。有了火枪土铳、大刀长矛，骄横跋扈的地主再也不敢为所欲为。在武装斗争的震慑下，清算武篆土豪杜八斗争取得胜利。

东兰县团局团总韦龙甫是个反动大土豪，依仗土司后代、县团局的身份和地位，包揽词讼，霸占良田，强征暴敛，欺压百姓，无恶不作，害得很多农民家破人亡，被称为"阎王鬼""第二衙门"。韦拔群决定率领农军攻打东兰县城，清算韦龙甫。

1923年7月1日凌晨，四路农军300余人扛着火枪土铳、大刀长矛，埋伏在东兰县城四周。破晓时分，韦拔群指挥各路农军发起进攻。敌人凭借坚固的城墙和炮楼负隅抵抗。久攻不下，韦拔群指挥农军包围县城两天两夜。第三天凌晨，趁守城的团丁疲惫之际，农军发起总攻。霎时间，城墙内外枪声大震。眼看城墙即将攻破，突然，一场滂沱大雨从天而降，农军的火枪土铳顿时哑了，火药被雨淋湿后失效；此时护城河的河水暴涨，农军不能涉水攻城。韦拔群指挥农军撤退，第一次攻打东兰县城受阻。

同月31日，韦拔群指挥农军800多人，第二次攻打东兰县城。农军虽然做了准备，但敌人害怕农军再次攻城，已经加固城墙、加强巡防，桂军还从百色专门调来一个营的兵力增援东兰县。农军遭到敌人炮火的猛烈反击，攻城再次受阻。

第一次进攻受挫原因是天气问题，第二次进攻受挫的原因是情报不准、准备不充分。9月，韦拔群在武篆召开军事会议，总结经验教训，制定第三次攻打东兰县城的作战计划和具体攻城方案。

　　10月21日凌晨，东兰、凤山以及凌云、百色、都安1500多农军，在韦拔群的率领下，兵分四路包围东兰县城。天刚破晓，韦拔群打响信号枪，四路农军从东南西北同时向东兰城发起猛攻。敌人四面受敌，丧失反击之力，急忙弃城躲进县衙，企图死守县衙，等待援军。韦拔群指挥农军包围县衙，围而不攻，待夜幕降临后再进攻。

　　待天黑后，农军发起进攻，但敌人已陷入鱼死网破的状态，拼死抵抗。韦拔群见机行事，组织农军不断佯攻，以拖垮拖累敌人。经过一夜的轮番进攻，敌人已经精疲力竭，斗志丧失。天即将亮的时候，韦拔群指挥农军发起总攻，冲锋声、杀声和枪声震耳欲聋。在火力的掩护下，一支农军突击队架起梯子翻越县衙的围墙，进入衙门，用大刀和手枪与敌人战斗。另一支突击队抬着一根巨木，齐力撞开县衙大门。大门洞开，农军蜂拥而入。团丁见大势已去，慌忙举手投降。东兰县知事和团总韦龙甫趁乱逃跑。

　　农军进城后，成立东兰革命委员会，宣布取消反动政府的一切苛捐杂税，废除各种剥削契约，提倡民族平等和男女平等，释放被关押的无辜群众，宣布没收韦龙甫的财产分给贫苦农民。

　　这是广西农民运动中一次有组织、有计划、以革命的农民武装对抗反动政府武装的大规模战斗，拉开了右江农民武装斗争的序幕。

　　韦拔群三打东兰县城时，中共广西地方组织尚未建立。尽管还没有找到马克思主义的指导，但韦拔群拉开了右江地区农民武装斗争的序幕，为广西农民运动播下火种，也为后来的百色起义奠定基础。

左江孤雁传马列

　　"下冻小学有一'赤化'分子，宣传'过激主义思潮'，公然把学校改名为赤光学校，把两位学生的名字改为'赤星''赤焰'，还鼓惑下冻学区的各个小学改为霞光学校、旭光小学、新光小学、真光小学、虹光小学、曙光小学、曦光小学……实属礼崩乐坏，纲常不举，流毒甚广。"

1923 年，龙州县当局接到报告，立即派出学堂督导和警察到校督查。传唤来的是一位 25 岁的青年教师，文质彬彬，略微清瘦。只见他举止大方，有礼有节。他说，吾校乃风水宝地，坐北朝南，北有靠山，南有溪流，西有华光庙，东无山阻，日出则万道霞光，庭院通红；古人云，老不宜明、少不宜暗，"赤光"寓意红日初升，其道大光，少年成才……

督导见他气度不凡，出口成章，而自己并无真凭实据，遂以告诫年青人前途无量，不可受人蛊惑，陷入"过激主义""赤化宣传"陷阱之云云告终。

这位有胆有识、有勇有谋的壮族青年教师是高孤雁，是左江地区最早研究和宣传马克思主义者，也是左江地区最早的中国共产党党员之一，为左江地区的农民运动作了准备。

高孤雁，原名高炳南，1898 年出生于龙州县下冻圩的一个贫苦家庭。他三岁丧父，母亲以加工贩卖谷米为生。1916 年，他考入龙州镇南道立中学，就读四年。

龙州是广西最早开埠的地区之一，自1887 年被辟为通商口岸后，法帝国主义在此建海关，筑路，建教堂，掠夺资源，倾销商品。龙州也是旧桂系军阀陆荣廷的发迹之地，是军阀控制重地。帝国主义、封建军阀主义的霸权激发高孤雁的抗争精神。受五四运动影响，接受新文化和新思想，救国救民思想进一步激进。

◆ 高孤雁画像。

清末以来，中越边自发的农民武装运动持续不断。1922 年，高孤雁在龙州加入一支农民自发的武装队伍，随队伍在龙州、雷平、养利、天等、龙茗（今属天等县）等地活动，为左江地区的农民运动作

了准备。

随着马克思主义在广西的传播，高孤雁与一批进步青年在县立第一高小举办青年讲习社，在天等圩开办速成师范讲习所，研究和宣传马克思主义，并为贫困学生免费授课，传播革命思想。

1923 年，高孤雁到龙州县下冻小学任教。当年，瞿秋白在《新青年》季刊第一期上发表《赤潮曲》："赤潮澎湃，晓霞飞动……"受其启发，倡议把下冻小学改为"赤光学校"，得到师生们的普遍支持。

1924 年 12 月初，高孤雁写信给《中国青年》主编恽代英："在这个黑暗、腐败、冷酷、恶力压迫的社会里，我热血沸腾地想给青年们以兴奋剂，鼓舞他们作社会运动工作的准备，故大为介绍新刊——《向导》《前锋》《中国青年》……多种必要的读物当国文课本，于是大受学生们的欢迎……可是，因此我们却受到了老先生们的反对和攻击，诬我们为赤化，宣传过激主义，险些危及生命。但我们并不因此而灰心，硬要与这些青年合作，希望把社会重新改造过来……"

收到来自南疆的热血青年的信，恽代英即刻复信："你是这样一个热心的教师，而且这样虚心好学，我对你只有敬佩，我们必须打破恶劣的环境，然而，在未有打破之实力时，我们还必须善于处置，同时努力养成我们打破环境之力才是……你同你的学生多研究多做些宣传组织功夫，以协同努力，根本打破那压迫你们大家的恶劣环境。"

高孤雁在赤光小学创办一个"特别班"，免费给 40 名家境贫穷的高小毕业生讲授中学课程、宣讲马克思主义；组织师生成立读书会，传阅《中国青年》《向导》等革命刊物；建立学生联合会，发动学生上街宣传民主和科学思想；宣传反对帝国主义侵略，带领学生到下冻法国教堂与传教士论理，迫使教堂闭门。

1925 年五卅运动席卷全国，高孤雁积极组织学生上街游行，组织群众查抄仇货，从顺泰、怡泰、年益等商家抄出日、英布匹等洋货，堆积街头烧毁，发动群众募捐筹款，支援城市的工人运动。高孤雁编写《官僚末日》话剧，由特别班学生排练上街公演，宣传反帝反封建斗争。

　　高孤雁写了一首长诗《告劳动者》："他们耀武扬威，横行霸道，你们岂甘心受着罪过？他们华衣美食，你们挨寒挨饿！他们享的酒池肉林，娇妻美妾，你们度的奴隶岁月，牛马生活！你们男耕女织，纳租缴税，他们脑满肠肥，杀人放火！同胞们呀，这重魔障，你们不自己打破，仗谁来打破！你们别再怯懦，别再怯懦！敌人在眼前，枪在手里，同胞们呀，我们快团结起来哟！往前冲哟！"

　　在高孤雁的影响下，大批学生接受马列主义的启蒙，参加大革命，有的学生报考黄埔军校南宁分校学习，为左江地区农民运动作了初步准备。在后来的龙州起义，很多学生加入红八军和苏维埃政府，在南疆播下了无数的革命种子。

　　五四运动特别是五卅反帝爱国运动，促进了马克思主义在广西的传播。以黄日葵、谭寿林、黄士韬、陈勉恕、朱锡昂、韦拔群、宁培瑛、高孤雁等为代表的广西先进知识分子，通过多种渠道把马克思主义传播到广西各地，推动了各族人民的新觉醒，为中共广西地方组织的建立奠定了思想基础。

北帝岩创办农讲所

　　"游历三年整，找到了革命。领路是列宁，革命为人民。凡是苦百姓，革命才翻身。游历三年整，找到了革命。马克思主张，拯救我农民。领路是列宁，革命为人民。"1925 年，韦拔群在广州农民运动讲习所找到了革命的方向，提笔写下《游历三年整》这首山歌。

　　由于敌人的镇压，韦拔群领导的东兰农民运动进入低潮，改造东兰的道路该怎么走？ 1924 年底，韦拔群、陈伯民到广州。时值第三届广州农民运动讲习所招生，韦拔群、陈伯民被推荐为广西籍学员。在彭湃、阮啸仙、陈延年等共产党员的影响下，韦拔群认识了马克思主义和中国共产党。

广州农讲所结业后，韦拔群和陈伯民被国民党中央农民部委派为广西农运特派员。离开广州前，韦拔群和陈伯民专程到海陆丰等地学习考察。

1925 年 4 月，韦拔群回到家乡东兰。他走村串户，联络东兰公民会和农军的原班人马，秘密翻印从广州带回来的文件和革命传单，宣传广东的大革命的喜人前景，号召工农群众行动起来，准备迎接大革命的来临。

韦拔群亲自编写唱传革命山歌，如《革命歌》："思想这社会，太不平等，为什么分成贵贱？终日劳苦的人无衣穿。凡我农友，都要联合起来，打倒土豪劣绅和资产阶级，才得幸福。"

在韦拔群、陈伯民等宣传发动下，东兰县各区、乡相继成立了农民协会。同年 8 月 13 日，东兰县农民协会正式成立，陈伯民任主席，韦拔群任军事部长。

为了培训农民运动骨干，适应东兰和右江地区各县农民运动迅猛发展的需要，韦拔群与陈伯民等商量，决定按照广州农讲所的做法，在东兰举办农民运动讲习所。

广州农讲所在大革命的中心广州，既安全又有财政保障；而在广西，加入广州革命阵营的新桂系还没能完全掌控广西政权，韦拔群以国民党中央农民部广西农运特派员的身份回到广西，暂时没有被通缉的危险，但东兰反动当局和土豪劣绅沆瀣一气，仇恨韦拔群和农军，随时准备绞杀东兰的农民运动。

农讲所在哪里既安全，又省钱呢？韦拔群想到了北帝岩。

这是东兰县武篆镇巴学村拉甲山半山腰的一个天然大溶洞，原是供奉道教北方真武玄天上帝，故名为北帝岩。洞口高 43 米，宽 64 米，洞深 137 米，洞壁及洞顶均比较平整，地面也较平坦，可容纳千余人，洞内冬暖夏凉，阳光可以照入洞口，既明亮，又干爽通风。

北帝岩是一个易守难攻的地方。这里距县城约38公里，距离武篆镇4公里，群山环抱，交通闭塞，远离敌人。这里是壮瑶同胞聚居地，是韦拔群早期农民运动的根据地。群众基础好，比较安全。

韦拔群决定在北帝岩办农讲所，他带领附近的学员扛砖搬石，砍竹子和木柴，搭建竹木的板凳、桌子、竹床，从家里拿来锅碗瓢盆、油盐酱醋，买了几袋大米、玉米和红薯，一边上课，一边扩建，农讲所从无到有，张罗了起来。

◆ 东兰农民运动讲习所（列宁岩）。

1925年9月15日，第一届东兰农民运动讲习所开学。韦拔群任主任，陈伯民任管理员，黄大权、黄树林、邓无畏等为教员。学员是来自右江的东兰、凤山、百色、凌云、奉仪（今属田阳县）、恩隆（今属田东县）、思林（今属田东县）、果德（今属平果县）、都安、河池、南丹等县的汉族、壮族、瑶族等青年共276人。

东兰农讲所教学和管理基本参照广州农讲所的设置。主要课程有"俄国革命史""农民协会章程"等，主要传授农民运动的理论，特别是组织农民协会和农民武装斗争的实践经验。学员按地域编成连、排、班，实行军事训练、军事化管理。

韦拔群和学员同吃同住同劳动，劈柴砍竹子，自制课桌、床铺、用具，织草席，编草鞋。他们穿草鞋，睡草席，稻草为被；摘野菜，吃红薯，军歌嘹亮，斗志昂扬。

时值新桂系统一广西，奉行新三民主义。1925 年 11 月，韦拔群、陈伯民等在东兰县城发起召开国民党东兰县党员大会，成立国民党东兰县党部。韦拔群带领学员公开宣传新三民主义，宣传减租减息，反对帝国主义。

第一届农讲所原定时间为半年，由于东兰县反动当局的武装进犯，只开办三个月，便提前结业。1926 年 10 月，韦拔群与陈伯民、陈洪涛在武篆育才小学开办第二届、第三届农民运动讲习所，三届农讲所培养了 600 多名农民运动骨干。学员结业后，回到当地成立农民协会、组织农军，领导群众开展减租减息、反对土豪劣绅的斗争。奉议县和恩隆县的学员按照东兰农讲所的做法，在本县开办农民运动讲习所。

东兰农讲所被誉为右江革命摇篮，将革命火种传遍右江地区，为后来的百色起义和右江革命根据地的建立奠定了良好的基础。当时中国共产党在广州主办的《农民运动》上刊登了《值得注意的东兰农民运动》一文，指出："位于西江上游而偏僻的东兰底农民运动，如果只凭脑海中的理想，任何人都要与事实相违背……因此，我们可以说，东兰的农民运动，实是广西农民运动的开始，东兰农民运动，是广西农民求解放的急先锋。"1926 年 12 月 5 日，中共中央局在给共产国际报告中赞誉韦拔群为"广西的彭湃"。

右江有了共产党

1925 年秋，时任中共广东区常委兼军委书记的周恩来秘密来到梧州，指导广西建党工作。1925 年 10 月，在中共广东区委领导下，中共梧州支部建立。12 月，建立中共梧州地委。广西地方党组织建立后，广西的革命焕然一新。

梧州地委成立后，先后派出一批党员干部到南宁、桂林、柳州等地开展农运和组建共产党、共青团组织的工作。1926 年夏，中共南宁地委成立，书记陈勉恕。中共广东区委决定南宁地委"兼摄省委"职权。南宁地委管辖南宁党组织和左右江地区的建党工作。

余少杰是第一位到右江地区活动的共产党员。1907 年，余少杰在广州出生。其父是广东鹤山县人，清末流落到广州求职求生，在一个戏班里充当杂役。余少杰 17 岁时考上黄埔军校第三期。在黄埔军校学习和参加东征期间，余少杰行动敏捷，作战英勇，支持工农革命，思想作风正派。经过考验，1925 年冬，毕业前夕，余少杰加入中国共产党。

◆ 余少杰像。

1926 年初，中共广东区委调余少杰到广西南宁工作，在刚成立的国民党广西省党部组织部任秘书。同年夏初，中共广东区委常委兼军委书记周恩来，指派余少杰等原在黄埔军校八名毕业生到驻右江奉议、恩隆的建国定滇军范石生第二军（同年 11 月整编为国民革命军第十六军）开展秘密活动。

余少杰到恩隆县平马镇范石生军部后，被任命为军政治部秘书。余少杰精明能干，会说右江沿岸通用的白话（粤语），与群众关系很好，得到范石生的信任和重用，常授权由其出面处理大小事情。余少杰利用各种机会，在群众中作革命宣传。

一天，恩隆县农民协会组织宣传队在县城举办"打倒土豪劣绅"化装表演，边表演边游行，吸引了许多赶街的农民前来围观，国民党县政府派县警进行干涉，强行驱赶游行队伍。余少杰路过见到这般情景，大步上前指责县警头目："国民政府支持农民革命，你们为什么要制止？"该头目见来者是国民革命军第十六军的年青军官，忙上前解释，然后便带领警兵灰溜溜地走了。余少杰称赞农协宣传队做得好，并以军部名义向宣传队赠了 20 块大洋。宣传队队长滕德甫对余少杰的支持表示感谢。

此后，"国民革命军支持农民革命"的消息传遍了各乡村，余少杰因此在恩隆、奉议一带出了名。

余少杰通过国民党广西党部农民部部长俞作柏，把东兰农民运动骨干陈伯明、陈守和、黄书祥分别派到奉议、恩隆、果化担任农民运动特派员。广州农讲所第六届结业归来的恩隆县籍的陆炳堂、韦如山，以省农运特派员的身份回右江地区工作。

余少杰以滕德甫所在的林逢圩明德小学为中心，通过滕德甫的同学关系，召集一批知识青年一起阅读《向导》《新青年》《共产主义ABC》等书刊，学习革命道理，探讨工农革命之路。

1926 年秋，余少杰着手开展在右江地区建党工作，中共南宁地委亦派党员严敏来右江地区协助余少杰开展工作。余少杰在恩隆县的林逢，严敏在奉议县的仑圩、甫圩，抓紧培养积极分子和进步青年，发展滕德甫、滕煊甫、滕静夫、刘伟谋、梁乃武、李正儒等 10 多名入党。

随着党组织的不断壮大，8 月，余少杰在恩隆县七里山区百审村罗明山林场召开恩（隆）奉（议）两县党员会议，成立右江地区第一个党支部——中共恩奉特别支部，余少杰任特支书记。特支隶属中共南宁地委。特支成立后，又陆续有一些在外地入党的如陆炳堂、韦义光、韦如山等党员先后到右江地区工作。

同月，余少杰主持召开恩隆县第一届农民代表大会，成立恩隆县农民协会、县农民自卫军大队部，由陆子明任农民协会会长，滕国栋任农民自卫军大队长。

农民自卫军建立后，缺乏武器，余少杰先是让自卫军积极为范石生军当向导、运军粮等，以取得范的好感，后以维护社会治安和押运军粮为理由，向范提出从军械库中拿出些旧枪、坏枪拨给农军，以示壮胆。得到范的同意后，又找主管人员个别做工作，从军械库中拿出200多支好枪及一批弹药交给农军。此后，余少杰又巧妙地利用自己的身份，调出一些枪支弹药给农军。有了枪支弹药，农军的力量一下子强大了起来，乡团也不敢靠近。

10月，恩奉特支决定举办恩隆县农讲习所，余少杰亲自任教，在农讲所发展了徐平等一批党团员，培训了一批农民运动的骨干力量。

1926年11月，陈勉恕到东兰负责东兰惨案善后工作兼代理东兰县知事，与严敏、陈洪涛、陈鼓涛等建立东兰县第一个党组织——中共东兰支部，由中共恩奉特支管辖，陈洪涛任书记。随后，经陈勉恕、严敏介绍，韦拔群加入中国共产党，成为中共东兰支部建立后发展的第一个党员。

中共恩奉特支和东兰支部的建立，使右江地区的农民运动得以在中共组织的领导下，有组织有计划地广泛地开展起来。

在党的直接领导下，右江地区农运进入了一个崭新阶段，为日后的百色起义、右江革命根据地的建立打下了坚实的组织基础、力量基础、思想基础。

风雷涌动左右江

1926年1月，中国国民党广西省第一次代表大会在南宁召开，标志着国共合作在广西正式形成[①]。但是新桂系右派势力和东兰的土豪劣绅对东兰农民运动十分恐惧和仇恨，1926年2月，制造了震惊两

---

① 中共广西壮族自治区委员会党史研究室：《中国共产党广西历史》第一卷（1921—1949），中共党史出版社2004年版，第42页。

广的东兰惨案。全县民房被烧 7418 间，掳去牛马 2467 头，勒索款项 83683 元，杀害农运骨干和群众 700 多人。

面对敌人的屠杀，韦拔群带领农军转移到西山坚持游击斗争，农军恢复到 1000 人的规模。同时，派人到南宁、广州，向社会各界揭发东兰农民惨案。中共广东省委、南宁地委与国民党左派通过国民党中央党部和广西省部，组织工人、农民、学生、妇女各界声援东兰农民运动。

迫于不断高涨的革命形势，国民党广西省政府被迫发出承认农会合法、惩办凶犯的"俭电"。

1926 年 10 月，国民党广西当局派青年部部长陈勉恕（中共党员）任东兰农案调查善后委员会主任兼任东兰县知事。

陈勉恕到东兰后，成立国民党东兰县党部，韦拔群、陈伯民等农民运动领导人当选为常委或委员，并任命韦拔群为田南道（即右江地区）农民运动办事处负责人。国民党左派、广西省农民部部长俞作柏赠送东兰农军 10 余支手枪，以示对东兰农民运动的支持。

在中共党组织的指示下，1926 年和 1927 年，韦拔群先后在列宁岩和武篆育才高等小学开办第二届和第三届农民运动讲习所。

与此同时，黄治峰、黄书祥等一批革命志士在余少杰、韦拔群等影响下开展农民运动，奉议、果德等县的农民运动与东兰农民运动遥相呼应，右江农民运动之火愈燃愈烈。

黄治峰的身份不是农民，而是一位基层知识分子。1891 年，出生在奉议县甫圩乡篆虞村（今田阳县百育镇新民村篆虞屯）一个壮族农民家里。兄弟姐妹六人，他排行最小，父母坚持送他读书。14 岁时考上田州高等小学堂，18 岁考上泗色中学堂（百色中学前身）。辛亥革命爆发后，黄治峰与 12 位同学秘密结义同盟，发起驱逐反动校长的学生运动。

中学毕业后，黄治峰在小学任教。护国战争爆发，黄治峰弃笔从戎，1917 年考入广西陆军速成学校，毕业后到广西陆军模范营任职，参加过护国战争、护法运动。

1923 年，对军阀混战厌倦的黄治峰辞去军职，回到家乡，效仿韦拔群组织公民会和农民自卫军。

黄治峰在村里创办业余学校，把失学青年组织起来，读书识字，并灌输革命思想；组织进步青年成立革命同盟会，他们在甫圩乡花茶庙堂歃血为盟，一起饮鸡血酒，"砍香"宣誓：要生死与共，奋斗到底；要与民共甘苦，不图享乐；要见义勇为，不怕杀头。

黄治峰带领业余学校和革命同盟会的青年在奉议县和邻近的恩隆、恩阳县进行串联，宣传"打倒军阀""打倒帝国主义""减租减息"等思想，土豪劣绅惊呼奉议县被"赤化"了。

不久，奉议县知事和县团总带领团丁到甫圩摊粮派款，敲诈勒索。黄治峰率同盟会员拒绝交粮：官逼民反！粮食一粒不交，你有何奈！知事想逮捕黄治峰，但是数以百计的农民手持锄头、扁担、木棒赶来，吓得知事面如土色，惶恐而归。黄治峰组织奉议县各乡农民联名控告奉议县知事贪污腐化，并带着联名信到南宁，递交到国民党省政府，奉议县知事因此被革职。这次斗争的胜利，鼓舞了奉议县农民的斗志，黄治峰得到了农民的拥护，奉议县农民运动拉开了序幕。

听闻韦拔群在东兰举办农讲所，黄治峰赶到东兰，参加第一届农讲所学习。结业回来，黄治峰按东兰农讲所的办法，在田州镇维新街30 号开办农民运动讲习所。黄治峰亲自担任所长，学员 60 多人。农讲所开设课程与东兰县基本一样，学习时间为三个月。

同年 3 月，省农民部委派黄治峰为农运名誉委员。利用合法身份，黄治峰组织农讲所学员到各乡各村成立农会，并成立奉议县各乡农民协会联合办事处，黄治峰担任办事处主任。奉议县农民协会成立后，黄治峰当选为主任委员，并担任奉议县农民自卫军总指挥。

中共党员余少杰随国民革命军第十六军范石生部到右江地区后，

在余少杰的领导下，黄治峰领导的奉议县的农民运动得到迅速发展，农民自卫队 200 多人，拥有枪支 100 多杆；农民协会遍及 25 个乡，会员 1800 多人，能够领导和号召的农民近 2 万人，成为右江地区农民运动规模较大的县。

奉议县新知事曾伯龙上任不久，借为国民革命军第十六军代购军粮之机，与乡团和地主勾结，低价收购，高价卖给军队。军粮收购价为 8 元，而曾伯龙以 3.5 元的低价强行摊派，不同意缴粮，就被团丁关押入狱。时值青黄不接，农民叫苦不迭。黄治峰率农民代表到县衙门抗议遭到拒绝。在余少杰的支持和配合下，黄治峰带领农协会员、农民群众 1000 多人，到平马镇示威游行，并向范石生请愿。范石生怕事态扩大，遂答应把曾伯龙贪污粮款一事电告省政府。黄治峰率农民代表到南宁向省政府控告曾伯龙，组织奉议旅邕革命青年社，散发《警告奉属同胞书》传单，揭露曾伯龙的罪行。迫于舆论压力，新桂系下令扣押曾伯龙。

同一时期，右江地区的果德县（今属平果市）农民运动在黄书祥的领导下得到发展壮大。

黄书祥是东兰县武篆区旧州屯人。1921 年，参加韦拔群组织改造东兰同志会，参加韦拔群领导的清算大土豪杜八斗争、三打东兰城的战斗、筹办东兰农民运动讲习所等。

1926 年冬，韦拔群选派黄书祥等人参加国民党广西省党部农民部在南宁开办广西省第一届农民运动讲习所。结业后，黄书祥作为国民党广西省党部农民部的农民运动特派员，到果德县开展农运工作。

在中共党员余少杰的支持下，黄书祥联络赵世同、赵世祥等一批革命青年，筹建农会和农军。

1927 年 2 月，黄书祥到果德一两个月时间，就组织 3 个区 11 个乡成立农民协会，会员 1000 多人。黄书祥在县城马头街筹建县农民协会，并任副主席。3 月间，经余少杰介绍，黄书祥加入中国共产党，成为果德县发展的第一位中共党员。

由于北伐战争的胜利和全国工农革命运动的蓬勃发展，广西的农民运动得到合法的身份，在中共地方党组织的领导下，右江农民运动迅速发展。到 1927 年 3 月，东兰县各区、乡都建立了农民协会，共有区农会 13 个，乡农会 170 多个，会员 8.7 万人，农民自卫军 2000 多人（脱产的常备军 500 余人）；右江地区仅东兰、奉议、恩隆、天保、都结、凌云等县共有农会会员 9 万多人，农民自卫军近万人。农民协会遍布广西 50 多个县，35 个县成立县一级农民协会，会员 20 多万，镇南道、田南道等左右江地区的农民办事处都由共产党员担任。农民协会参加反帝斗争，声援五卅运动和省港大罢工；摧毁土豪劣绅把持的旧团局，打击基层的反动势力；根据国民党中央公布的"二五减租"规定，开展减租减息运动，反对苛捐杂税；兴办农民夜校、文化补习班，反对封建迷信；兴办女子学校、妇女识字班，提倡妇女解放，成为南方大革命运动的重要组成部分。

二、星火燎原　红星闪耀

大革命失败后，俞少杰、严敏和韦拔群领导右江地区率先发起武装暴动反抗新桂系屠杀，经过艰苦奋战，革命形势好转，为百色起义和龙州起义奠定了基础。

1929 年至 1930 年，邓小平、张云逸、韦拔群、李明瑞、陈豪人、俞作豫、雷经天等领导百色起义和龙州起义，创建中国红军第七军、第八军，开辟了左右江革命根据地，成为全国瞩目的革命根据地。

左右江农军大暴动

1927 年 4 月 12 日，蒋介石发动反革命政变。桂系军阀追随蒋介石发动反革命政变，屠杀共产党员和革命群众。中共广西地方组织遭到严重破坏，左右江地区的农民运动受到暂时的挫折。鲜血擦亮了革命者的眼睛，他们擦干净身上的血迹，掩埋好同志的尸体，重新拿起武器，开始了新的战斗。

率先发起暴动的是右江地区。1927年7月中旬，中共恩奉特支书记余少杰和严敏召开右江地区各县农军领导人会议，决定以武装反抗国民党反动派的屠杀政策，宣布成立在恩奉特支领导下的广西临时军政委员会（亦称三南总部），以加强对田南、南宁、镇南3个道的农运和武装斗争的领导。统编各县农军为右江农民自卫军第一路、第二路、第三路，韦拔群、黄治峰、余少杰分别担任各路总指挥。

在三南总部领导下，右江农民自卫军发动仑圩暴动、东凤暴动、镇结暴动、果德暴动、都安暴动、向都暴动等武装暴动，反抗桂系"清党""清乡"的屠杀。

1927年7月20日，国民党桂系"清党宣传工作团"派出宣传队到奉议，在仑圩被黄治峰率农军驱逐。农军决定在敌人进攻前举行暴动，歼灭仑圩的反动武装。农军侦查到奉议县第四区团总黄锦升和土豪黄子贞、黄静山等人每到圩日都到街圩聚众赌博，黄治峰据此制定生擒敌首的方案。

8月9日是仑圩的赶圩日，人群熙熙攘攘。黄治峰率领第二路农军200多人潜伏在仑圩附近以及街圩各个角落。黄锦升、黄子贞、黄静山等人照常前来赌博。等他们在赌桌上聚齐，赌场外的农军吹响牛角号，化装成赌徒的农军突击队员如猛虎下山，生擒黄锦升等10人，缴枪3支。团丁听说团总被捕，慌忙四处逃散。次日，农军在甫圩小学操场召开有数千农民群众参加的公审大会，枪决了罪大恶极的土豪黄锦升，没收的财产分给群众。

仑圩暴动震惊了桂系军阀，桂系当局发出悬赏通缉黄治峰，赏银1000大洋。黄治峰说："革命不怕死，怕死不革命。"10月，黄治峰由严敏介绍加入中国共产党，同月，任中共奉议县支部委员。黄治峰指挥农军转入山区，坚持游击斗争。

1927年8月初，韦拔群、牙苏民、黄大权、廖源芳、黄松坚等领导第一路农军举行东、凤、凌、色四县农民暴动。国民党桂系派出2000多人的兵力，在数县团丁的配合下，重点进攻右江第一路农军。韦拔群等转移到西山、中山、东山开展游击斗争。

9月23日晚上，黄书祥率领第三路农军和群众近万人举行果德暴动誓师大会。当晚，下起倾盆大雨，农军分成三路，在夜幕中，沿着泥泞的道路摸黑向县城进军。天亮后，农军3000多人包围了县城，但由于农军装备陈旧，没有攻城的迫击炮，攻打城墙十分困难。黄书祥就安排围城的农军挥舞手中各式各样的武器，作出准备攻城的姿势，齐声高呼"打倒军阀"口号震天，并安排人员对团丁喊话，劝说他们弃暗投明。下午，县城周围汇集万名农民，守城敌人看到到处都是农军的土铳、大刀、长矛、锄头，听到震耳欲聋的口号声，十分害怕。等农军发起强攻，守城敌人即弃城而逃。农军缴枪40多支，破仓分粮，释放被关押的农友。由于敌我力量悬殊，在敌人大军增援前，黄书祥指挥农军主动撤出县城，转移到农村地区，开展游击战。

镇结、都安、向都的农军也同期发动武装暴动，占领了部分乡镇，释放被关押的群众，由于敌强我弱，农军转入边远山区坚持游击斗争。

在右江农军暴动的推动下，左江地区的邕宁、养利、雷平、龙茗、万承、上思等县的农军也发起了武装反抗桂系军阀统治的斗争。邕宁农军高举铁锤镰刀的红旗，与"清乡"敌人展开战斗，初步形成邕宁、绥渌、上思边游击区。余少杰、严敏派共产党员到养利、龙茗等地做冯飞龙等人的工作，冯飞龙率养利、雷平农军袭击扶南县那隆、万承土州大岭的团局，联合邕宁农军占领左县县城，在养利、雷平、龙茗数县边的山区坚持游击斗争。

大革命失败后，广西地方党组织领导发动 20 多次武装暴动，斗争范围涉及 28 个县市，有力回击国民党发动派的血腥屠杀，这么大规模的、有组织的农军暴动在革命低潮中是罕见的，取得的游击战争成果也是少见的。

1928 年春，桂系军阀对左右江地区进行"清乡"，镇压农民武装。韦拔群领导农军凭借深山老林，以伏击战、夜袭战、地雷战等，不断袭击并歼灭小股敌军，处决土豪劣绅和民团的头子。6 月，东兰农军占领东兰大部分圩镇，宣告桂系军阀对东兰、凤山的重点"清剿"失败。那马、果德、恩隆、思林、向都天保等农军也粉碎了敌人的"清乡"。左江地区，养利、雷平、龙茗农军的反"清乡"斗争也站稳了脚跟。

经过艰苦奋战，左右江地区保留了 10 多支农军基干队伍，创建了东兰、凤山、凌云、百色边以及邕宁、绥渌、上思边等农村游击区，为百色起义和龙州起义的举行和左右江革命根据地的创建打下基础。

光昌汽灯店阁楼的秘密

由于桂系的残酷镇压，广西临时省委机关多次被破坏。1929 年 1 月，中共中央决定成立广西省委，文沛任书记，雷经天、朱锡昂、胡福田等为委员，重建广西党组织；由于中共北流县委书记俞作豫与北伐名将、桂系将领李明瑞是表兄弟关系，派俞作豫到驻武汉的李明瑞部队进行兵运工作，为后来的南宁兵变打下基础。

文沛、雷经天等从香港，经广州到梧州。由于在梧州没有找到省委机关落脚的合适地方，遂将省委机关从梧州迁到南宁。外省籍人到南宁，人生地不熟，语音不通，容易引人关注；雷经天是南宁人，社会关系广，重建省委的工作主要落在他身上。

雷经天的侄子在中山路有两间房屋，一间是卖米店铺，另一间就租给雷经天开办光昌汽灯店。中山路始于民权路、共和路交汇之处，向南延续到邕江北岸的南宁海关码头，是南宁老城外的主干道。光昌汽灯店交通便利，是秘密联络的便捷之地。

光昌汽灯店成为广西省委秘密机关。汽灯店有两层，雷经天、文沛等住在楼上，聂根等人住在楼下。

◆ 光昌汽灯店旧址。

楼下挂着各式各样汽灯，专营汽灯的修理和出租。聂根是工人，会修理各种汽灯，负责打理汽灯店。还有一位店员，也是秘密交通员，负责接待顾客。

一楼与南国街相通，南国街小巷交错，便于迅速隐蔽。为了保证二楼不受干扰，从一楼的店铺没有上二楼的楼梯；到一楼的后门方看到上二楼的楼梯。二楼的阳台上还有一把竹梯，紧急情况时，架上楼梯就可以往邕江边撤离。

特委秘密机关主要负责党内各种机要文件的上传下达。当时的秘密文件，一般是用生牛奶写，阅读时用碘酒一涂即刻显示；也有用中药材五倍子水写，放在太阳下晒，或者在火炉旁烤，就可显示。

雷经天等人在楼上接头时，楼下的店员负责站岗放哨。特委在附近的南国街租的一间房屋给特委工作人员住宿，各地来邕接头的交通员有时也在此歇脚。外地来的机要员，特委还要护送他们安全到车站或码头。

广西特委秘书处就设在南宁市郊区津头村的雷经天祖屋。3月，由于南宁团组织出现奸细，军警连夜包围津头村，企图抓捕雷经天。雷经天闻讯趁黑翻墙躲到隔壁的亲戚家，然后转移到古城村另一个亲戚家。

由于雷经天的身份暴露，不能公开活动。但雷经天没有离开南宁，他隐蔽在一位共产党员的家里小阁楼上，有时化装成工人、农民、职员等各种身份秘密活动。

有一次，雷经天刚潜回在南宁市郊津头村的家，军警获悉即包围津头村。雷经天穿上母亲的衣服，包上花头巾，化装为一名村妇，挑着水桶，到邕江打水，成功逃脱敌人包围。还有一次深夜，雷经天潜回津头村，被敌人发现行踪，军警包围津头村，雷经天躲到村边的荷塘，全身潜在水里，脑袋藏在茂密的荷叶里，只露出鼻子呼吸。敌人打手电筒四处追踪，没有发现雷经天的踪影。

4月，中共中央决定广西省委改组为特委，文沛回广东汇报工作，雷经天代理书记。此时，桂系在蒋桂大战出现溃败，广西政局发生变化。雷经天化装成工人、学生，出入学校、饭店、公园等地，寻找南宁、邕宁、宾阳等地失散的党团同志，经过审查，恢复组织联系。

7月，中共广东省委派何誓达到南宁任广西特委书记。光昌汽灯店成为何誓达、雷经天主要的工作场所。

此时，俞作柏、李明瑞主政广西，主动寻求中共的合作，中共派一批干部到南宁。光昌汽灯店新增了一项任务：负责与中共广西军委秘密机关的机要交通。雷经天派交通员进入广西省政府与陈豪人交换秘密文件。

中共广东省委负责人贺昌到广西，在光昌汽灯店与雷经天等人会面，部署召开中共广西省第一次代表大会的工作。

邓小平到南宁后，曾秘密到光昌汽灯店，在阁楼上与何誓达、雷经天等人秘密会谈。邓小平针对桂系残酷屠杀共产党员和革命群众，工农运动处于低潮的状况，指示广西特委利用俞李主政广西的有利时机，着力恢复各地党团组织，领导和发动农民运动。

在邓小平的指导下，经过数月的工作，已健全党组织的有贵县、玉林、北流、东兰等四个县委和凤仪、思林、向都、恩隆、宾阳等五个县特支，正在恢复和健全的有平南、桂平、陆川、同正、果德等五个，全省有党员 420 人，团员 130 人。

南宁兵变、转兵左右江后，聂根护送军械等到右江后，仍然回到光昌汽灯店。光昌汽灯店是中共广东省委与左右江革命根据地的秘密机要站。

红七军主力北上后，敌人重兵"围剿"左右江根据地，并切割根据地与外界的联系，光昌汽灯店也被敌人封闭。聂根转移到吴圩，参加游击，在作战中牺牲。

光昌汽灯店如今旧址难觅，但它已经成为南宁永恒的红色传奇。

雷家大院的秘密会议

津头村距离南宁老城有三公里左右，位于邕江北岸，南湖南面，竹溪之西，是南宁的鱼米之乡，百年古榕树郁郁葱葱，荷叶田田，景色秀美。

津头村至今还保留着两座清末民初风格的老建筑，青砖黛瓦木门窗，抬梁式硬山顶的砖木结构，见证者沧田桑海的岁月变迁。

这两座老建筑就是南宁市著名的雷家祖屋。雷家人才辈出，在当地颇有名气。雷经天的父亲雷沛洋、堂叔雷沛鸿是广西同盟会元老，参加反清斗争，辛亥革命爆发后，策划推动陆荣廷在南宁宣布独立。

1929 年，广西省农民代表大会、中共广西省第一次代表大会在这里召开。

俞作柏、李明瑞主政广西后，采纳中共的建议，放手开展工农运动，通过工农力量削弱桂系的根基，以此巩固广西的政局。在俞、李支持下，1929 年 8 月，广西省第一次农民代表大会在津头村雷家大院召开。

◆ 中共广西省第一次代表大会旧址——雷经天故居。

30 多个县 100 多名农民代表参加会议，俞作柏出席开幕式。大会制定了农运斗争的策略，决定扩大农会农军，创办《广西农民》杂志。雷经天当选广西省农协筹备处主任委员，韦拔群当选为副主任委员，陈洪涛、黄书祥、张震球等为筹备处委员。

会议期间，争取俞作柏解散新桂系控制的各级国民党党部，委任一批共产党员和进步青年到左右江地区担任县长或农运特派员，利用合法的政权来推动左右江的工农革命运动。

俞作柏还接见韦拔群，同意以成立右江护商大队的名义，拨给东兰、凤山地区农军步枪 300 多支、子弹两万发，这些武器装备可以配备一个营的兵力。

韦拔群连夜写信回东兰，抽调 300 多名优秀的农军分三路到南宁领枪。这批农军到南宁后，每人领到一支汉阳造的步枪和 200 多发子弹，并被编成三个连，在南宁进行短期军事训练。韦拔群激动地对大家说："我们有了这些真家伙，回东兰，就可以把敌人像抓小鸡仔一样了！" 9 月 13 日，韦拔群等带领这支经过训练的农民武装队伍，雄赳赳、气昂昂地从南宁回到东兰武篆，准备解放东兰。

广西省农民代表大会的召开，使农民运动有了公开、合法活动的身份，增强了右江农民运动力量，为后来邓小平转兵左右江作了准备。

为贯彻中共六大和六届二中全会关于深入开展土地革命、武装斗争的精神，经中共广东省委批准，在邓小平的指导下，中共广西省第一次代表大会在津头村雷家大院秘密召开。

这次大会是在广西地方党组织初步恢复发展和革命出现新转机的形势下召开。原计划于 9 月 1 日召开会议，因等候广东省委代表，会议推迟。先期到达的代表参加学习培训。9 月 10 日，会议正式召开，出席大会代表以及广西省特委委员共 19 人。中共广东省委常委贺昌出席大会并作政治报告，广西特委书记何誓达作工作报告。大会通过《中国共产党广西省第一次代表大会政治任务决议案》及组织、宣传、工运、农运、军事、土地革命、妇女、共青团 8 个工作草案大纲。《决议案》提出今后工作的总路线是利用一切公开机会去发动领导广大群众的日常斗争，逐步深入开展土地革命、职工运动、士兵运动、农民武装暴动，推翻国民党统治，创建苏维埃政权和红军。斗争策略是深入进行土地革命宣传，争取广大群众，扩大党的政治影响，发展党和群众组织，注重以贫雇农为主要动力，以中农为同盟者。强调"目前农村中的主要路线是领导农民做日常的斗争，从斗争中转变到深入土地的斗争，尤其扩大农民的武装组织，而推进到游击战争，使土地斗争更加深入"。大会选举产生新的省特委，会议选举产生新的中共广西特委，何誓达任书记，雷经天、陈洪涛、严敏等为委员。

中共广西省第一次代表大会为百色起义、龙州起义和左右江革命根据地的建立打下了基础。尽管大会强调要把全省工作重点放在南宁、梧州、柳州三大城市及西江流域城镇。但俞作柏、李明瑞仓促举兵反蒋，邓小平果断地把广西特委的主要干部雷经天、陈洪涛、严敏、何建南、麦锦汉等调到左右江开展创建红军和革命根据地工作，在实际行动上纠正了省一大的城市中心论偏向。

中央代表到南宁

1929年9月上旬的一天，南宁邕江北岸的海关码头，一艘从香港经梧州到南宁客轮缓缓靠岸。此时的南宁仍处于炎热的夏季。

船上走下一高一矮的两个商人模样的乘客，年青人身材中等，但长得清秀健壮，目光炯炯有神，说话带着四川话口音；中青年人个子高挑，精明实干，带着湖南话口音。他们风尘仆仆，各自提着一个小皮箱。

这位青年人是邓小平，25岁；另一位是龚饮冰，33岁，是护送邓小平的中央特科人员，随身带着电报密码。

1920年，16岁的邓小平赴法国勤工俭学；1922年，在法国加入社会主义青年团；1924年7月由团员转为中共党员，并担任青年团旅欧总支部委员；1926年初从法国到苏联，先后在莫斯科东方大学、中山大学学习。

1927年3月，邓小平回国到达西安，任国民联军中山军事学校政治处处长兼政治教官。6月，由西安转抵武汉，化名为邓小平，担任中共中央机关秘书，参与具体筹备八七会议并任记录。12月，在上海担任中共中央机关秘书处长，协助中央领导人管理文书、机要、交通和财务工作。在极其险恶局势下，中共中央机关分散隐蔽，实行单线联系，领导人住址和联系人只有周恩来、邓小平等掌握。

邓小平隐蔽战线斗争经历十分丰富。他经常乔装打扮成不同职业和身份，穿梭在大街小巷、各个秘密机关之间，好几次与敌人的抓捕擦肩而过。

1929年3月，蒋桂大战爆发。蒋介石利用俞作柏、李明瑞与桂系军阀的矛盾，联系俞作柏、李明瑞密谋反桂。俞作柏、李明瑞趁机反桂，李宗仁、黄绍竑、白崇禧兵败离桂。7月，俞作柏、李明瑞回师广西，主政广西。

俞作柏、李明瑞代表民族资产阶级的利益，推行孙中山的三民主义政策，带有一定的民主主义色彩。但俞作柏、李明瑞是在军阀混战中发展起来的一个根基不稳的政权，处境十分艰难。为了站稳脚跟，俞作柏、李明瑞迅速主动提出与中共合作。

俞作柏、李明瑞是国民党桂系左派，同情和支持工农运动，中共与俞作柏、李明瑞的合作始于大革命时期。蒋桂发动四一二反革命政变后，俞作柏被桂系通缉逃到香港后，并与中共保持联系。广州起义失败后，俞作豫、朱锡昂、陈勉恕等广西共产党员在俞作柏家避难。李明瑞是北伐名将，虽然能征善战，但因为不是李宗仁、黄绍竑、白崇禧的嫡系，而被排挤。

俞作柏、李明瑞主政广西后，由于广西革命力量薄弱，中共中央和广东省委从各地调派陈豪人、张云逸、徐冠英、龚鹤村（龚楚，红军长征后叛变）、叶季壮、袁任远、史书元、李谦、许卓等40多名党员干部到南宁进行上层统战和秘密兵运活动。这些干部在中央机关或井冈山根据地工作过，或参加过北伐战争、南昌起义、广州起义，或有在黄埔军校、讲武堂以及苏联、德国、法国学习和受训的经历，斗争经验比较丰富，他们被安排到广西军政重要部门的重要岗位，为迅速打开广西工作局面打下基础。

广西的局面错综复杂，蒋桂矛盾、桂系内部矛盾重重；秘密在广西工作的中共党员的组织关系有归属中央的、广东省委的、广西地方党组织的，工作任务也各异，有负责兵运的，有负责统战的，有负责党务的。由于桂系白色恐怖，广西地方党组织与上级党组织联系受阻，经济困难，干部缺乏，党团组织恢复发展缓慢。为了统一领导广西的工作，推动广西革命形势，中央决定派代表到广西工作。

鉴于邓小平回国后的出色表现，经周恩来推荐，中央批准邓小平作为中央代表到广西，负责广西党的全盘工作。

邓小平搭乘轮船从上海到香港。在香港，邓小平与中共中央巡视员、中共广东省委负责人贺昌，中共广东省军委书记聂荣臻联系。在香港短暂停留、了解广西的情况后，邓小平乘轮船赴桂。轮船沿着西江，溯江而上，经梧州到南宁。

◆ 南宁市共和路 144 号旧址，邓小平曾在此居住。

在广西，邓小平化名为邓斌，公开身份是国民党广西省政府秘书。在南宁期间，邓小平住在时任广西省会公安局长、中共党员龚鹤村租赁共和路144 号小楼里。

俞作柏、李明瑞虽然与中共密切合作，但广西的政局是错综复杂的，俞作柏、李明瑞在形式上要服从蒋介石的国民党中央政府的领导，蒋介石派出一批特务以各种身份潜伏在广西，监视和牵制俞作柏、李明瑞；汪精卫为首的国民党改组派也派出人马到广西活动；

广西是李宗仁、黄绍竑、白崇禧新桂系的老巢，残余势力强大。所以，中共在广西没有公开活动。

"当时在广西，人们并不知道有邓小平这么一个人。根据中央的指示和多年从事秘密工作的经验，父亲到了广西之后，并未公开露脸，只有在极小的范围内活动，只和极少数的人进行接触和联系。除了党内很小范围以外，父亲只和俞作柏见过几次面。"[①]

邓小平与俞作豫秘密联系，通过俞作豫的兄长俞作柏、表哥李明瑞开展统战工作；与陈豪人秘密联系，领导广西军委的工作；通过秘密信函与张云逸联系，领导南宁兵变；与何誓达、雷经天秘密联系，指导广西特委恢复和发展党团组织，开展工农运动。

在邓小平的指示下，俞作豫和陈豪人利用他们的特殊身份，说服俞、李同意把新编的广西警备第四大队、第五大队和广西教导总队交给张云逸、徐开先、俞作豫等共产党人掌管、整训；张云逸等中共党员逐步掌握了广西警备第四、第五大队和广西教导总队的领导权；广西地方党组织恢复和发展，至 1929 年 10 月，广西全省地方党员达到 420 余人，直接领导有 20 余县农会组织和 35 万会员。

在邓小平的领导下，短短几个月的时间，一个新的革命高潮在广西迅速发展起来。看到广西革命星火燎原之势，寓居香港的李宗仁惊恐万状，他哀叹道："桂省几成为共产党之西南根据地。"

南宁兵变

邓小平等到广西后，对俞作柏、李明瑞实行正确的统战策略，又坚持中共独立自主的方针，在帮助俞作柏、李明瑞扩充军队的同时，逐渐掌握了广西教导总队及广西警备第四大队、第五大队的指挥权。

中共与俞作柏、李明瑞合作的最大政治基础是反对共同的敌

---

① 毛毛：《我的父亲邓小平》（上卷），中央文献出版社 1997 年版，第 209 页。

人——蒋介石、新桂系军阀，中共派大批干部到广西首先是帮助俞作柏、李明瑞巩固广西革命根基，而不是一进入广西就想夺取俞作柏、李明瑞的武装。中共掌握广西教导总队及广西警备第四大队、第五大队的指挥权是一个循序渐进的过程，是中共与俞作柏、李明瑞精诚合作的过程。

俞作柏、李明瑞从武汉带来的部队三万余人，到广西后，虽然收编了新桂系的余部三万人马，但这些新收编的部队实际上不听俞作柏、李明瑞的调遣。为此，俞作柏、李明瑞迫切希望扩充军事力量，为维持统治广西的地位。通过撤换军官，俞作柏、李明瑞掌握一部分新收编的军队，同时，通过大量地招兵买马，组建自己的嫡系部队。

受"左"倾错误思想的指导，当时的中共中央对邓小平、张云逸等采取的士兵运动和军官工作相结合的方式存在争议，有人指责这是搞"军事投机路线"，是"幻想"，并提出"丝毫不让李（明瑞）个人在军队中占据领导"等。邓小平认为，俞作柏、李明瑞是可以争取的进步力量，要借助俞作柏、李明瑞安排党员干部担任各级领导工作，以利于党对旧军队的改造并为党所直接掌握。

为了帮助俞、李整编军队，俞作柏、李明瑞接纳中共中央的建议，开办一个培养部队初级军官的广西教导总队，并任命中共党员徐开先、张云逸分别担任总队主任、副主任。不久，张云逸兼任广西警备第四大队大队长，李谦任副大队长。而第五警备大队也由共产党员俞作豫、史书元分别担任正副大队长。各队的连、排、班等基层干部基本上是党团员担任。由此，中共中央掌握了这三支队伍的指挥权。

张云逸是同盟会元老，参加辛亥革命、反袁世凯斗争。北伐战争中屡立战功，任国民革命军第四军第二十五师参谋长。1926 年，在武汉加入中国共产党。南昌起义后，到海南岛搞兵运遇险。张云逸脱险后到上海找党组织。中央原计划送他到苏联学习，但是广西局势出现变化，需要一位有丰富军事经验的同志前往广西搞兵运，中央决定派张云逸到广西工作。张云逸在广州找到了同乡好友、粤军海军司令陈策，陈策不仅为张云逸写推荐信，还利用关系护送他到达南宁。张云逸是北伐战争虎将，一到南宁就被俞、李重用。

邓小平到南宁，和张云逸通过秘密书信联系。根据邓小平的部署，张云逸着手改编营一级军官。如教导总队的三个营营长，原是李明瑞派来的，军阀作风严重。张云逸采取明升暗降、调虎离山的办法，把他们清理出去，一个调去当大队参谋长，升为上校，另外两个营长调去当训练处正副处长，均升为中校，表面上是晋升了，实际上将他们调离军事指挥岗位。同时，开展士兵运动，发动士兵揭露他们克扣军饷、虐待士兵的罪恶，坚决惩办了两个反动的军官，打掉他们的威风。

广西警备第四大队、第五大队大部分是李明瑞回到广西后，收容的土匪、民团、散兵游勇编成的队伍，成分复杂，纪律极差。为了改造部队的成分，部队到各地大量吸收工人、农民和进步青年学生参军，如组建警备第四大队就招收了1000多人，部队中工农成分的比重占优势，散兵游勇的坏作风、坏习气得到遏制。

邓小平、张云逸在组建广西教导总队及广西警备第四大队、第五大队中，在连一级秘密建立党支部或党小组。各连队的党组织在学员群众中发展新党员，仅两个月时间，便发展了300多名新党员，李天佑、卢绍武等都是在这个时候入党的。

通过这些有效举措，我党初步掌握了这三支部队，共计4000余人。张云逸后来回忆："一方面要做好兵运工作，即要发动士兵群众起来斗争。由于国民党军队的士兵，除了少数的兵痞流氓外，绝大多数都是劳动人民被迫抓去当兵的。他们在家时受地主的压榨，当兵又受到反动军官的虐待，对封建反动统治者是非常仇恨的。但是，他们往往为反动派所欺骗、蒙蔽，或者是'敢怒不敢言'，因此要耐心地启发他们，提高他们的阶级觉悟"，"另一方面，也要做好军官的工作，即是说，要设法夺取领导权，将反动军官调离，换上我们自己的人来当'官'，把军权掌握在我们手里，这样更加便于迅速发展以壮大我们的力量。如果只做士兵工作，不做军官工作，革命力量就很难迅速发展；另做军官工作，不做士兵工作，则没有群众基础。所以要双管齐下，不可缺一"。

1929年10月中旬，俞作柏、李明瑞仓促反蒋失败，邓小平果断实行南宁兵变，我党直接领导广西教导总队及广西警备第四大队、第五大队，这支队伍成为百色起义、龙州起义的主要武装力量。周恩来在《关于党的"六大"的研究》一文中也这样总结说："'六大'认为在官长中进行工作就是军事投机。后来的事实证明，敌军大部队的哗变和投降红军，都是由于我们在军官中进行了工作。如广西李明瑞的一个师变为红军，江西第二十六军的起义，都是由军官领导的。"

1939年10月，毛泽东在《〈共产党人〉发刊词》中指出："统一战线，武装斗争，党的建设，是中国共产党在中国革命中战胜敌人的三个法宝，三个主要的法宝。""统一战线和武装斗争，是战胜敌人的两个基本武器。统一战线，是实行武装斗争的统一战线。"南宁兵变不是一次单纯的兵变，而是在统一战线和党的建设的基础上夺取武装的领导权的一次成功的兵变，是邓小平实行党的统一战线策略的成功实践，也是党的建设和武装斗争的成功实践。

转兵左右江

大革命失败后，中国共产党发动了南昌起义、秋收起义、广州起义等上百次武装起义，但这些斗争主要是仿效苏俄夺取中心城市的革命模式。秋收起义失败后，毛泽东率领队伍从城市转移到敌人统治薄弱的农村去，在井冈山开辟第一个农村革命根据地，是"工农武装割据"的伟大开端。1929年1月，毛泽东、朱德等率红四军主力开辟赣南、闽西革命根据地，组建中国工农红军第一方面军。赣南、闽西根据地后来发展成为中央根据地。这对全国各地红军游击战争发展和根据地建设起到了极大的鼓舞和示范作用。邓小平领导百色起义正是在这样的大背景下进行的。

1927 年 9 月中下旬，就在广西革命形势高涨之时，俞作柏和李明瑞被汪精卫改组派策动，联合由湘西南下的汪派粤军第四军张发奎，欲夺广东作为反蒋根据地。

邓小平断定，俞作柏、李明瑞在广西立足未稳，仓促反蒋必然失败，力劝俞、李暂停反蒋行动，以积蓄力量。但俞、李没有采纳中共的建议，决意反蒋。

10 月 1 日，俞作柏、李明瑞在南宁跑马场誓师讨蒋。随后，李明瑞率部队向广东进军。

时局突变，邓小平作为中央代表果断作出了正确决策：一是调遣雷经天、陈洪涛、严敏等十几位重要干部到右江恩隆县城平马镇成立中共右江工委和省农协右江办事处，何建南、麦锦汉等一批干部到龙州成立党组织和左江农运指导委员会，与韦拔群领导的农民武装力量相结合，为转移左右江做好准备。二是争取俞作柏、李明瑞将警备第四、第五大队和教导总队留守南宁，保存革命武装力量。

由于俞作柏、李明瑞所辖三个主力师的师长均被蒋介石重金收买，俞作柏、李明瑞誓师讨蒋不到十天，部队还没出广西即告失败。

俞作柏、李明瑞撤退到南宁。数万亲蒋粤军尾随进逼南宁。以警备第四、第五大队和教导总队的兵力无法守住南宁。俞作柏、李明瑞决定撤离南宁，等待机会东山再起。

山雨欲来风满楼。在南宁，一些反动分子捣毁省农协机关，一些反动军官胁迫士兵投靠蒋介石，反对俞作柏、李明瑞。

10 月 11 日夜，广西教导总队原黄绍竑的余部煽动学员哗变，总队立即追捕哗变的军官。在黑夜和混乱中，总队的官兵四处逃散。

接到总队哗变的消息，张云逸率警备第四大队进城，封锁教导总队驻地。官兵集合，总队只剩下 600 多人。

革命是自愿，不能抓丁拉夫，这 600 多人也要通过思想政治教育来争取。10 月 12 日，各党支部召开士兵大会，党团员们上台发言，揭发反动军队的军官腐败：平时克扣军饷、虐待士兵，打仗时就拉我们替他们卖命，这是什么道理呀；革命军队官兵平等、官兵一致，同吃同住，同甘共苦，为的是打倒列强打倒军阀，救劳苦大众，而我们都是穷人家的子弟，革命是为了我们自己。

这是一场划分革命和非革命阵营的斗争，当时宣布，愿意参加革命站到左边来，愿意投靠蒋介石、李宗仁的站到右边去，不少学员犹豫不决，一会站到左边，一会站到右边。

经过宣传和发动，留守的 600 多名官兵，有 500 多人志愿留在革命队伍中，100 多人选择离开革命队伍。对离队人员发路费遣散，继续革命的重新编队，随时待命战斗。

根据局势变化，邓小平决定实行兵变，指挥广西教导总队和广西警备第四、第五大队分批撤往工农群众基础较好的左右江地区。同时，张云逸下令接管金库，打开南宁军械库，将万余支步枪和子弹，以及机枪、迫击炮、电台等军事物质，搬运到停靠在邕江码头的军舰上，随时听候军令。

10 月 13 日，俞作豫、徐冠英等奉命率领广西警备第五大队从西乡塘开拔，掩护俞作柏、李明瑞及特务营由南宁撤往左江地区的龙州。俞作柏后经越南转到香港。

10 月 15 日，邓小平和张云逸兵分两路向百色进军。张云逸率领的广西警备第四大队 2000 余人，从陆路经平马进发百色，沿江掩护军械船队伍。

邓小平、陈豪人为首的广西军委率领广西教导总队五六百人从邕江海关码头率领满载军火的军械船，溯流而上。

汽艇穿越迷雾，掀起千层浪，从邕江往西北进入右江。

10月20日，船行四天后，到达恩隆县（今田东县）平马镇。在这里，张云逸率领的广西警备第四大队与邓小平率领广西教导总队会师，张云逸第一次见到了邓小平。

先期抵达平马的张云逸、雷经天等率领部队和工农群众等候在平马二牙码头，热情迎接邓小平。邓小平神采奕奕，踏上码头。

叶季壮向张云逸介绍：这是邓小平同志！张云逸跨步上前行了个军礼，两人伸手紧紧握在一起。这是张云逸第一次见到邓小平。由于我党处于秘密活动，邓小平到南宁后，与张云逸的联系都是秘密书信，没有直接见面，但在书信往来中都感受到彼此的信任和尊重。首次相见，分外激动，革命情谊暖心田。

在平马镇北广场，雷经天以广西农协右江办事处的身份，主持召开欢迎大会，欢迎第四大队和教导总队进驻右江，和当地工农运动相结合，开展轰轰烈烈的武装斗争。会场上高呼"中国共产党万岁""打倒国民党"的口号。这是南宁兵变后，我党第一次公开活动，宣告广西革命进入新的时期。但对外，警备总队和四、五大队仍然打着俞、李的国民党旗号。

随后，邓小平召开部队领导干部和右江工委负责人会议，决定部队领导率教导队和特务营于次日启程去百色；除拨一部分武器、弹药给右江各县农军，壮大农军力量外，大部分军械随军带去百色；暂时不用的武器和弹药运往东兰、恩隆七里山区存放；第四大队分别进驻恩隆、奉议、果化，扼守右江门户，支持当地的工农运动。

10月21日，邓小平、张云逸率领船队继续上百色，开展武装起义筹备工作。江水激荡，红旗漫卷，红色风暴即将席卷左右江。

南宁兵变、转兵左右江是一个循序渐进的过程，是邓小平根据时局的变化而做出的战略决策，体现着他在极端险恶的环境中的临危不惧、处变不惊的胆略和运筹帷幄、统揽全局的能力。

这是邓小平第一次独立领导一个革命战略地区的革命斗争，也是邓小平军事生涯的起点。1984年3月，邓小平与日本首相中曾根康弘谈话时说："（我）二十五岁领导了广西百色起义，建立了红七军。从那时开始干军事这一行，一直到解放战争结束。"

张云逸设下"鸿门宴"

1929年10月22日，邓小平、张云逸等率广西警备第四大队特务营和教导总队进驻百色。

百色位于广西西北部，云贵高原的东南边缘，西北与云南、贵州交界，西南毗邻越南，地理位置十分重要，自古就是兵家必争之地。百色是云南、贵州、广西三省交界的中心城市，是大西南与东南沿海的水路、陆路的交通要道，顺水而下可达南宁、梧州、广州、香港，经济繁荣，为百色起义提供经济基础。百色距广西省会南宁西北200余公里，是敌人统治相对薄弱的地区。百色靠近农民运动基础较好的东兰、凤山两县，南连左江地区，与进驻龙州的广西警备第五大队相呼应。控制百色在政治、经济、军事上具有战略意义，为成功发动百色起义奠定基础。

◆ 粤东会馆——红七军军部旧址。

　　百色商贾如云，全国各地商人纷纷建立会馆，如粤东会馆、灵州会馆、云南会馆、贵州会馆、江西会馆等，其中，粤东会馆规模最大、最豪华气派。粤东会馆建于清乾隆初年，由广东旅邕商帮集资兴建。原馆为前、中、后三进九间砖木结构的四合院式建筑，坐西向东，建筑风格及造型接近于广州的陈家祠，是典型的岭南建筑风格，门、窗、栏、壁、屋脊、架梁上镶着陶瓷、木雕、砖雕、石雕等。

　　广西警备第四大队的队部就驻在城里的粤东会馆，邓小平、张云逸、龚鹤村等住在里边长廊楼上。

　　10月23日，邓小平召开中共广西军委会议，布置武装起义前的各项工作和策略，决定暂时仍然打着俞作柏的旗号，利用原左右江旧督办机构，宣布张云逸任广西右江督办署主任，俞作豫任左江督办署主任，指挥左右江各县，通令各县上缴税款，为起义筹措经费。

　　随着右江群众革命运动日益高涨，地主豪绅坐卧不安了，他们纠集反动民团，妄图负隅顽抗，并勾结反动的警备第三大队，妄想镇压右江革命。

　　警备第三大队由广西、云南边界的土匪收编而成，表面上与第四、第五大队同为广西警备部队，但该大队长熊镐是个土匪出身的反动军官。俞、李反蒋失败后，熊镐立即投靠卷土重来的桂系军阀。

　　重返南宁的李宗仁、白崇禧未站稳脚跟，密电熊镐：率部尾随第四大队进驻平马、那坡一带，伺机袭击第四大队。密电被奉议农军截获。邓小平、张云逸计划一锅端掉熊镐。

　　熊镐以为张云逸不知道自己的底细，以"友军"身份致电张云逸，提出到百色与四大队"商谈防务"，借机窥探百色的情况。邓小平、张云逸决定将计就计，设下"鸿门宴"，"智取熊镐"，歼灭反动的第三大队，以消除后患。

　　张云逸不动声色，复电熊镐，四大队愿意与三大队结好，已备盛宴，迎接到访。

　　熊镐接到张云逸复信后，以为自己的阴谋得逞，在 10 月 28 日早上带着几个随从，乘坐汽艇从平马到百色。中午，正值午饭之时，熊镐及其随从大摇大摆登上码头，直奔右江督办公署。

　　张云逸门口"恭候"熊镐。熊镐见宴席上摆满了山珍海味，而张云逸态度谦和，谈笑风生，遂放松警备。酒足饭饱之际，张云逸一声令下，警卫迅速解除熊镐及其随从的武器，熊镐没来得及反应就被擒捕了。

　　同日下午，按照原定计划，雷经天、李谦、黄治峰等指挥第四大队和恩隆、思林、奉议等县农民自卫军，以日常操练为名，悄然包围驻平马的第三大队武装，等待军号响，农民自卫军以迅雷不及掩耳之势冲入敌营，击毙守门的卫兵，毫无防范的敌人正在喝酒、打牌、睡觉，纷纷举手投降。同时，农民自卫军还攻占了县衙门，活捉县警备队长和县政府主要官员，缴获县警备队所有的枪支弹药，为右江苏维埃政府在平马的诞生奠定基础。

　　清剿平马的敌人，第四大队和农军连夜围歼第三大队驻田州、那坡的武装。此战，共俘敌千余人，缴枪千余支，为百色起义扫除了障碍，打响百色起义的第一枪。

百色城头红旗飘

　　1929 年 11 月初，到广东省委和中央汇报工作的龚饮冰秘密回到百色，带回中央的指示。中央批准了在左右江地区举行武装起义，建立红军和革命根据地的计划，并颁给成立红七军的番号；成立中共广西前敌委员会，统一左右江地区党和军事的指挥，指定邓小平任前委书记。但是中央要求在 11 月 7 日俄国十月革命纪念节举行武装起义。

　　邓小平马上召开前委会。会议认为，数日内即举行起义，时间仓促，准备不足，向中央建议推迟到 12 月 11 日广州起义两周年纪念日举行，并建议在左江地区成立红八军。龚饮冰奉命回上海向中央汇报

◆ 清风楼——红七军政治部旧址。

广西前委的请示。

　　会后，部队加快整顿、改造。部队到百色后没有马上公开共产党的旗号，有的军官不是真心干革命，而是投机取巧；有的军阀作风严重，打骂士兵；有的拉帮结派，把部队视为私人武装。对旧军官，不是简单地撤换，而是组织士兵委员会，发动士兵揭发旧军官如克扣军饷、虐待士兵等犯罪行为和军阀作风，着重对提高士兵觉悟，士兵进行思想政治教育。部队贯彻"支部建在连上"的建军方针，连以上建立党支部。为了改造旧军队，部队吸收了1000多工农优秀青年入伍，改变队伍的成分，又壮大了队伍。

　　地方党组织进一步发展，恩隆、奉议、百色、思林、东兰、凤山等县建立县委，果德、向都成立县特支，右江地区共有党员五六百人。

　　工农运动迅猛发展为百色起义奠定坚实的群众基础。百色先后成立12个行业工会，会员1000多人；成立百色县工人联合会和工人赤卫队，给赤卫队员配备步枪等武器。广西警备第四大队和教导总队把从南宁运来的数千支枪发给右江各县农军，并派出军官培训农军。在第四大队支持下，韦拔群、黄治峰等指挥东兰、凤山、奉议、思林、向都、镇结等地的农军，对当地的反动民团展开攻势。

11月底，部队改造和建立苏区的准备工作基本完成，广西前委决定在广州起义两周年纪念日于百色举行起义，建立红七军。

前委秘密印制武装起义的纲领、布告、口号，制作红七军的旗帜。莫文骅随军到百色，在队部担任副官，他回忆：12月上旬的一天，龚鹤村到副官处找到他，交办制作红七军军旗以及关防印章的秘密任务。红旗上写"中国工农红军第七军军部"，中间是黄色的镰刀、斧头。接受任务后，他立即到经理处领红绸布，到离军部不远的一家商店去制作军旗。要求商家严格保密，否则，要负严重责任。

12月10日，起义前的一天，前委在百色分别召开了工人代表大会、警备第四大队士兵代表大会和百色农民代表大会。在这三个代表会上，代表们一致热烈拥护和通过前委关于举行武装起义、建立红军和建立革命政权的决议。当天晚上，前委还在百色商会俱乐部设宴，邀请百色、奉议两县县长和百色商会要员赴宴，向他们说明将成立红军和苏维埃政府的意义、政策，为避免泄密，暂把他们控制起来。同时，当夜派部队收缴百色公署公安局、禁烟局及百色、那坡、平马、果化等城镇商会团体的枪支共300多支。

这一夜，粤东会馆内外灯火辉煌，通宵达旦地为起义做准备。李天佑回忆，起义前一天晚上，"大家兴奋得一夜没睡，静坐着等待那庄严时刻的到来。"

12月11日，百色城红旗漫卷，锣鼓喧昂，歌声嘹亮，鞭炮齐鸣，一派欢乐气氛。大街小巷贴满"拥护中国共产党""拥护红军""拥护苏维埃政府""打倒封建势力""打倒国民党军阀""实行土地革命"的标语，农军、学生、妇女、小孩从四面八方涌向百色东门广场参加群众大会。莫文骅回忆："这天早晨，霞光万道，旭日东升，山城沉浸在一派振奋人心的革命气氛之中。工人、学生、居民、劳动群众和郊区农民，高举着大刀、长矛、锄头，敲锣打鼓走向街头，庆祝游行。"

百色起义和红七军成立庆祝大会在百色城东门广场举行。会场布置得庄严、肃穆，主席台正中挂着马克思、列宁画像，会场周围红旗招展，墙上的红绿标语贴得整齐有序，东门广场城楼上还部署有 1 个机枪班作警戒，以保护大会的顺利进行。到会的工人、农民、街道居民、学校师生共达数千人，红军战士千余人，这是百色城的空前盛会。

上午 9 时，庆祝大会开始。大会由龚鹤村主持。接着，大会由郊区农民代表黄贵贞向红七军献旗，由工人代表关崇和向红七军献印章。然后，陈豪人代表前委宣告中国红军第七军光荣诞生；张云逸宣读《中国红军第七军目前实施政纲》。当宣布百色起义胜利举行和中国红军第七军正式诞生时，全场锣鼓喧天，欢声如雷，口号声此起彼伏。

大会宣告正式成立中国红军第七军。张云逸任军长，邓小平任党代表（后任军政委兼军前委书记），陈豪人任军政治部主任和前委书记，龚鹤村任军参谋长。红七军以广西警备第四大队和教导总队为骨干，以韦拔群、黄治峰领导右江地区各县农军为主体，全军辖三个纵队 4000 多人。

红军指战员在军旗下面，举行了庄严的宣誓仪式。起义那天，红七军发给全军指战员每人一套新军装和一条红领带。红领带为红布条，长六七厘米不等。红七军指战员穿上新军装，脖子系上红领带，显得精神抖擞，英俊威武。莫文骅回忆："红七军的干部和战士们，每个人都领到一套崭新的灰色军服，军帽上缀着引人注目的红五角星，颈上系着红领带。从军长到士兵，每个人都同样领到第一个月的薪饷——20 块银元。"

右江苏维埃政府同时宣告成立，雷经天任右江苏维埃政府主席，韦拔群任第三纵队队长兼右江苏维埃政府委员。

大会期间，还散发了红七军政治部印发的《中国共产党十大政纲》等宣传品。百色城里的工人、市民和学生挥动彩旗敲锣打鼓，和数千名红军战士一道热烈庆祝红七军的光荣诞生。

当时的中共中央高度评价百色起义，认为是"全国范围内最有组织最有意识的一次兵变"，对于"扩大全国兵变"具有重要意义。

百色起义、龙州起义是继南昌起义、秋收起义、广州起义之后中国共产党独立领导的规模和影响较大的武装起义，其革命风暴遍及20余县，形成了广西革命的高潮，沉重打击了国民党在广西的反动统治和帝国主义的侵华势力，震撼了西南半壁的反动统治，并为"农村包围城市"道路的形成提供了经验。

赤色平马

"十月里来桂花香，小平云逸上右江。右江成立苏维埃，平马成了红海洋……"这是田东县平马镇传唱的山歌。

1929年12月11日，百色起义胜利举行的同一天，中共右江工委在恩隆县（今田东县）平马镇召开右江第一届工农兵代表大会。出席大会的有百色、恩隆、奉议、思林、果德、那马、隆安、向都、镇结、东兰、凤山等11个县的农民协会代表和百色、那坡、田州、平马、果化等5个镇的工会代表以及士兵委员会的代表80多人。大会讨论建立各级苏维埃政府、扩大红军、组织地方工农赤卫军、土地斗争、肃清反革命分子等问题，通过关于红七军施政纲领、实行土地革命等决议案。大会选举雷经天为右江苏维埃政府主席，雷经天、韦拔群、陈洪涛等11人为执行委员，其中壮族、瑶族委员6人。这是右江地区人民第一次行使当家做主的权力。

12月12日中午，晴空万里，平马镇北广场红旗如海，欢声笑语，锣鼓喧天，炮竹声声……中共红七军前委、右江苏维埃政府在平马镇举行工农兵庆祝大会，红七军将士、各县农民自卫军、工人赤卫队、工会、农会、学校等代表和群众两三万人参加大会。陈洪涛主持大会，张云逸代表前委讲话，雷经天在大会上宣布：右江苏维埃政府是我们工农群众自己的政权，一切权力归于苏维埃政权！

庆祝大会后，举行声势浩大的游行，"共产党万岁""中国红军万岁""打倒军阀官僚""打倒土豪劣绅"的口号此起彼伏；晚上，举行文艺晚会，庆祝人民当家做主。一时间，平马镇的红布、红纸都被抢购一空，平马镇变成红色世界。

在红七军的帮助下，右江苏维埃政府领导成立了东兰、百色、恩隆等16个县级苏维埃政权。创建了拥有3万平方公里面积和约100万人口的右江革命根据地。

右江苏维埃政府成立后，立即开展了建立乡村政权、组织赤卫军，组织工会、农民协会、妇联、青年团、儿童团，筹集财粮、支援红七军、保卫红色政权，开展土地革命、经济、教育、社会改革等方面工作，为革命的发展壮大作出了贡献。

为了满足各族农民对土地的要求，右江苏维埃政府从成立时起，就开展对土地革命的宣传发动，在红七军施政纲领及许多文件中，提出了土地革命的有关政策和策略。在区乡苏维埃政府中都设立有土地委员，负责土地革命宣传发动和具体实施的领导工作。红七军和苏维埃政府印发《土地革命》小册子后，就派一批干部深入各地宣传土地革命的意义和具体政策，提高群众觉悟，斗争豪绅地主，实行土地革命。

1930年春，根据中共中央的批示，红七军前委将中共右江工委改为中共右江特委，雷经天任书记，陈洪涛、陆浩仁、滕国栋、黄治峰、黄永达为委员。中共右江特委设在经正书院，经正书院也是右江工农民主政府所在地。

经正书院，始建于清代。百色起义前夕，邓小平、张云逸、雷经天等曾在这里工作、生活。1977年8月17日，邓小平为旧址题写址名"右江工农民主政府旧址"。1995年12月被命名为广西壮族自治区爱国主义教育基地。1996年被定为全国重点文物保护单位。

◆ 经正书院——右江工农民主政府旧址。

轰轰烈烈的右江土地革命风暴，给田东县留存了一批革命文物和遗址史料。走在平马镇上，除了右江工农民主政府旧址，还有红军路、红军亭、红军井、红军村、红军学校、红军码头、红军医院、红军被服厂……依然可以感受当年赤色平马的峥嵘岁月。

瑞丰祥楼前的"小平柏"

1929 年 12 月初，邓小平部署百色起义工作就绪后，带领何世昌、严敏等一批党员干部来到龙州。

此前，俞作豫、李明瑞率领广西警备第五大队已到龙州。俞作柏以广西省主席的名义任命俞作豫为广西全边对汛督办署督办，兼任龙州关关监。李明瑞则以广西绥靖司令的名义，收编和控制了左江地区的桂系旧部和地方山头武装。邓小平多次和李明瑞恳谈。在邓小平的启发下，李明瑞决心投身革命，参加龙州起义。

邓小平在龙州对汛督办公署的后花园花厅主持召开有 20 人参加的党员干部会议，传达中共中央关于举行百色起义、龙州起义，建立中国红军第七军、第八军，创建左右江革命根据地的决定，介绍广西警备第四大队的改造以及百色起义的准备工作的经验与策略，要求广西警备第五大队吸取蒙志仁叛变的教训，加强部队改造、党组织建设，以筹备龙州起义。

遵照中共中央指示精神和邓小平的布置，俞作豫、李明瑞、何世昌、严敏、袁振武、宛旦平、何建南等抓紧对第五大队的整顿改造和建立地方政权的筹备工作。同时，宣传发动群众，建立农民革命组织，为龙州起义作了充分的准备。

1930年2月1日，李明瑞、俞作豫、何世昌等同志率领部队成功地在龙州举行武装起义，宣告红八军和左江革命委员会成立，俞作豫任军长，何世昌任军政治部主任兼军委书记，宛旦平任军参谋长。李明瑞任红七军、红八军总指挥，邓小平任两军政委。同月，中共红八军军事委员会改组为中共红八军临时前敌委员会，邓小平任书记。在邓小平赴右江后，何世昌任军临时前委书记。

在红八军的协助下，农会组织遍布13个县，农民武装发展到万余人枪；成立了龙州、上金、凭祥、养利、崇善、左县、雷平等7县革命委员会，创建了包括龙茗、万承、宁明、明江、思乐部分地区的左江革命根据地，约有2万

◆ 左右江革命根据地形势示意图。

平方公里和 50 万人口。至此，左右江革命根据地连成一片，拥有各族民众有 150 余万人，红军发展近 1 万人。

2 月 7 日，邓小平从上海回到龙州。在邓小平的指挥下，红七军、红八军停止进攻南宁，将重心转移到根据地土地革命和政权建设，左右江根据地得到巩固和发展。

◆ 瑞丰祥钱庄——红八军军部旧址和左江革命委员会旧址。

1929 年 12 月 和 1930 年 2 月间，邓小平两次来到龙州，在瑞丰祥钱庄居住、办公，并在瑞丰祥楼前种下两株柏树。

瑞丰祥钱庄。是清末民初龙州最出名的私营银行，也是近代广西最大的钱庄之一。瑞丰祥钱庄有一个洋气十足的名称"沙威利洋行"。钱庄老板不是外国人，而是广东籍的商人。1885 年的中法战争后，龙州开埠通商，是法国的势力范围。所以，钱庄除了取洋名，还建了一幢法国建筑风格的楼房。

龙州起义后，瑞丰祥钱庄成为党的领导机关、红八军部和左江革命委员会所在地。此后，人们把瑞丰祥钱庄称为"红军楼"，坐落在后花厅前天井的水井称为"红军井"。

邓小平在左江地区领导革命斗争的时间虽然只有 30 多天，但邓小平对这段斗争历史记忆犹深。1962 年，时任中共中央总书记的邓小平为龙州起义暨革命烈士纪念碑亲笔题词："革命的胜利果实，是烈士们的鲜血凝成的。红八军和人民革命先烈们的丰功伟绩，永远活在我们的记忆里。"字里行间饱含着对红八军英烈、对龙州和左江革命老区各族人民的怀念之情。

邓小平曾经居住过的红八军军部旧址和左江革命委员会旧址一直被保护得很好，解放后曾作为县人民银行驻地。1963 年被列为自治区级文物保护单位，1988 年被列为全国重点文物保护单位，1995 年被列为广西壮族自治区爱国主义教育基地，2016 年被列为全国爱国主义教育示范基地。

邓小平在瑞丰祥楼前种下两株柏树，如今已经长成参天大树，枝繁叶茂的翠柏见证着左江革命的烽火。

珍贵的红八军帽徽

1969 年，龙州县上龙乡芭那村党支部书记梁美杰发现数枚破旧的椭圆形的铜牌，上面铸有斧头、镰刀、五角星的图案。从图案看，这些铜牌可能是重要的革命文物，梁美杰将它们无偿捐献给龙州县委。

◆ 龙州起义时红八军指战员佩戴的军帽帽徽。

经龙州县委调查组确认，这几枚铜牌是中国红军第八军在发起龙州起义时佩戴的帽徽。

调查组找到曾参与帽徽制作的红八军战士和工匠，了解到当年红八军的帽徽一共制作了 3000 多枚。现在收藏在龙州起义纪念馆的仅有珍贵的 5 枚，属于国家一级文物。

帽徽长 3.7 厘米，宽 2.3 厘米，厚 0.2 厘米，比铜板大一些，形状为椭圆形，用黄铜锻造而成，正面有凸起的图案，由斧头、镰刀、五角星组成。红八军是目前发现的中国红军唯一使用帽徽的。

1929 年 12 月初，邓小平部署好百色起义准备工作后，到龙州指导筹备龙州起义和组建中国红军第八军工作。

在筹建红八军的会议中，决定红八军的帽徽为斧头、镰刀、五角星组成的椭圆形的图案。斧头代表着工人，镰刀代表农民，位于斧头镰刀之上的一颗五角星代表着共产党，也寓意着革命火种星火燎原。

图案形状定下之后，大家讨论用布缝制，还是用金属打造。用铜来制作，锻造出来金光闪闪的，但是铜是贵重金属，在龙州哪里去找这么多铜呢？

铜！有的是，多着呢！龙州当地的同志说，清末广西最早的兵工厂就建于龙州，工厂旧址里储存有大量的铜。于是，红八军决定用铜来制造帽徽，并马上成立了铸造帽徽小组，配备工匠、设备，赶制帽徽。

1930 年 2 月 1 日前，广西警备第五大队在党的领导下，与叛变革命的蒙志仁团展开激战，夺回龙州城。2 月 1 日按时举行军民大会，庆祝龙州起义。

这天，全城工农商学各群众团体组织，人人手持小红纸旗，喜气洋洋，列队来到新广场，参加起义大会。

大会主席何世昌宣布：中国红军第八军和左江革命委员会成立！[①]
会场红旗招展，锣鼓声、军号声、炮声、《国际歌》歌声，"打倒国民党""打倒帝国主义""红军万岁"等口号震天动地。

红八军军长俞作豫、政治委员邓小平、政治部主任何世昌，第一纵队队长何家荣，第二纵队队长宛旦平。红八军下辖2个纵队，共2000余人。

红八军全体将士的军帽上佩戴这枚特制的镰刀斧头帽徽。从此这枚帽徽伴随着红八军，经历左右江革命风暴洗礼。

3月20日，国民党趁红八军分赴各县剿匪反霸、主力部队不在龙州之机，带领4000多人分两路偷袭龙州。当时，龙州城内的红军只有2000多人。军长俞作豫率领红八军守城部队和赤卫军浴血奋战，最终寡不敌众。俞作豫决定撤出龙州。第一路游击大队政治部主任严敏指挥雷献廷营和陈洪深机枪连负责掩护。他们扼守桥头与敌人展开一次又一次殊死搏斗。严敏、陈洪深等数百名红八军将士为保卫龙州壮烈牺牲。

突围的红八军余部经凭祥、邕宁转战至钦州的大寺，新任二纵纵队长的旧军官刘遗廷率部投敌，胁迫军长俞作豫、军政治部主任何世昌等党政干部离队。何世昌在向右江突围途中，在邕宁县马村被捕，后在南宁英勇就义。俞作豫从邕宁前往香港寻找党组织，在香港被叛徒出卖被捕。在狱中，俞作豫大义凛然，视死如归，留下慷慨绝笔："十年英名宜自慰，一腔热血岂徒流。"1930年9月6日就义于广州红花岗。

龙州失陷后，红八军一纵队历经7个月，转战3500公里，在凌云县与红七军胜利会师。1930年10月，红八军一纵队编入红七军序列。

---

① 中共广西壮族自治区委员会党史研究室：《中国共产党广西历史》第一卷（1921—1949），中共党史出版社2004年版，第147页。

除了留存在龙州起义纪念馆中五枚帽徽，2000 余枚帽徽消失在红八军悲壮的历史中，大部分随着红八军将士长眠于左右江这块红色的土地上，成为左右江地区永不熄灭的革命的火种。

赤色龙州反帝壮举

龙州，是广西与越南相邻的边陲重镇和战略要地。1885 年中法战争后，法国势力侵入了龙州地区，在龙州开设了领事馆、银行、教堂，控制了龙州海关，攫取了政治、经济上一系列特权。

法国驻龙州领事馆旧址位于龙州县龙州镇利民街，建于清光绪二十二年（1896 年），是广西最早的外国领事馆，见证了近代中国的屈辱历史。

◆ 法国驻龙州领事馆旧址。

1895 年，法国强迫清政府修建龙州至越南同登的铁路，修建铁路由清政府拨款，建造工程由法国费务林公司承包。合同还未订立，费务林公司就迫不及待修建了广西最早的火车站——龙州火车站。1898年，因轨距、费用等原因双方谈判失败，铁路停办。于是就有"龙州一大怪：有火车站，没有火车和铁路"的说法。

龙州被辟为广西最早的对外通商口岸。1889 年，法国在龙州开设领事馆。铁路停办后，法国领事馆从龙州县篓园角迁至龙州火车站。法国人还在龙州建立教堂和医院等。清政府也在龙州建造了广西最早的公路、官办银行、海关、电报局、邮政局、军官学校、兵工厂。

1930 年 2 月 1 日，按照中共中央的指示和邓小平的部署，李明瑞、俞作豫等在龙州领导和发动龙州起义，创建中国工农红军第八军，并建立左江革命根据地，与百色起义建立的右江根据地连成左右江革命根据地。

龙州起义和左右江革命根据地树起了反帝斗争的光辉旗帜。1930 年 2 月 1 日，龙州起义公布的《中国红军第八军目前实施政纲》提出，"扩大反帝运动：用群众革命力量，驱除帝国主义出华；没收帝国主义在华一切资本企业；取消帝国主义在华一切特权"。

法帝国主义一向视龙州为自己势力范围，龙州起义爆发后，十分害怕担心红色政权损害到帝国主义的利益，他们急忙向国民党桂系发出照会，扬言要"越南总督拨派武装卫队"进驻龙州；法国驻龙州领事馆无耻地为当地反革命分子、土豪劣绅窝藏金银财宝和武器弹药。法帝国主义还悍然派飞机多次侵入左江地区进行挑衅。

2 月 7 日，邓小平从上海回到龙州，得知龙州起义遭到法国领事馆的无理干涉后，极为愤慨，为了打击法帝国主义的嚣张气焰，保卫革命的胜利果实，捍卫国家的尊严和主权，决定领导左江地区人民开展一场轰轰烈烈的反帝爱国斗争。

2 月 12 日，龙州《工农兵报》发表《中国红军第八军目前实施政纲》，明确了反帝内容，同时发表《中国红军第八军政治部为法帝国主义驻龙州领事馆无理照会告全国民众书》，郑重提出"中国人民在中国境内解放运动不受任何帝国主义干涉""坚决的执行革命的外交"，驱逐帝国主义。

2月19日上午，红八军和左江革委会在龙州城北体育场召开声讨法帝国主义的万人大会，声讨帝国主义的罪行，反对帝国主义无理干涉中国内政，宣布立即没收法国在龙州的领事馆、海关、教堂以及一切企业和财产，驱逐法国领事出境的决定，并用中、英、法三种文字向全世界发出通电。会后，愤怒的群众纷纷涌向龙州铁桥，包围领事馆、海关楼、教堂，没收财产，把法国领事馆嘉德夫妇、海关法国税务司彦格里及反动的法国神父驱逐出中国国境。没收领事馆、海关楼、教堂的财产，搜缴了大批藏匿的枪械以及通讯器材等军用物资，并逮捕了一批躲藏在法国领事馆、海关楼的罪大恶极的官僚、豪绅，枪决了民愤极大的龙州商会会长谢秋、龙州"清党"委员会头目区文俊等。

法国派出飞机到龙州侦查示威，飞机飞到宁明县明江镇上空，当时红军正组织群众大会，见到敌机耀武扬威，红八军战士开枪射击，群众高呼"打倒帝国主义"口号，法机在慌乱中坠落，机上三名法国人一死二伤。

龙州的反帝运动震动了全国和世界。2月26日，中共中央的机关刊物《红旗》载文《广西红军占领龙州之意义》，高度赞扬了红八军在龙州的反帝爱国运动。3月22日，中共中央在《红旗》第86期发表题为《赤色的龙州》社论中指出，"在数天内的政权，他已经做了国民党军阀政府数十年所不能做所不敢做——不是，实在是所不愿做的事"，"实现中国共产党之反帝国主义政纲，在中国革命的发展将有非常伟大的历史意义"。

红七军游击黔桂边

1930年4月初，河池县河池街广安昌盐店的老板胡作卿遇到一件为难的事，刚刚进驻河池的红军要向他借200斤盐。在山里，盐巴十分金贵，有时一两担谷子才能换一斤盐巴。盐借出去了，胡老板觉得这是"老虎借猪——有借无还"。以前，新旧桂系军阀在店里赊账、借盐，从未见过归还的。万万没想到，几个月后，红军从贵州攻打榕江返回河池时，如数把200斤盐还给了盐店。胡作卿对共产党和红军有了深刻的认识。

红军借盐的故事发生在红七军游击黔桂边期间。

百色起义后，邓小平到上海向中央汇报工作。红七军在李明瑞、张云逸的率领下进攻南宁，在隆安战斗失利。1930年3月，红七军撤出隆安后，与从上海返回龙州的邓小平失去联系。从此，开始了两个多月的游击黔桂边征程。

从隆安亭泗撤退，经过两天两夜的山地急行军，红七军到达凤山县的盘阳（今巴马县）驻扎。中共红七军前委举行会议，决定到贵州、云南边界敌人统治力量比较薄弱的地方游击，解决部队的给养问题。

1930年3月底，红七军第一、第二纵队3000多人由军长张云逸、总指挥李明瑞和前委书记兼政治部主任陈豪人率领，从东兰出发，向河池进发。当地的土豪劣绅和乡团闻讯落荒而逃，红七军没有受到敌人任何抵抗就占领了河池。

这是红军第一次驻扎河池。由于对红军缺乏了解，再加上国民党军队的欺骗宣传，当地群众对红军心存怀疑、恐惧，吓得很多人一听到"红军要来了"，就进山躲藏起来，家中仅留下老弱病残的。

红军占领县城后，开监释放被国民党关押的无辜群众，发动和成立了工会、农会、妇委会、农赤军等群众组织。接着召集各界群众大会，宣布成立河池县革命委员会，任命陈伯民为主席。红军召开群众大会，宣传党的政策，揭露桂系军阀剥削、压迫人民的罪行，号召人民起来参加革命。

红军执行"不借端滋扰良民，不奸淫掳掠，公平交易（不强买强卖），向各处游击时，不准拉夫，官兵待遇平等，内外纪律严明"的革命纪律，做到买卖公平，有借有还，不乱拿群众东西。红军战士上街打扫卫生，帮群众劈柴、挑水。留守家中的老人，看到红军与以往的国民党军队、土匪不一样，并没有胡乱放枪，也没有打人、骂人、抢东西，说话和气，买卖公平，便不再害怕红军，立即通知山上的亲人回家。河池街很快恢复热闹，各种商业活动照常恢复。

由于红军资金和物资非常匮乏，红军就打了一个借条，向河池街上的广安昌盐店借 200 斤盐，承诺以后再还给店主。

离开河池，红七军进占了怀远镇。行至思恩（今环江县），红七军决定分为两个纵队，第一纵队向西，军部与第二纵队向北。

经过几天的艰苦行军，军部与第二纵队到达宜北县（今环江县），进入贵州省境内，向荔波县板寨方向前进。而红七军第一纵队转回河池，出南丹，然后进入贵州省荔波县的板寨村和第二纵队胜利会合。

4 月下旬，红七军前委决定部队翻越苗山，突袭榕江。苗山，是苗族同胞聚居的山区。他们是被汉族地主、土官赶进山里来的。长期以来，他们过着贫穷困苦的生活。加上国民党反动派长期破坏民族团结，歧视少数民族，更造成了苗、汉人民之间的严重隔阂。红七军进苗山时，由于国民党的反动宣传，苗族人民都跑了。红军纪律严明，对苗胞秋毫无犯，通过宣传党的民族政策，苗胞认识到，红军是贫困大众的军队。这样，广大苗胞才陆续从山上回到村寨里来，给红军提供粮食，帮助架桥、修路和做向导。红七军经过一个星期的行军，顺利通过苗山到达榕江外围。

榕江县是贵州军阀王家烈的老巢，也是黔军的后方供应基地，囤积着大量的军械和军需品。是时，湘黔军阀混战，王家烈倾巢出黔，在湖南境内作战，只留一团兵力看守榕江。

4 月 30 日午时，红七军迅速包围榕江。经过艰难的攻城战斗，傍晚攻下城池，全歼守城之敌，缴获山炮一门，迫击炮两门，重机枪两挺，步枪 600 多支，子弹 10 万余发，无线电台一部。5 月 1 日上午，红七军在榕江召开万人军民大会，庆祝战斗胜利及五一国际劳动节。会后，把没收来的地主、官僚的粮食、衣物、钱财等分给贫苦人民。红七军在榕江休整了三天，补充了数十名自愿参加红军的新战士，筹得了十多万元的经费，红军在物资上的许多困难得到了解决。

榕江战斗后，前委决定回师右江。红军再次进河池时，当地群众夹道欢迎。回到河池时，红军如数把200斤盐还给了广安昌盐店。胡作卿打心里佩服这支纪律严明的军队，逢人便夸红军的好，说"红军是讲话算数的，不拿群众一针一线"。在红军精神的感召下，当地100多人义无反顾追随着红军，投身革命。

红七军在黔桂边转战千里，打击地主豪绅、反动官吏，宣传共产党和红军的政治主张，撒下了革命的种子。

武篆喜迎邓政委

"昨夜灯开花，政委到我家，妈端墨米酒，爹敬古丁茶。"

1930年3月，邓小平从上海回到龙州，从龙州到右江地区寻找红七军。

4月5日，天飘着毛毛细雨，春意料峭。邓小平戴着竹笠帽、手拄拐杖，脚穿草鞋，沿着崎岖的山路，来到东兰武篆。这里是韦拔群的家乡，也是红七军第三纵队驻地。

傍晚，邓小平和警卫员走到黄美伦家门。黄美伦是韦拔群的弟媳，在县妇联工作。邓小平对黄美伦说，我是邓斌，从左江来的，找韦拔群同志。

听说是邓政委来了，黄美伦立即带邓小平找到韦拔群。

1929年8月，广西省第一次农民代表大会在津头村雷家大院召开，韦拔群当选为广西省农协筹备处副主任委员，率领300多名农军在南宁领枪并参加短训。百色起义期间，韦拔群根据邓小平的指示，在东兰、凤山、巴马建立革命政权。邓小平离开百色、龙州到上海汇报工作后，大家都盼望邓小平早日回来。见到邓小平，韦拔群喜出望外。两人紧紧地握手，格外亲切。

韦拔群安排邓小平换下湿衣服，召集当地几位领导和黄美伦一家共进晚餐。晚饭后，邓小平和与韦拔群围着火盆谈到深夜。

韦拔群说，红七军在隆安战役时，曾接到红八军前来会合的电报，而今两军失去联系。红七军前委决定将第三纵队留守东兰、凤山一带，继续坚持右江根据地的斗争，并等候与红八军取得联系。第一、第二纵队则由军长张云逸、总指挥李明瑞和前委书记兼政治部主任陈豪人率领，向河池方向出发，到敌占区进行游击战争。红七军主力走后，中共右江特委和右江苏维埃政府转移东兰县武篆圩，雷经天、韦拔群等领导东兰、凤山、凌云、都安、那地广大军民开展土地革命斗争。右江赤卫军总指挥黄治峰指挥右江苏维埃政府四个常备赤卫营和右江沿岸各县农赤军坚持游击斗争，打击敌军，保卫东凤中心区域。

得知红七军主力的下落后，4月7日，邓小平在第三纵队第三营营长黄昉日两个连的护送下，从东兰县城出发，从安婆渡口东渡红水河，前往河池寻找红七军主力。

当他们到达河池长老时，得知红七军主力已游击到黔桂边，具体方位无法获悉。邓小平决定返回东兰，与韦拔群一起在武篆领导右江地区开展土地革命斗争。

韦拔群在魁星楼的二楼，增加一张竹床、一张旧的八仙桌，邓小平就和韦拔群一起在此住宿、办公。

魁星楼，是为儒士学子心目中主宰文章兴衰的神魁星而建的。武篆魁星楼建于清光绪年间，由当地士农工商各界捐款兴建。每年过节，地方土豪、文人墨客，登楼焚香拜叩，以期弟子飞黄腾达。魁星楼为木石结构攒尖式六角塔，底宽7米，高17.5米，三层飞檐，内分四层；楼门朝北，匾勒"魁星楼"三字；楼身外面刻画凤鱼花鸟，千姿百态；楼顶角脊塑有六具蛟龙，栩栩如生。

1922年，韦拔群组织领导农民武装攻打东兰县城时，曾设指挥部在这里。大革命期间，魁星楼是东兰县革命委员会和武篆农民协会办公所在地。百色起义后，韦拔群在魁星楼住宿和办公。

邓小平在魁星楼召开红七军、右江苏维埃政府领导人会议，研究右江土地革命工作，编写了红七军党员干部训练班教材，并亲自在东凤两县党员干部训练班上授课。此间，

◆ 魁星楼——红七军前委旧址。

邓小平还在武篆东里进行了土地革命试点，创建了右江第一个共耕社——东里共耕社，视察兵工厂和临时野战医院。同时，邓小平还在楼上亲笔起草了《土地法暂行条例》和《右江苏维埃政府共耕条例》两个法规性文件。

魁星楼成为东兰乃至右江革命的重要指挥部，是右江革命的灯塔。

5月初，邓小平得知张云逸、李明瑞率红七军主力攻克贵州榕江县城后转移到河池的消息，决定再次前往河池与红七军军部会合，传达中央指示。为了邓小平的安全，韦拔群派第三纵队特务连指导员牙美元带一个警卫排护送。这次，邓小平终于找到了红七军的主力。

邓小平、李明瑞、张云逸率领红七军第一、二纵队从河池出发，到东兰与韦拔群会合。随后，红七军收复百色城。

红七军主力北上后，桂系军阀乘根据地武装力量薄弱之机，先后三次调集衙兵对东兰进行"围剿"，叫嚷石头也要过刀。首先下令将魁星楼的尖顶拆掉，改为平顶，红色楼身刷上白石灰。

1958 年，党和人民政府拨款重新修饰魁星楼。1963 年，魁星楼列为自治区重点文物保护单位。1974 年，魁星楼维修，恢复在土地革命战争时期的外貌和室内设备。1995 年，魁星楼列为自治区级爱国主义教育基地。2011 年，被国家收录全国红色旅游经典景区名录。

步入魁星楼，顺着几乎垂直的木梯上去，能看到当年红七军前委办公室的陈设：一张陈旧的八仙桌上搁着桐油灯、茶壶、海碗，另有几张工作用的椅子。在邓小平和韦拔群的卧室，两张简易的木床，中间搁置一张工作用的木桌，墙上悬挂着斗笠。我们依旧可以感受到当年的艰苦岁月和战斗豪情。

站在魁星楼，鸟瞰武篆镇，只见层林叠翠，山清水秀，一栋栋楼房拔地而起，一辆辆小汽车停在家门前，古老的街圩一片繁荣的景色。

共耕社的创举

1930 年 4 月，邓小平到东兰武篆，同雷经天、韦拔群等苏维埃政府领导人一起，用两个星期时间在东兰县搞土地革命的调查研究和试点。他们深入群众思想觉悟较高、参加革命人数较多的韦拔群家乡东里屯试办共耕社。

东里屯有 120 户，570 多人。为了建立共耕社，韦拔群将自家的土地、耕牛、农具等捐献出来，在韦拔群家人的带动下，该村农户全部加入共耕社。1930 年 3 月 29 日，召开成立大会，通过共耕社章程，选举乡苏维埃政府土地委员韦炳高为共耕社长。共耕社把全村的土地划片耕种，劳动力、耕牛、农具统一调配使用。全社按自然屯分为 7 个生产组，组长由该屯群众选举产生，负责领导该屯的生产工作。出工时以吹牛角为号，全社农民群众生产热情非常高涨，每天早出晚归，精耕细作，除草堆肥。

邓小平和韦拔群等领导人对共耕社很关心，经常了解群众对共耕社的思想反映，及时帮助解决办社过程和生产过程中出现的问题。当年6月遇到大旱，整整有

◆ 东里屯旧照。

一个月没有下雨。对此，韦拔群与共耕社的干部商量决定，军民一起挑水抗旱。同时，还修了一条几里长的水渠，便于浇灌稻田，抗旱保丰收。

这一年，寒露还没有到，谷桶就打响了，是年获得了粮食大丰收。群众高兴唱起山歌："找龙脉葬祖坟，葬了百年还是穷。自从来了红七军，再不信鬼不信神。如今邓斌办共耕，他是穷人大金龙。"

由于有试点的经验，参照井冈山根据地土地革命的经验，右江苏维埃政府于5月1日颁布《土地法暂行条例》，5月15日颁发《共耕条例》。这两个条例反映了广大各族贫苦农民对土地问题的迫切要求，得到广大群众的拥护，有力地推动了各地土地革命运动的开展。

邓小平、雷经天、韦拔群在武篆旧州屯举办以土地革命为主要内容的党员干部训练班，邓小平亲自给学员讲课和编写《土地革命的政策和口号》等材料，介绍红四军在井冈山开展土地革命的做法、经验。邓小平回忆，这是他回上海向中央汇报工作时，从毛泽东、朱德

领导的红四军的报告以及红四军到上海向中央汇报的材料中学到的经验。

6月，右江苏维埃政府在东兰、凤山、恩隆、思林、奉议、果德等县铺开土地革命。

广西壮族自治区博物馆珍藏着一件非常珍贵的革命文物——东兰县长江区安桃乡苏维埃政府发给韦甫的《土地使用证》。

这张土地使用证上写着姓名、分得土地的名称、地质、苗数、谷种数、出产量、至乡政府的路途、经手人签名盖章、填发证时间等。

这张小小的土地使用证，见证了中国共产党在左右江根据地开展土地革命、让广大人民群众翻身做主人的重要历史过程。

1931年9月，中共中央南方局在《目前广西的政治形势》中指出：东兰县"全县农民分得的土地生产的主粮就可供几个月的口粮，过去长期忍饥挨饿的贫雇农每年收获的粮食已相当于土地革命前的中农，各种苛捐杂税也全被废除了"。同时也肯定，"土地革命最普遍、最深入的地方，首推东兰、凤山两县"。

土地革命的开展，就是为了满足广大农民对土地的迫切愿望和要求。东兰、凤山一带流传着这样的山歌："田地都平分，不准谁偷懒，家家有谷收，人人心欢喜。""跟着共产党，翻身各有份，不论老和少，人人有田耕。"

为了保住胜利果实，广大农民群众自愿参加农民赤卫军和加入红军，面对敌人的频繁"进剿"，东兰县有7500多革命志士参加了红军和赤卫队，1500多人参加地方游击队，东兰革命根据地成为右江革命根据地的腹心地。

90多年过去了，东里屯共耕渠依然还在，一年四季水流潺潺，灌溉着村里的300多亩农田。叮咚的渠水，传唱中国共产党为人民谋幸福而浴血奋斗的赞歌。

苏区教育劳动化

百色起义后，红七军前委和右江苏维埃政府坚持教育面向劳苦大众、教育劳动化、教育为革命战争服务的方针，免收工农子弟一切教育费用；免收劳动青年一切教育费用；实行男女平等教育；少数民族平等教育。右江苏维埃政府根据百色起义前东兰县创办劳动小学的经验，通知根据地内各县、区、乡创办劳动学校。

东兰县劳动小学前身为东兰小学堂。清末兴办新式学堂，1906 年，东兰知州创办东兰小学堂。学制三年，春季招生，面向全县，每年招一个班 50 人，共聘请教师 3 人。开设课程有国文、修身、理科、历史、地理、算术、英文等。1911 年，辛亥革命后，改名东兰高等小学堂。韦拔群早年在此就读。1924 年夏，陈洪涛到校任教，开展革命活动。

1929 年，韦拔群领导东兰人民革命，建立苏维埃政权。当年 11 月，改东兰县劳动小学。共产党员白汉云任校长兼党支部书记。在校学生大多数为革命烈士及劳动人民子女，其中有壮、瑶、汉等民族，壮族居多。办学经费由政府拨给，学生一律免费入学，课本由苏维埃政府编发。同时开办妇女班、青年训练班，组织儿童团和学生自治会等，开展学生运动。

劳动小学分为高级劳动小学和初级劳动小学。高级劳动小学由县苏维埃政府举办，如百色县和东兰县都举办了高级劳动小学；初级劳动小学由各区、乡苏维埃政府举办。瑶族主要聚居区的东兰县四山、中山、东山地区，在县苏维埃政府的关怀、帮助下，各乡都办起了初级劳动小学，适龄的儿童都能免费入学。

在高级劳动小学里，主要课程设有政治、军事、文化、劳动四门课程。政治课内容主要讲土地革命、苏维埃政权任务、扩大红军和赤卫队的重要性、童子团的组织与任务等；军事课程的主要内容是队列

◆ 东兰县西山乡瑶族劳动小学旧址。

训练、射击、投弹、地形地貌利用、野外演习等；文化课程的内容有习字、作文、音乐、演戏、美术、地理、历史、算术等方面知识；劳动课程主要是讲农业生产基础知识和技术，并带学生到地里劳动。在学习方法上，学校十分注意将学习与劳动相结合，以培养学生的劳动观念和掌握一些生产技术。

初级劳动小学一般设置有国文、算术、音乐、革命史四门课程。要求学生做到会写、会讲、会唱、会打仗、会劳动等。一般每天上午上三节课，下午劳动或搞宣传活动，早晚搞军事训练。国文教材均采用右江苏维埃政府编印的《工农兵识字课本》。音乐课，主要是教唱革命歌曲。每逢圩日，学生们便到圩上唱革命歌曲，呼喊口号和宣讲革命道理。

《工农兵识字课本》通俗易懂。第一册内容为：第一课《人》，课文讲"世界上有很多人，很多工人和农民"；第二课《工人》，课文讲"工人做苦工，天天要劳动"；第三课《农民》，课文讲"耕田种地都靠农民";第四课《士兵》,课文讲"工农失业来当兵"。其中,最短的课文仅7个字,最长的课文是38个字。该册适合初学文化的人学习。第二册共编有20课,课文比较长,最短的课文是119个字,最长的课文是311个字,内容有讲社会各阶级情况的,也有讲共产主义、共产党、国民党、白军、红军、赤卫军、士兵委员会、工会、农会、苏维埃的,还有讲土地革命、游击战争等内容的。

除了办好劳动小学,还将百色中学创办为广西劳动第一中学。百色县苏维埃政府文化委员杨柳溪兼任广西劳动第一中学校长。

百色中学创建于1905年春,是桂西地区创办最早的学校,时为桂西最高学府,中学堂建成时,因经费筹集于泗城(今凌云)、百色两地,故定名为泗色中学堂。民国初期改名为广西省立第五中学。受五四运动的影响,百色中学一批学生开始接受和传播马列主义思想。

在百色中学校园内,有一幢用红木青砖建成的大瓦房。1929年12月百色起义前夕,邓小平、张云逸等领导多次亲临这里,给学校师生作演讲报告。这座房子后来被命名为红礼堂。大厅的左侧墙上挂着当年邓小平、张云逸、李明瑞、陈洪涛的相片。

苏维埃政府还抓工农教育,派出大批人员到百色、恩阳、恩隆、奉议、思林等地,举办平民夜校、农民夜校、工农识字班,学习苏维埃政府编发的《工农识字课本》第一、二册,《打倒国民党》和《土地革命》等课本。从1929年12月到1930年1月,在不到两个月的时间里,仅恩隆县、奉议县的仑圩和向都县的北区就办了平民夜校160余所。

劳动中学和劳动小学高年级学生在革命思想的鼓舞下纷纷投身革命实践,报名参加政府组织的宣传队、工作队,由红七军战士和政府工作人员上街、进村、入户,书写标语,印发传单,演讲、唱歌、演话剧,宣传红军和苏维埃政策。劳动小学组织儿童建立童子团、少先队,并编为班排连,未上学的儿童也组织起来,白天劳动,晚上学文化，和上学儿童一起，为红七军和苏维埃政府站岗、放哨、送信和探听敌情。

韦国清、覃健、覃士冕、覃应机等就是在劳动小学就读，从而走上革命道路，成长为我党我军高级将领和高级干部的。

一张不同寻常的结婚证

这是一张不同寻常的结婚证，这被认为是广西红色革命最早的"结婚证书"。1930 年 9 月 11 日，奉议县苏维埃政府给一对新人颁发过"恋爱结晶"证书。证书上还记有订婚员、证婚员、介绍员和主婚员，以法的形式给予确认。

这张结婚证书的主人公就是田阳县田州镇隆平村的廖缉俭、黄连英。廖缉俭、黄连英从小一起长大，青梅竹马，两小无猜，彼此相互爱慕多年。但是女方的父母执意把她许配给了外村人，她誓死不从，一直与父母僵持不下。新生的苏维埃政府实行男女平等，婚姻自由，反对封建包办和买卖婚姻。在村妇委会的支持下，他们双双向苏维埃政府提出结婚申请，获得批准，成为该县第一对自由恋爱结合，得到政府保护的夫妇。

1930 年 9 月 11 号正好是圩日，听说苏维埃政府要为新人举行婚礼，乡亲们早早就把隆平村平街戏台围得水泄不通。在数百位村民的见证下，廖缉俭、黄连英两位年轻人举办了简朴而热烈的婚礼。而婚姻自由也成了乡亲们争相热议的话题。

男女平等、恋爱自由、婚姻自主是新政权的新风尚，它不仅仅是移风易俗，而且预示新政权、新社会的进步和优越，妇女解放、恋爱自由等新思想极大影响右江一代青年，他们纷纷走出家门，参加妇委会、青年会、农民协会，报名参军，加入革命队伍。

与这张不同寻常的结婚证不同，百色县临时苏维埃政府作出的《刑事判决书》被认为是广西红色革命最早的"离婚证书"。

黎咸华和黄氏曾是夫妻关系。为了娶黄氏，黎咸华支付了一笔财礼。后来，妻子黄氏从丈夫黎咸华家中逃走，躲藏在陈黄氏家中。不久，媒人妈生和四嫂串通将黄氏卖给林彩焕为妻。黎咸华得知黄氏逃走、嫁人的事情后，起诉到了百色临时苏维埃裁判肃反委员会。

1930年1月29日，百色县临时苏维埃政府作出的《刑事判决书》判决：判处陈黄氏因窝藏逃妇罚16银元；媒人妈生和四嫂涉嫌串卖逃妇，两人各罚12银元；林彩焕私买逃妇，罚银20元。根据黄氏不愿跟随黎咸华生活愿跟随林彩焕生活的意愿，本着尊重结婚离婚自由的原则，判决解除了黄氏与黎咸华的婚姻关系，维持黄氏与林彩焕的婚姻状况。同时判决把以上罚金共60银元作为财礼费返还给黎咸华。

1931年11月中华苏维埃共和国成立之后，苏维埃中央执委会就颁行了《中华苏维埃共和国婚姻条例》。该条例就要求"男女结婚须同到乡苏维埃或城市苏维埃举行登记，领取结婚证"。而在此之前，各地的苏维埃政府先行施行了婚姻登记制度。如1930年3月闽西第一次工农兵代表大会通过的《闽西婚姻法》就规定"男女结婚须向乡政府登记"。右江地区的结婚证、离婚判决书等说明，右江苏维埃政府是婚姻登记最早先行地区之一。

右江地区的结婚证、离婚判决书是右江妇女解放的见证。苏维埃政府提出"妇女在政治上、经济上、文化上及社会上的地位与男子一律平等"的施政纲领，废除童养媳、多妻制、使女制、娼妓制，禁止虐待妇女，反对包办婚姻，实行婚姻自由，反对"三从四德"，打破数千年的不平等的封建婚姻制度，实现妇女自由解放。

右江区苏维埃政府建立后，规定县至乡的各级政府中的委员必须有妇女代表，以体现妇女在政治上和男人一样平等。1930年7月，邓小平在思林指挥伏击滇军战斗时，得知思林县苏维埃政府的妇女部还没建立健全。邓小平就交代思林县苏维埃政府主席建立健全妇女部，发挥妇女的作用。邓小平到东兰武篆，对东兰县革命委员会妇女部部长、韦拔群的弟媳黄美伦说，解放妇女，组织妇女起来参加革命，是党领导革命的重要任务和重要组成部分。你的妇女工作做好了，就是对革命的重大贡献。

苏维埃政府举办平民夜校，帮助妇女识字写字，接受革命思想；组织宣传队宣传妇女解放、反对封建礼教，倡导恋爱自由、结婚自由；建立妇女联合会，吸收妇女进入苏维埃机关、学校、医院工作；组织妇女参加土地革命，加入妇女宣传队、支前队，参加武装斗争，保卫红色政权。

剪长发、留短发，不戴手镯、耳环，白天耕作，晚上上夜校，成为右江地区妇女的风尚，特别是东兰县，数千女性剪长发、留短发，年纪四五十岁亦然，妇女自由解放蔚然成风。

除了支持丈夫、儿子参军参战，右江根据地妇女踊跃参加土地革命，参与斗地主、分土地，协助红军肃反，为红军带路送信、筹粮筹款、缝衣制鞋、送饭送水，慰问红军，护理伤病员，搞好支前工作。有的青年女性还加入共产党、共青团，参加红军、赤卫队。据不完全统计，1929年至1931年，东兰县有41名女性加入中国共产党，有19名女赤卫队员牺牲；恩隆、思林县有48名妇女参军，她们身穿军装、腿打绑带、持刀扛枪，英姿飒爽，在战场上像男战士一样，冲锋陷阵，奋不顾身。在反"围剿"斗争中，右江根据地无数女性为革命壮烈牺牲，如韦拔群的妻子黄秀梅为掩护韦拔群而牺牲；雷经天的妻子杨金梅、陈洪涛的妻子潘小梅被捕后，宁死不屈，英勇就义；拉号岩跳崖九壮士中的蓝彩娥、宁美娇两名女战士；四都区苏维埃政府妇女会主席黄银环同志在突围中牺牲，妇女会副主席黄丹凤被敌人抓获，英勇就义。

平马整训兵马壮

1930年7月初，红七军军部指挥第一、二纵队及果德、思林、恩隆等县赤卫军在果德县鹠鸹坳伏击借道右江攻邕的滇军张冲师。此战虽击毙击伤 500 多敌人，但红七军也遭受重创。是役后，红七军计划回师恢复百色城。红七军第二纵队第一营为前锋，行军到奉议县二塘时，第一连连长叛变，杀害营长、副营长等党员干部后，率部逃往百色投敌。

恶战滇军之后的红七军需要休养和补充兵员，第二纵队一营叛变事件警示红七军必须彻底肃清旧军官，肃清"兵油子"，强化党的指挥。红七军前委决定回师右江，全军集中平马、田州、东兰进行整训，全面提高部队的军政素质和战斗力；同时领导右江苏区深入土地革命，激发各族人民参军参战的热情，并抽调各县赤卫军补充部队。经过三个月的整训，全军发展到 7000 余人。其中，壮族、瑶族指战员有 5000 余人，党员 500 余名，部队的军政素质得到了很大的提升。

平马是右江苏维埃政府所在地，也是老根据地之一，群众基础较好，离敌人统治的中心城市南宁较远。当时滇军正在南宁一带与桂军混战。新桂系军阀尚不可能抽出兵力来"围剿"红军。主要的敌人是团丁和土匪，不能与红七军抗衡。因此，红七军前委、军部驻在平马，领导全军分驻平马、田州、东兰的部队开展整训。

红七军整训的内容，主要是回顾和总结红七军建立以来部队建设和作战的经验教训，学习有关政治文件，检讨过去的工作，开展批评与自我批评，提高全军指战员的军事作战技术水平和政治素质，使广大红军战士自觉地树立起为解放全中国而战斗的革命思想。在集训中，同时对部队进行整编，加强各级部队党组织和士兵委员会的建设，发扬军内的政治民主和经济民主，加强对部队的组织纪律教育和民主集中制教育，密切官兵关系、军民关系和军政关系，使红军真正成为共产党领导下的革命部队。

为了适应红军队伍迅速扩大和革命形势迅猛发展的需要，红七军还在恩隆县平马镇城隍庙（今庆平小学）成立教导大队，学习 3 个月，培养排、连基层干部。共有学员 100 多人。7 月 15 日，教导大队举行开学典礼。政委邓小平前来作报告。他从右江的革命大好形势谈到举办这期教导队的目的意义和要求。他的讲话简练有力，热情洋溢，使学员受到很大的教育和鼓舞。开学以后，张云逸军长也到教导大队讲课。他和陈豪人等军首长们给学员讲关于工农民主政权问题、土地革命、武装斗争、帝国主义的内容，能够照顾到学员的不同文化程度，深入浅出，讲得形象、生动、通俗易懂，密切联系革命的具体实际，从而给学员们受到了深刻的教育。

文化课主要学习《工农兵识字课本》。军事课主要学习军事理论和战术训练，以及赛跑、单双杠、射击等。各纵队也参照教导大队学习的内容先后举办训练班，培养干部。在全军普遍对指战员进行一次政治思想教育、军事基础教育和训练。健全红军中的党委制和建立士兵委员会。开展对战士形势教育、阶级教育、军队性质的对比、军纪军风教育、吸收先进分子入党等活动，全军党员达到 500 余人。

红七军集中整训的 3 个多月，全面提高了部队的军政素质和战斗力。与此同时，右江根据地人民群众在党领导下，轰轰烈烈地深入开展土地革命，打土豪、分田地。红军整训结束，根据地各县的土地革命也基本完成。广大贫苦农民不仅在政治上当家作了主人，而且在经济上也得到了翻身，因而激发了革命的热情和生产积极性。许多翻身农民纷纷要求参加红军和赤卫队。有几千名农民参加了红军。这样，就使红七军队伍由三个纵队扩大为四个纵队，第四纵队由黄治峰任纵队长，罗少彦任政治部主任。全军发展到 7000 人左右。经过整训，总结了经验教训，补充了力量，红七军全体指战员的政治素质和军事技术有了很大的提高，斗志更加旺盛。这一切为迎接新的战斗任务，开辟新的局面，做好了政治上、军事上、组织上的准备。

邓小平在 1931 年 4 月 29 日给中央的报告也说：红七军前委"在平马、田州、思林、果化一带加紧工作，相当创造右江的基础，改造七军发展七军，并在经济上准备向中心区域发展的出发伙食费"，这是红七军最强盛的时期①。

红七军整训是成功的，红七军前委坚持的红军建军根本原则和红军游击战争的战略战术原则，丰富了毛泽东的建军思想和人民战争的理论。

红七军休整训练 3 个月后，再次面临何去何从的问题。有人提出，红七军应马上到中央苏区与中央红军会合；有人提出再次离开右江根据地到外面去游击，解决红七军的经济问题。前委认为，秋收临近，农民快要收割水稻，如红七军马上离开右江根据地，农民的收获必被地主土豪反攻倒算抢夺回去。所以，红七军没有马上北上，而是留在右江根据地"保护秋收"，并计划秋收后，北上江西与中央红军会合。

浴血奋战出"虎将"

李天佑不到 14 岁就当兵，15 岁参加百色起义，加入中国共产党。由于作战勇敢，仅 1930 年上半年，就负伤三次。他 16 岁当连长，19 岁当团长，20 岁当师长，是红七军的"虎将"。

1914 年，李天佑出生于广西临桂县六塘圩高坡寨，家里靠租种一亩薄地和卖草席谋生。李天佑兄弟姐妹五人，他排行第三。桂北连年遇到大灾荒，二姐被卖给船工，从此不知下落；弟弟到一家富户当仆人；李天佑被送到一家桂林米粉店当学徒，老板很苛刻，把李天佑当奴隶用。

蒋桂大战，李明瑞率桂军经过桂林，在桂林招兵买马。不堪米粉店老板凌辱的李天佑偷偷去报名当兵，从此背井离乡。20 年后，李天佑再回家乡已经是解放广西了。

---

① 中共中央文献研究室编：《邓小平传（1904—1974）》（上），中央文献出版社 2014 年版，第 162 页。

14 岁的李天佑在部队训练中吃苦耐劳，联系瞄准射击，趴在地上半天一动不动也不觉得累，很快就成为小有名气的"神枪手"。李天佑读过两年私塾，能识字算数，训练刻苦，忠厚老实，没有任何不良嗜好，不抽烟，不喝酒，也不说脏话，被选送到广西教导总队学习，这为他后来的军事生涯奠定了基础。

在广西教导总队，李天佑接触到共产党员和马克思主义思想。李天佑出身贫寒，爱憎分明，十分向往社会主义社会，这是穷人的天堂。在南宁兵变中，一批反动军官策划投敌，发动士兵哗变。张云逸亲自到场，做思想政治工作，稳定军心。受张云逸的影响，李天佑毫不犹豫地选择跟张云逸走。到百色，李天佑加入中国共产党，年仅 15 岁就被任命为教导营机枪连排长。百色起义后，升任特务连副连长。特务连负责军首长的保卫工作。

李天佑作战勇敢果断。在 1930 年上半年的战斗中，李天佑身先士卒，奋不顾身，三次负伤，以英勇善战，脱颖而出。

1930 年 2 月，桂系一个师向红七军前哨阵地隆安发起攻击，李天佑参加了夺取一个制高点的战斗，撤退时，走在最后一批的他，脚板被子弹打穿。16 岁时，李天佑成为了红七军最年轻的连长。

4 月 30 日午时，红七军包围榕江。但县城是大石块垒砌，又高又厚。红七军的火炮还没到，仅靠架云梯难以登城，双方隔墙相持三个小时。军部提出了"攻下榕江城，纪念五一节"的口号，李明瑞从特务营挑选出李天佑、杨光等 12 名共产党员、老战士组成突击队，备好了登城的云梯和当云梯用的大竹钉。下午 4 时许，红七军的炮队赶到，用三发迫击炮弹炸开城西北角一个缺口，李天佑、杨光率突击队迅速搭云梯，登上了城头，与敌人展开了白刃战。杨光牺牲，李天佑腿上负了伤，仍坚持率突击队拼死冲杀，最终占领城头并打开城门，为攻下榕江城立下汗马功劳。红七军占领榕江城，缴获山炮一门，迫击炮两门，重机枪两挺，步枪 600 多支，子弹 10 万余发，无线电台一部，还筹得军饷数万元。

部队回师百色，李天佑率领特务连攻打百色城，在登城墙时，脚板被打穿，第三次负伤。邓小平到医院看望伤病员，听说李天佑的事迹后，邓小平连夸李天佑：听说你打仗很勇猛，是"小老虎连长"哦，你没到16岁，就当连长了，打仗这么勇敢，到26岁、36岁，那还得了，广西军阀没得混啰！

红七军主力北上江西，进行了跨越5个省境的"小长征"。李天佑和特务连一路保护军首长，一路在紧急关头摧锋陷坚。

1931年7月，红七军到中央苏区后，划归军团长彭德怀指挥的红三军团编制，成为中央红军的一支主力部队。在东固之战，李天佑奉命带领特务连占领方石岭制高点，广西战士发挥从小就善爬大山、攀悬崖的优势，突袭取胜，不到两个小时，就全歼韩德勤的第五十二师和第九师的一个炮团，敌师长韩德勤当了俘虏，后装成伙夫才得以逃脱。

1932年，参加攻打赣州的战斗，特务连组成敢死队，冲向城墙崩塌的缺口。当李天佑向反击的敌人冲去时，遭到背后敌人射击，右手和背部三处受伤，从高高的城墙上摔下来，落在城墙下许多战士的尸体上昏死过去。伤好后，他升任五十八团副团长，不久被选入瑞金红军学校学习，毕业后提拔为团长。

军团长彭德怀拍着19岁的李天佑的肩膀，高兴地夸奖道："小鬼，别看你年纪轻轻，指挥打仗可真有本事！"

1934年1月，李天佑被任命为红五师师长，是中央红军实行大师大团编制后最年轻的师长，时年20岁。在高虎垴，面对数倍于己的敌人在飞机大炮配合下的数十次冲击，他负伤指挥部队坚守阵地三天三夜，击退了敌人9次大冲击，毙伤敌五六千人。红军撤出后，胆寒的敌人在石城40多里之外，一个多月仍不敢进城。

湘江战役中，李天佑指挥红五师在广西灌阳新圩阻击桂军，掩护中央纵队抢渡湘江。当时，敌人有 7 个团，以逸待劳；红五师只有 2 个多团的兵力，而且长途行军、连续作战。三天两夜的无数次恶战，红五师 3000 多人，损失就达 2000 多人，自师参谋长以下的团、营、连干部几乎非伤即亡。李天佑指挥红五师牢牢扼守新圩阵地，不怕牺牲，英勇奋战，胜利完成掩护中央纵队抢渡湘江的任务。

在此后的南征北战中，李天佑屡建奇功。1955 年 9 月，中国人民解放军举行首次授衔，李天佑被授予上将军衔，时年才 41 岁。

"红小鬼"参军记

百色起义后，右江地区很多青年纷纷赶到百色参加红军。在红七军军部，一个瘦弱的男孩报名加入红军。张云逸问他，你几岁了？男孩回答：15 岁。张云逸说，你的年纪还小，和步枪一样高，这么扛枪呢？男孩说：一百斤的担子，我可以挑过山，蹚过河。张云逸问：为什么参加红军？男孩说：为哥哥报仇，我哥哥是五联乡农民协会主席，被乡团杀害了，现在红军来了，我要参加红军。

这个 15 岁的男孩名字叫韦杰，1914 年出生，东兰县五联乡仁义村人。父母农民，没有钱送韦杰上学，从小就跟父母砍柴、种地。韦杰刚过 10 岁就能挑担子，跟着哥哥韦士超到山外去替人挑桐油，当挑夫赚脚钱。有一天，韦杰和哥哥挑担子经过三石圩，第一次看到韦拔群带领几位青年在发动群众加入农民协会。在韦拔群的影响下，韦士超组织五联乡农民协会，并担任主席，韦杰也成了农民自卫队的小战士。大革命失败后，韦杰的哥哥被敌人杀害，韦杰将仇恨埋在心底，决心斗争到底。

百色起义消息传来，15 岁的韦杰和六七个自卫队员告别家人，步行五天五夜赶到平马，报名参加了红七军，成为红七军的一名小战士。

覃应机所在的村寨与韦拔群家乡东里村一山之隔，覃应机的堂兄覃应标就是韦拔群银海洲结盟的战友，跟随韦拔群三打东兰县城。在堂兄的影响下，年仅 12 岁的覃应机加入劳动童子团。1929 年，14 岁的覃应机参加了农军，加入了共青团，被派到三石区当劳动童子团团长。百色起义后，覃应机所在的农军编入红七军第二纵队，覃应机跟随部队转移到平马。在平马，覃应机第一次看见了电灯，第一次见到邓小平、张云逸等红七军的领导人。

东兰县长乐区纳坡村的覃士冕和韦杰同龄，覃士冕考上东兰县高等小学堂，但没有学费，很快辍学回家。覃士冕的二哥覃士珍是坡毫区农民协会的骨干，跟着韦拔群闹革命。覃士珍被通缉，年幼的覃士冕被牵连而被关押入狱一年。1929 年夏，覃士冕任区儿童团团长，入东兰县高级革命劳动小学学习。同年参加红军，在红七军第三纵队直属迫击炮连当宣传员。覃士冕参加了百色起义，加入中国共产主义青年团。

覃健 1911 年出生于东兰县板坡乡板坡村。由于家里贫困，覃健数次辍学，后来父母咬牙卖了一头耕牛，给他当学费。但这笔钱花光后，覃健再次辍学。1925 年，14 岁的覃健到东兰农讲所学习，结业回乡后参加东兰农民赤卫军第一团。大革命失败后，跟随韦拔群在西山根据地坚持斗争。1929 年 12 月随赤卫军参加百色起义，编入中国工农红军第三纵队。

韦国清 1913 年出生于东兰县太平乡弄英村。在韦拔群影响下，韦国清父亲参加农民运动，担任区农民协会副会长。韦国清 13 岁那年，大革命失败，父亲被敌人杀害，首级悬挂在路旁的大树上。不久，祖父也被敌人杀害，家里的土地被夺走，妹妹被迫送人。15 岁的韦国清身怀深仇大恨参加韦拔群领导农民自卫军。1929 年，加入中国共产主义青年团，参加百色起义，编入中国工农红军第三纵队，先后任排长、连长。1930 年 4 月，邓小平从龙州来到东兰，韦国清是第三纵队的警卫队员，负责护送邓小平等领导人的安全。

　　韦祖珍 1912 年生于东兰县那坤村。读过几个月私塾就因为家境贫寒而辍学，回家帮父母干农活。七岁随父当船夫，十岁能独自摆渡，技如熟练艄公，乡里人呼之"小艄公"。1928 年春，16 岁的韦祖珍参加了赤卫队，随赤卫军参加百色起义，编入中国工农红军第三纵队。

　　1930 年 11 月，红七军北上，很多广西籍战士不愿离开老家，就开小差离开了部队。但是这些"红小鬼"却坚持下来，跟随红七军转战千里。覃应机回忆，走到全州，由于生病，两腿浮肿，迈不开步子，15 岁的覃应机害怕自己掉队忍不住哭了起来。营长冯达飞让覃应机骑自己的战马，覃应机才没有掉队。

　　莫文骅回忆：部队里有一群天真活泼、稚气未脱的小勤务兵、小司号兵、小看护兵，有的是烈士后代，有的是无依无靠的孤儿。他们决心要跟随部队打仗报仇，便从右江革命根据地一直跟到全州来。军部首长考虑到今后征途更加艰难困苦，加上寒冬已到，部队缺乏御寒被服，为了关怀革命后代，决定把他们留在全州，并派军部经理处一位干部去做"红小鬼"们的思想工作和安置工作。

　　这些"红小鬼"被集中在一位老乡房子里，死拉着那位干部的衣服不撒手，坚决要跟部队走。那位干部无法，只好把心一横，赶紧脱身走出房门，回头"砰"的一声关上了房门，还加上一把大铁锁，然后匆匆走了。这些精灵的"红小鬼"，急得大呼大叫，使劲地跺脚、拉门、捶门，有的大哭起来。后来，他们终于想出了办法，合力把两扇旧式的门板往上门框一抬，门板的圆脚离开了门臼，这样，门被打开了，个个像冲出笼子的小鸟，急忙追赶部队。

　　他们根据老乡的指点，朝东南方向追了一程又一程，仍不见部队的影子。怎么办？他们没有灰心，咬紧牙关，继续追赶。为了加快速度，干脆把草鞋脱掉。最后，不仅赶上了后卫部队和收容队，而且趁部队休息时，他们继续往前追上了军部。这些人小志坚的"红小鬼"，执着追求革命的精神令人难忘。

经天风雷守初心

1930 年 6 月，李立三主持的中共中央政治局通过的《新的革命高潮与一省或几省的首先胜利》的决议。9 月 30 日，中共中央南方局派邓拔奇（化名邓岗）到右江地区的平马镇传达"立三路线"。10 月 2 日，红七军前委扩大会议召开。会上，邓拔奇传达中央的决议，命令红七军离开右江地区，攻打柳州、桂林，在广东建立北江根据地，阻止广东军阀向北增援，保证武汉为中心的"一省或几省的首先胜利"，实现"会师武汉，饮马长江"的计划；然后，夺取广州，完成南方革命。

红七军前委此前有北上与朱毛红军会合的计划，但不是攻打大城市。会议对邓拔奇的传达发生了激烈的争论。陈豪人、龚贺村表示坚决执行中央的指令。邓小平、韦拔群等认为，俞、李反将失败后，李宗仁、黄绍竑、白崇禧卷土重来，强化对广西的统治，而红七军只有七千人，进攻柳州、桂林，敌我力量悬殊。最终，红七军前委认为，不执行中央的指令，势必造成党内的分裂和不团结，从大局出发，执行北上指令。

这次会上，雷经天被戴上"反对扩大红军""本位主义"等帽子，被撤销右江特委书记和右江苏维埃政府主席职务。此前，雷经天认为，右江根据地刚刚建立，应该集中精力巩固右江根据地，不断发展壮大革命力量，坚决反对把赤卫军全部编入红七军北上，要求留下部分地方干部和赤卫军保卫右江革命根据地。雷经天性格耿直，言语激烈；邓拔奇对雷经天十分不满，指责雷经天拒不执行中央的决定。

11 月初，红七军在河池北上前夕，召开红七军第一次党代会，雷经天被开除党籍。这是雷经天第二次被开除党籍。

雷经天虽然年仅 26 岁，但却是一名经历过血与火考验的革命家。

101

五四运动期间，14岁的他以南宁学生联合会会长身份，率领学生反北洋军阀，反帝，抵制日货。21岁在上海大夏大学加入中国共产党。参加南昌起义、广州起义。

南昌起义的一次战斗中，雷经天的胸口中弹，几乎要了他的命。他说："我运气真好，把命从地府捡了回来，可以为革命事业多死一次。"

广州起义中，雷经天率领黄包车夫和工人赤卫队攻占广东省长公署。没想到，1928年1月初，中共广东省委的《关于广州暴动问题的决议案》认为"雷荣璞同志临急欺骗潜逃，应即以开除党籍"。这是雷经天第一次被开除党籍。1928年春，周恩来来到香港，代表中共中央宣布撤销广东省委上述决议案，雷经天重新获得党籍。

雷经天是百色起义领导人和左右江根据地创始人之一，为红七军和右江根据地的建立作出巨大贡献，却因为坚持实事求是，不支持错误路线而被免职、开除党籍。

韦拔群安慰雷经天：我知道你是一个好同志。雷经天说：我个人被开除党籍这没什么，我要继续：一要党，二要革命！

一要党，二要革命。雷经天为此坚守了一生，尽管历经了多次不公平的对待、含冤受罪。

红七军北上，雷经天以一名普通战士身份参加战斗，开展宣传。因雷经天满脸胡子，战士们亲切地称他为"马克思"。

1931年，红七军在江西永新县禾川小学召开第二次代表会议。会上批判了李立三"左"倾错误，并给雷经天平反，恢复党籍。平反后的雷经天主编红七军政治部的《火炉》杂志。

1931年秋第三次反"围剿"胜利，雷经天任红七军肃反委员会秘书。由于中央苏区肃反扩大化，又被错误当作改组派的怀疑对象遭到逮捕，第三次被开除党籍，送到中央国家政治保卫局审查。所幸的是，负责审案的邓发局长和夫人陈慧清了解雷经天的历史，留他在保卫局做审计工作，才免遭杀身之祸。

1934 年 10 月，中央红军实行战略转移。雷经天这个没有党籍的"老党员"跟随红一方面军长征。长征途中，他被编入中央军委干部团，先当文书，再当侦察员，后来当伙夫，背着大铁锅和部队跋山涉水。

路过广西时，有战友老乡劝他：甩掉"黑锅"，回广西去，那里的同志是了解你的。雷经天却平静地说："回广西，我个人身上的'黑锅'是放下了，但因我受牵连的同志就会背上更重的'黑锅'，问题就更复杂了。"

过雪山时，他身体垮了，倒在雪地里起不来，他对广西籍战士覃士冕说："无论遭到什么困难，我都不能离开队伍。党走到哪里，我就跟到哪里。"莫文骅正好路过，看见栽倒在雪地里的雷经天，给了他两块生姜擦身，雷经天擦后竟奇迹般地爬了起来，跟上队伍翻过了雪山。

雷经天说："我的命一次是捡回来的，一次是两块生姜换回来的，这样一条命献给党的事业，没有什么好可惜。"

到达陕北后，由于在长征中的出色表现，经中央批准，雷经天再次加入中国共产党，党龄从 1935 年算起。重新回到党的怀抱，雷经天非常激动，他从中央粮食部秘书科科长做起，直至陕甘宁边区高等法院审判庭庭长、代院长。

1945 年 6 月 2 日，中组部作出《关于雷经天同志党籍问题的决定》："雷经天并无改组派嫌疑，相反政治上是坚定的。因此在重新研究了雷经天同志的历史及诸同志的证明后，中央组织部认为过去开除其党籍是错误的，并修正一九三五年中央党务委员会对他重新入党的决定，恢复其一九二五年五月的党籍。"十多年的冤屈得到了昭雪。

解放后，雷经天历任广西壮族自治区副主席、上海华东政法学院院长、上海社会科学院院长等职务。不论到哪里，担任什么职务，他都任劳任怨。他说："我的一生都是党的，党叫我到哪里就去哪里，绝不能讨价还价。"

河池红军标语楼

"努力阶级斗争，推翻压迫阶级统治""壮大红军组织，发动群众斗争，实行土地革命""中国共产党是谋工农利益的党""勇敢的青年们，快快参加工农革命！创造我们的新世界"……

这是河池红军标语楼里存留的标语，宣传中国共产党的性质、纲领、任务以及红军的性质、纪律，全面反映土地革命战争时期我党我军的革命路线、方针和政策。

河池红军标语楼位于河池市金城江区河池镇河池街28号，是一栋二层土木结构的楼房。至今保留着55条标语和6幅漫画。河池红军标语楼是目前全国保存红军当年革命标语最多、最集中、最完整、内容最丰富的旧址之一。

一条条标语，一幅幅漫画，虽经岁月的侵蚀有所褪色，但厚重的历史印迹跨越九十载的时空，依然清晰地展现在人们面前。

◆ 河池红军标语楼。

这些红军标语和漫画是红七军三过河池留下的书写的。1930 年的
3 月、5 月、11 月，红七军三次驻扎河池镇，军部都设在这栋民房里，
军部参谋处、秘书处、副官处、经理处（后勤处）、军医处均在这里
宿营，邓小平、张云逸、李明瑞、韦拔群等在此楼办公、下榻，召开
多次重要军事会议。标语楼也是红七军宿营地旧址。

1930 年 3 月 30 日，张云逸、李明瑞率领红七军主力向黔桂边游
击，红七军抵达河池，并将军部驻扎于此楼。

5 月，游击黔桂边的红七军主力回师河池。从上海向党中央汇报
工作回到东兰的邓小平到河池，与红七军会合。

11 月，邓小平、张云逸、李明瑞率领红七军第一、二、四纵队和
红八军第一纵队会师后，从凌云经凤山、天峨、南丹到达河池。韦拔
群率红七军第三纵队由东兰到达河池集结。

11 月 8 日，红七军前委在河池县城三里亭举行整编誓师大会，宣
布第一、三纵队整编为第十九师，第二、四纵队和红八军第一纵队整
编为第二十师，共 7000 余人，北上与中央红军会合。红八军番号从
此取消。韦拔群、陈洪涛任第二十一师师长、政委，返回东兰，重组
部队，坚持右江苏区斗争。

红七军全体指战员（不含二十一师）7500 多人，集合在河池南郊
三里亭举行盛大的阅兵和誓师大会。大会首先由军首长宣布整编后的
编制序列及领导成员名单。接着，举行庄严的授旗仪式，由中共中央
南方局代表邓岗分别向军、师授军旗。当韦拔群走上主席台接旗时，
张云逸军长便特意向大家介绍了这位传奇式的壮族英雄。当地群众早
就听到韦拔群的名字，顿时欢声雷动。

北上主力部队中占有一半以上的右江地区工农子弟，为了消除一
些人留恋家乡的观念，韦拔群在讲台上动员：我们是共产党领导的队
伍，要无条件地执行党交给的一切任务；我们是光荣的工农红军一
员，要无条件地为天下的工农利益去战斗。革命者处处都是家乡，我

们的目的就是解放全中国、全人类。希望你们听从党的领导，不畏艰险，英勇杀敌，将来必定会胜利地打回家乡来。我们也一定要用鲜血和生命，保卫右江革命根据地，用战斗迎接同志们凯旋！

红军三次过河池，在河池的学校、商铺、民居的外墙上书写标语、漫画，宣传中国共产党和中国红军的纲领和政策。红军北上后，地主豪绅和乡团卷土重来，这些标语、漫画被粉刷、销毁。只有标语楼幸存下来。

在红七军离开河池后，这栋小楼的房东用石灰浆将标语、漫画粉刷覆盖。后来因石灰剥落，露出部分字迹，被有关部门发现，并于1962年细心刮剥。

新中国成立后，自治区人民政府把红军标语楼列为革命文物，加以保护。1978年，标语楼被列为广西重点文物保护单位，1995年列为广西第一批爱国主义教育基地。2006年5月，经国务院核定批准，将该楼原名"中国工农红军第七军河池宿营地旧址"更名为"红军标语楼"，并列为第六批全国重点文物保护单位。2011年6月，该楼被自治区党委命名为第一批广西中共党史教育基地。

红七军"转战千里"

1930年11月10日，红七军军部率第十九、二十师离开河池，向宜山前进。开始了被后人称之为"长征预演"的北上远征。

张云逸后来回忆，"我这一生，有两件事值得骄傲：一是率领红七军进行'小长征'，二是随毛主席参加'大长征'"。

由于执行李立三"左"的错误路线，远离右江革命根据地，红七军的北上充满了悲壮的色彩。经过四把、长安、武冈战役，红七军损失近半，进攻柳州、桂林、广州的目标更是遥不可及。

11月11日，第十九师占领宜山县怀远镇。由于敌军已重兵把守庆远镇，前委决定绕道罗城、天河北上。18日，第十九师在天河与敌战斗，第二十师在罗城四把遭敌堵击。经一天血战后，全军向三防圩转移。

12月5日，红七军前委、军部指挥第十九、二十师发起围攻融县长安镇战斗。激战4天，毙伤敌500余人，红七军牺牲300余人。得知敌军已经在柳州、桂林布防，严阵以待，红七军不得不放弃攻打柳州、桂林的计划，遂从三江县富禄镇，转道黔东黎平向湘西通道县、绥宁县前进。12月25日，为解决部队冬季给养，红七军进攻武冈县城，恶战4天又未克，五十五团团长何莽等500余人牺牲。

姜茂生在《红七军北上漫记》中写道：在武冈战斗中，我们为了节省弹药，把鞭炮放在煤油桶里炸得噼叭响，迷惑敌人，用迫击炮、山炮架在城墙下攻击敌人。敌人派兵增援，并有飞机掩护，我们攻城打了三天三夜，没有攻下，伤亡很大，只好一边打一边撤出战斗。

由于路线错误，情报失误，脱离根据地作战，仅仅一个多月的时间，在经历了四把、长安、武冈三场血战之后，红七军不仅未能攻克一座城市，反而损兵折将已近半数，被迫由湖南新宁转回广西资源，翻越界牌山，向全州进发。

1931年元旦夜间，李明瑞带领红七军前锋打跑守城民团，抢占全州城。红七军占领全州，全县周围未发现敌人主力，决定在此休整数日。在全州关岳庙内，红七军召开前敌委员会会议，就红七军的去向问题展开了激烈争论。

全州会议关系红七军生死存亡的一个转折。邓小平、张云逸、李明瑞等总结红七军执行"左"倾路线以来遭到严重损失的失败教训，决定放弃进攻桂林、柳州的冒险计划，部队取消师建制，缩编为3个团；会议还决定部队沿着湘桂粤赣边游击前进，相机会合朱毛红军。会后，邓拔奇、陈豪人赴上海向中央汇报工作，许进继任军政治部主任。

1931年1月8日，红七军由湖南道县向江华突围，当晚大雪纷飞，天气奇冷。红军大部分战士只身着单衣草鞋赶路，有的甚至还穿着夏天的平膝短裤赤脚赶路。80多里的雪夜突围，凄苦不堪，80多位指战员长眠在这个风雪寒夜的行军路上。邓小平在后来的报告中，只有短短的六个字："当天奇寒，苦极！"

1月14日，红七军主力从湖南江华转战到广西贺县桂岭圩。军前委决定整编部队为五十五、五十八团，军领导成员不变，龚鹤村、李明瑞兼任团长。

桂岭整编后，红七军经桂湘边向广东连县前进，准备创建粤北根据地。此后，红七军转战粤北的连县、乳源、乐昌、仁化等地。

1月20日，红七军主力发起进攻广东连州城的战斗，围攻数日未克。守敌纵火焚烧城南商业街。前委命令停止攻城，组织部队灭火，抢救商民物资。连州商民大为感激，县商会筹款数万元，杀猪数头出城慰问红七军；连州教会双喜山惠爱医院也大为感动，出面收治红七军100多位伤员。

2月1日到达广东乳源县梅花村。前委与中共湘南特委取得联系，决定以梅花村为中心，创建北江根据地。国民党粤军和湘军四个团围攻，红七军与敌血战，毙伤敌1000余人，红七军伤亡700余人，李谦等重要干部牺牲。红七军被迫放弃创建根据地计划，计划撤向乐昌县，前往江西与中央红军会合。

在乐昌，抢渡乐昌河时，红七军遭粤军截击，被迫兵分两路。张云逸率未过河的红五十八团突围后，离开乐昌，转战湖南宜章、资兴、汝城。2月下旬到达江西省永新县水口镇，与王震率领的湘东南红军独立师第三团会师。

邓小平、李明瑞率已过河的红五十五团向仁化县突围，于2月14日占领江西崇义县城。3月初，邓小平赴上海汇报工作。敌军进攻崇义城，李明瑞率部向上犹县、遂川县方向转移。3月中旬，红七军五十八团与湘东南独立师、红二十军在鄘县会合，成立河西红军临时总指挥部，张云逸任总指挥，曾炳春任政委，滕代远任前委书记，统一指挥河西红军作战。

4月上旬，红七军五十五团和五十八团在江西永新县天河镇胜利会师。后参与了中央苏区的第二次和第三次反"围剿"斗争。

1931年4月中旬，红七军、红二十军和独立师共5000兵力于15日取得安福大捷，歼敌千余人。安福大捷后，红七军休整，在永新县召开红七军第二次党员代表大会，总结北上以来的经验和教训，清算"立三路线"在红七军的错误，选举了新军前委，宣布撤销给雷经天的错误处分。5月14日，中共中央发出给红七军前委的指示信，决定将红二十军编入红七军，任命李明瑞任红七军军长、葛耀山任军政委，张云逸任军参谋长、许进任军政治部主任。

1931年7月，红七军奉命渡过赣江进入中央苏区，在于都县桥头镇与彭德怀率领的红一方面军第三军团胜利会师。至此，红七军艰苦转战于桂、黔、粤、湘、赣五省区，历时9个月，行程7000余里，历经大小战斗百余次，摆脱了敌人围、追、堵、截，保存了近2000人的兵力，终于在实现了"会合朱毛红军"的战略目标，成为中央红军的一支劲旅。

1931年11月，第一次中华苏维埃共和国工农兵代表大会在瑞金叶坪召开，抵达中央苏区不久的红七军有5名代表参加了此次大会，张云逸和仍坚持在广西河池地区战斗的韦拔群被推选为临时中央政府执行委员。大会期间，中央政府进行了授旗授章仪式，根据每支红军的特点进行授旗表彰。毛泽东代表中华苏维埃政府授予红七军"转战千里"锦旗一面，以表彰红七军的功绩。

红七军的北上远征是当年全国主力红军的首次远征。经过长期革命战争考验的红七军、红八军将士，成长为建国兴邦的将帅干才，邓小平成为我们党和国家卓越的领导人之一。

1955年被授予新中国开国将军的有：大将张云逸；上将韦国清、

李天佑；中将韦杰、覃健、莫文骅、冼恒汉；少将韦祖珍、黄一平、肖远久、卢绍武、姜茂生、吴西、黄惠良、覃士冕、覃国翰、袁也烈、欧致富、黄新友。朱鹤云1964年晋升为少将。还有叶季壮、雷经天、陈漫远、袁任远、龚饮冰、覃应机、张震球、李干辉、钟夫翔、黄松坚、黄荣、谢扶民、谢鹤筹、云广英、陆秀轩、李志明、阮平、林青、黄明政、黄超等20余位省部级干部，他们为中国革命的胜利、为社会主义建设作出了重大贡献。

三、红旗不倒　迎接胜利

红七军主力北上，桂系军阀和土豪劣绅卷土重来，韦拔群、陈洪涛等领导右江苏区反"围剿"斗争。韦拔群、陈洪涛牺牲后，左右江革命根据地丧失。在最艰苦的时期，黄松坚、黄举平、赵世同等不畏艰险，不怕牺牲，不折不挠，坚持桂西和黔桂边游击斗争。1949年冬，红旗插上镇南关，广西全境解放。广西各族人民从此获得解放，广西的发展从此进入新纪元。

重建二十一师

"陡岭密弄，丛林森森，粉枪战刀齐奔腾。粮食封锁已三月，同志们，共难吃草根。大树当战棚，山茅当被窝。并肩吧，勇敢冲锋，犹如右江浪潮生。疾风怒刮，大雪纷飞，围火腹中暖，冷刺背薄寒，奋斗呀，剿白匪，壮瑶走新生！"

韦拔群的战友陈伯民的诗歌《壮瑶走新生》，写下了反"围剿"斗争的艰苦斗争。

红七军北上后，韦拔群率特务连高举第二十一师的军旗，毅然从河池返回东兰、凤山，重建红二十一师。

1930 年 12 月初，韦拔群、陈洪涛在恩隆乙圩（今属田东县）举行二十一师成立大会。全师以东兰、凤山、恩隆、奉议（今属田阳县）、果德（今属平果县）等县的赤卫军为基础，编制成四个团和两个独立营。全师 3000 余人，各县农赤军 5000 余人。韦拔群、陈洪涛、黄松坚分别出任师长、政委、副师长。同时，陈洪涛还担任了右江特委书记、右江苏维埃主席的职务。二十一师一方面扫清各地反动武装残余，一方面举办训练班，为反"围剿"做准备。

1931 年 1 月至 1932 年 12 月，国民党桂系军阀调遣大量兵力对右江革命根据地进行三次"围剿"。桂系第一、第二次"围剿"，因分心于反蒋的粤桂战争、滇桂战争等军阀混战，持续不久就告一段落。1932 年，蒋介石将主要精力用来"围剿"中央红军，蒋桂矛盾缓和，桂系也集中兵力对右江苏区进行第三次"围剿"。

韦拔群、陈洪涛领导红军面对的是不是"左手拿枪，右手拿烟枪"的普通地方军阀，而是一支有野心的、有勇有谋的新式军阀。

1932 年 4 月，李宗仁任广西绥靖主任、白崇禧任副主任、黄旭初任省主席，他们三人成为桂系新的三巨头。桂系提出"建设广西，复兴中国"方针和"三自三寓"政策。"三自"就是自卫、自治、自给，实行民团制，实施街、村、镇、乡、区级的保甲制，全民皆兵，不受外部干预，不靠中央政府补贴。"三寓"就是寓兵于团、寓将于学、寓征于募，解决征兵的问题，其中，寓将于学就是指军官从省内院校学生中选拔，这点尤为重要，不仅为桂系笼络了一批人才，还赢得社会上层的一部分人的支持。从这里，我们可以看到，中国共产党要面对的不是一种腐败无能的旧军队，而是一支秣马厉兵、企图称雄中国的新式军队，这支军队给蒋介石很大的麻烦，也是绞杀广西革命的刽子手。

红七军主力离开右江革命根据地后，在韦拔群、政委陈洪涛等领导下，右江特委和右江苏维埃政府领导苏区军民进行了三次艰苦卓绝的反"围剿"作战。

1931年1月至5月，国民党桂系对右江革命根据地进行第一次"围剿"。国民党桂系第七军以一个师的兵力，加上当地民团武装，并纠合黔军共一万余人，采取"杀光、抢光、烧光、铲光"政策，对右江苏区发动第一次大"围剿"。

韦拔群、陈洪涛等根据敌强我弱的实际情况，采用"敌少我打，敌多我盘旋打圈子"的灵活机动战术，集中优势兵力歼敌。并将红二十一师师部、右江特委、右江苏维埃政府转移到东兰和凤山交界的山高路险的西山。

为了反击敌人的"围剿"，红军实行坚壁清野，水塘、水井都用土埋了起来。敌人进西山后，不但缺粮，连水也没有喝，就到处派人侦探水源。红军集中兵力，消灭四处寻找水源的小股敌人。敌人在西山不仅扑空，而且随时遭到红军的突袭，陷入进退两难的境地。5月，红六十三团在凤山县击退敌黔军两个团的进攻。并利用桂黔军阀矛盾，使黔敌内部哗变，败退回黔。

5月间，新桂系与广东陈济棠联合反蒋，急电"剿共"部队返回南宁，敌人的第一次"围剿"宣告破产。

在反"围剿"作战中，红六十三团团长廖源芳在凤山县隆维峒遭伏击牺牲。韦拔群为痛失战友而写下的挽联："在红军，任赤军，都是救人民而奋斗；你先死，我后死，大家为革命而牺牲"。

8月初，中共两广省委代表陈道生，从香港来到东兰西山传达中央关于纠正"立三路线"错误的指示，宣布整编红二十一师为中国工农红军独立第三师（亦称右江独立师），右江苏维埃政府改组为右江革命委员会，并决定跳出敌人的包围，向外游击，粉碎敌人的围困阴谋。

1931年11月至1932年6月，桂系军阀对东兰凤山根据地进行第二次"围剿"。桂系调集粤军第四军的三个团，桂军第七军的一个团和一个营，以及各县民团共 7000 多人，重点进攻的是东兰、凤山根据地的中心西山。

红军采取避实就虚的游击战术，利用西山有利地形，时而隐伏，时而突击，敌人在西山屡遭袭击。但是，由于敌人长期围困，红军的武器和粮食的补给越来越困难，减员越来越严重，斗争越来越艰苦。根据实际困难，红军决定缩编队伍，取消团、营、连的编制，把骨干分子组成灵活机动的杀奸团，镇压了一批敌特分子，消灭了一些民团武装，震慑了敌人。

1931 年 12 月，中共右江特委、红军独立第三师党委决定，将活动于东兰、凤山地区的红六十一团、红六十三团缩编为三个独立营和十几个杀奸团，将活动于右江下游的独立团并入红六十二团。每个杀奸团 30 人左右，人员精悍，杀敌迅猛，有效遏制敌人的嚣张气焰。同时，派出滕国栋、陆浩仁、黄书祥一批干部分别到右江上下游和滇桂边地区开辟新区。派出黄松坚、黄举平等 30 多名干部分别到黔桂边和右江上下游地区开展斗争，为保存革命力量，右江地区红旗不倒作了准备。

韦拔群、陈洪涛牺牲后，有黄松坚、滕国栋、陆浩仁、黄举平、黄书祥等坚持领导右江下游、滇桂边、黔桂边和东凤老区的游击斗争。1935 年黄松坚从滇黔桂边红军游击区富宁县七村九弄赴上海寻找上级汇报时被捕，滕国栋、陆浩仁等牺牲后，有赵世同、黄举平、黄唤民等英勇顽强地坚持三省边的游击斗争红旗在左右江地区屹立不倒。

血战三门洞

红七军主力北上后，凌云县苏维埃政府所在平乐乡平旺村成为反"围剿"的主战场之一。

1931 年 2 月 15 日，百色民团岑建英纠集黔军王海平部 4000 余兵力，分兵二路从巴轩（今中亭）向平乐进攻。驻守在此的红七军六十三团三营营长李天心发动群众坚壁清野，将粮食、衣物、牲畜等物质转移到地势险要、隐蔽的溶洞中，如牛尾洞、海下洞、蚂拐洞、三门洞等，并在这些溶洞的外围构筑工事，准备凭险抗敌。

三门洞位于凤山县平乐乡平旺村一座大石山的山腹。大岩洞之外有三道石门关卡而得名，有"一夫当关万夫莫开"之势。三门洞是最大的洞，那力、洪力等9个村寨2000余人隐藏在三门洞内。

◆ 凤山县三门洞战斗遗址。

敌人攻破了各个溶洞，制造海亭惨案。海亭村是当年红七军二十一师六十三团第三营宿营地。由于敌众我寡，海亭村陷落敌手。2月28日，敌人制造了惨绝人寰的海亭惨案。整个海亭村湮没在血泊中，900余男女老少惨死在敌人的屠刀下，无一幸免。全村有28户人家断了炊烟，200间民房被烧毁。

敌人屠杀海亭村后，集中兵力进攻三门洞。敌人用机枪、迫击炮等火力攻破三道石门的防线，红军撤退到山洞外围构筑第二道防线，为了减少弹药消耗，红军准备下大小石头，布下石头阵。敌人以为红军已无还手之一，大摇大摆向山上进攻。当密密麻麻的敌人缓慢爬到半山腰，铺天盖地的石头从天而降，加上一阵阵密集枪声，敌人死伤无数。每次靠近洞口都被石头击退，不敢靠近洞口。

敌人发现，山谷有一个侧洞直通三门洞，就在此焚烧半干半湿漉的稻草、树叶，在火堆上撒上辣椒粉、毒药，企图将洞里的军民逼出洞外。军民冒着毒气，用大石头往卡住烟道，再堵上棉被衣物，敌人的阴谋破灭。

敌人强攻不下，只能围困三门洞。他们断绝三门洞的对外交通，里里外外都设关卡，并在三门洞的水源地投毒。由于没有水，洞内军民杀牲畜，血当水喝，肉当粮食，但牲畜的血是有限，处境极其艰难，很多人不得不喝人尿等以解渴。同时，在洞里缺少阳光、新鲜空气、蔬菜、粮食，缺少药物，很多人嘴唇干裂，全身疮肿糜烂，患上浮肿、贫血等疾病，渴死病死的人与日俱增。

洞内红军派出战士到外地寻找红军救援，但敌强我弱，红军分散到各地，无法集中兵力前来救援。接到撤退的命令，洞中军民决定有序撤退，在夜晚从溶洞的各个秘密通道撤退。就这样，连续几个晚上，1000多人从石缝中秘密潜出。

3月30日，敌人又倾巢出动，兵分两路向三门洞袭来。在半山腰，发现没有石头从天而降，立即蜂拥而上。敌人进入洞内，没有看见一个红军、赤卫军的身影，只见一个个骨瘦如柴、体弱多病的妇女、老人和儿童。疯狂报复的敌人用刺刀将100余名不能行走的老人、妇女、儿童砍死在洞内，80多人被押出洞外滚下山崖身亡，数十人下山后暴饮河水而丧命。三门洞军民在长达近一个月的艰苦斗争中，共有700多人英勇牺牲。

另外，300 余群众被押往平祥屯审讯，准备集体枪杀。敌人把几十名群众押到平旺一个地主家中关押，黄伯尧假借凌云县县长黄由孝的名义，致信敌团长。信中说：驻三门洞的红军，早已在夜间撤出，剩下皆老弱妇孺，不必加以杀害，希望释放归家。信函上加盖国民党凌云县政府印鉴，印鉴是在红军攻占凌云县城时搜得。黄伯尧派人将信函送到敌人团部。敌团长一看，见是黄县长的信，又盖有四方大印，深信不疑，当即照办。这些群众获得释放了，免遭杀害。

死守恒里岩

2005 年 3 月 16 日，凤山县恒里村党支部书记黄壮明在村里的恒里岩洞里发现了一个小洞，溶洞中大岩洞连着小岩洞，交错贯通．黄壮明猫着身子转进小岩洞里，发现岩洞的角落里有一捆席子和蓑衣包裹的东西。他小心翼翼打开，里面竟然是一具僵硬的尸体。

黄壮明被吓了一跳，马上报警，县里组成专案组，请广西医科大的解剖学教授和文物局的专家过来鉴定。

尸体已经完全被风干了，死亡时间 70 年以上！死者为女性，身高一米六五左右，20 岁左右，骨盆推断为未婚。在她的大腿右侧有一处枪伤，所以推测死者应该为失血过多导致死亡。

70 年前，这里发生了什么事情呢？

恒里村群众都记得这段刻骨铭心、悲壮惨烈的战斗。

红七军主力北上后，桂系军阀集中兵力"围剿"右江革命根据地的腹地——东兰、凤山根据地。敌人攻占了凌云县平乐、巴轩、凤山等苏区后，向恒里乡推进。

1931 年 1 月初，凤山县苏维埃政府机关和恒里村及附近群众共 1100 多人，把粮食、蔬菜、衣物、家具、牲畜以及木柴搬进地势极为险要的恒里岩。为了长期坚守，黄德昌、黄现连等领导干部将红军、赤卫军百余人枪统一组编成 6 个班，在红哎、更卡、更么 3 处修筑洞外据点，同时，日夜抢修恒里岩洞口的堵墙，架设石闸，以便据险固守，痛歼来犯之敌。

1931 年 2 月，敌人直扑恒里屯。发现村里空无一人，人都跑到哪里去了？当地几个土豪劣绅告发：红军军民千余人隐蔽在甘牢山上的恒里岩。敌军 2000 余人向甘牢山的 3 个阵地发起猛烈攻击。面对十几倍优势的敌军，黄德昌、黄现连等率领数十武装坚守在红哎、更卡、更么 3 个哨卡英勇阻击，拼至傍晚，击毙敌军 20 余人，我军阵亡 2 人。子弹消耗过多，为了保存实力，我军且战且退，利用夜幕的掩护撤进恒里岩。

◆ 凤山县恒里岩战斗遗址。

黔军占领恒里岩外的 3 个哨卡，企图一举攻占恒里岩。第二天，黔军把迫击炮、轻重机枪都抬上恒里岩对面的山头，居高临下对洞口猛轰狂射。但射程太远，只打到上山的岩石，根本打不到洞口。

洞内大多数群众第一次遭受炮轰，神情显得有些紧张，年幼的孩子们被吓得哭喊起来。黄德昌招呼大家退到洞内，命令红军和赤卫军战士做好战斗准备。黄德昌对乡亲们说。不用怕，他们上不来，上来一个送死一个！

不一会儿，数百黔军仗着强大炮火的掩护，沿着崎岖小道上山来。一股敌军爬到距洞口仅四五十米的地方，数枚手榴弹突然从旧墙后面飞进敌群，我军战士的步枪、鸟铳、石闸一齐吼叫轰鸣，爬在前面的敌军被打得血肉横飞，十几个士兵顿时毙命，后面的敌群见状，连滚带跳逃下山去。

敌人包围了20余天过去了，一步也不能前进。敌人想出火攻的毒计，拆毁恒里、巴烈屯数百间房屋的木梁、板子、门窗，以及稻草、茅草，从恒里岩顶点燃后投到洞口。但是点燃的火把没投中洞口，而且山间的风方不定，烟火也进不了洞口。敌人投火三天三夜，洞中军民安然无恙。

黔军围攻恒里岩近一个月，伤亡颇重，耗弹无数，屡次向桂军索要军饷无果。黔桂两军矛盾紧张了起来。红军到处张贴"红军只打广西军阀！红军不愿与黔军作战！黔军兄弟们，不要替广西军阀送命！"等标语，使得黔军军心涣散。4月中旬，红六十三团三营政治指导员黄伯尧仿刻一枚广西省府之关防大印，假借李宗仁、白崇禧第四集团军总司令部命令包围并缴械黔军。"密函"故意让黔军缴获。正在为军饷闹矛盾的黔军看到"密函"，拍案而起，决定先下手为强，将驻凤桂军一营及岑之卫队、凤山县民团全部缴械。驻东兰的桂军闻讯，追击黔军。

利用黔桂军阀自相残杀之机，坚守恒里岩的军民杀出洞来，配合外线作战之红六十三团胜利攻占凤山县城。

4月底，桂军占领凤山县城，进攻恒里屯。我军民700余人再次撤入恒里岩，与桂军展开拉锯战。

为了攻下恒里岩，敌人实施火攻的毒计。敌人把恒里屯附近数个村屯的房屋全部拆来，数万担柴草，数十担红辣椒等搬到山顶，点燃后投到恒里岩的洞口。洞口顷刻浓烟滚滚。黄德昌命令守洞口的战士撤退到岩洞深处，由于洞口巨大，烟火没能伤害到洞内，敌人火攻的阴谋无法得逞。

在一次战斗中，恒里乡苏维埃政府年轻的妇女委员黄彩川被敌人的冷枪击中，子弹击中右大腿而负伤，由于无药医治，伤口迅速感染恶化，不幸牺牲。彩川的母亲站在女儿的遗体旁哭昏了过去。在后来残酷的斗争中，彩川的母亲和三个女儿都死在岩洞里。洞中军民异常悲痛，以当时洞中最好的一张席子、蓑衣包裹尸体掩埋于左侧小洞。

在长期艰难的反"围剿"斗争中，牺牲、病死的军民越来越多，已近300人。这些人的遗体无法埋到洞外，只能安放在洞内的角落，弄点木灰碎石掩住。后来，尸体堆放高达六七层，碎土木灰也没有了，只好用破席烂衣遮挡。死难者遗体放在岩洞深处发炎生蛆，苍蝇、山蚊、老鼠横行，传染疾病传播。幸存下来的军民由于缺少阳光、药物、果蔬、饮用水，脸唇干裂，手脚浮肿，生疮脓肿，很多人头发掉了，牙齿脱落。

黄德昌潜出洞外，到西山找到韦拔群。韦拔群说，你们坚守这么久，十分英勇。敌强我弱，恒里岩不能再坚守了，要组织突围，撤到洞外打游击，多撤出一个人，就多一颗火种啊。黄德昌回到恒里岩组织突围。黄德昌率100多名战士胜利突围，转移到凌云、凤山边界，继续坚持反"围剿"斗争。洞里只留下100多名的伤病员，以及不能行动妇女儿童。

11月23日，敌军决定再次进攻恒里岩。迫击炮、轻重机枪狂轰乱扫后，敌人慢慢摸到洞口外围，惊奇发现没有从天而降的石头和枪炮。小心翼翼靠近洞口，还是没有一点动静。敌军蜂拥而至，突然洞开的石闸打开，一大堆的石头和木头暴雨般倾泻而下，爬在前头的敌人顿时毙命。恒里岩也洞开大门。

只见衣衫褴褛、瘦骨嶙峋、手无寸铁、奄奄一息的 100 多名伤病员和老幼弱者，敌人把他们拖至洞口，集体屠杀。

恒里岩反"围剿"斗争长达 11 个月之久，是右江革命根据地同一战斗据点坚持时间最长的一次反"围剿"斗争。由于条件的艰辛以及敌人的残暴，恒里岩军民伤亡惨重，新中国成立后仅从洞中收集的军民遗骸就达 374 具。1981 年，凤山县人民政府将恒里岩命名为"红军岩"。

2005 年，女英雄黄彩川的风干的遗体被发现。在尸体的遗物里发现了一个发簪和一个顶针。村民黄的海认出了这个顶针，她说，她的母亲有两个一模一样的顶针，一个给她，另外一个送给堂妹黄彩川。黄彩川遗体被修复容颜并安放到玻璃棺里重新安厝。

2009 年，广西壮族自治区人民政府将"红军岩"列为自治区级文物保护单位。

拉号岩跳崖九英雄

1932 年 9 月 18 日，敌军 1000 余人进攻岜暮红军独立营。当时坚守岜暮的红军和赤卫队只有 400 多人，他们兵分五路，分别负责阻击敌人和组织群众撤退。根据地 300 多名红军战士由韦国英、蓝志仁、黄桂德各率一个队，组成内外两个阵地抗击敌人，蓝志仁率二营担负内线防守甘孟山主阵地的艰巨任务。

红军居高临下，等敌人靠近，突然打开装满石头、滚木的关闸，冲在前面的敌人来不及躲闪，被打得头破血流，有的被撞到山崖下，后面的敌人纷纷后退，害怕突然天降"石头雨"。

敌人运来迫击炮、重型机关枪，在炮火的掩护下，十倍于红军的敌人蜂拥而至。红军第一条防线被炮弹炸开缺口，迅速往撤退到更高处的防线。又一轮石头、滚木砸往敌人。就这样敌进我退，坚守了四天。到第四天晚上，红军减员严重，团长韦国英脚负重伤。蓝志仁率

80 多名战士坚守甘孟山，吸引敌人，红军主力和群众趁着夜色撤退。

敌人越来越多，把甘孟山被围了起来。蓝志仁和战士们边打边退往山上，死死守住山路。敌人强攻不上，就派几个人化装成送粮食的农民，企图混入红军防线里面，里应外合。

蓝志仁发现山下来了几位提着食物的老乡，穿得破破烂烂的，说着壮话。蓝志仁说，敌人里里外外封锁，怎么可能有老乡能上得了山？肯定有诈。蓝志仁将计就计，让他们上山。一进山门就把他们逮住，反抗的直接枪毙。审讯中，敌人供认：混进红军阵营，晚上以划三根火柴为信号，里应外合。

◆ 天峨县拉号岩战斗旧址。

蓝志仁将计就计，晚上布好埋伏，划三根火柴后，敌人果然上钩，等进入圈套，迎接他们的是石头、炸弹。

一计不成，敌人想出狠毒的阴谋。敌人把逮捕到的 60 多名红军家属押往山上，要他们喊话，投降下山；不投降，就杀死他们的家属。敌人用枪杆殴打红军家属，逼他们喊话，他们识破敌人的阴谋，大声喊：开枪打死这些狗兵！为我们报仇！他们用尽全力挣扎，冲撞敌人，与敌人拼命。敌人急忙开枪射击，顿时血流成河。

第五天，敌人发起总攻。蓝志仁和战士们已经连续与敌激战五天五夜，弹药打尽、垒石滚完，眼看拉号岩就要失守了。

蓝志仁在与敌浴血奋战中，英勇献身。只剩下 9 名战士。其中，有蓝彩娥、宁美娇两名女战士。蓝彩娥年仅 16 岁，参加红军前是地主的丫环，受尽欺凌，红军把她从地主手里救出来，她参加红军，做一名宣传员。

红军一边打，一边往山上撤退。敌人在山下放话，抓住一名红军有赏 100 块大洋，抓住女的当婆娘！敌人蜂拥而至，红军战士的子弹打光了，用石头砸，石头砸完了，就用刺刀拼。

最后，9 名红军英雄宁死不屈，他们高呼口号，跳下百丈多深的悬崖。

此次战斗，红军牺牲 100 多人，赤卫队牺牲 31 人，家属及群众牺牲 82 人，抢走妇女数 10 人，被烧房屋 217 座 766 间，仓库 58 个，杀死和夺走的耕牛 844 头，其他物资无数。

岜暮革命根据地的丢失，标志着整个右江革命根据地全部丧失，右江革命自此转入低潮。但是，革命的火种并没有因此而熄灭。韦国英和牙永平率领六十三团余部突围转移贵州望谟山区卡法村，黄举平黔桂边党委和革委会坚持红水河两岸的游击斗争。

快乐事业　莫如革命

1932 年 8 月，国民党桂系任命廖磊为总指挥，调动 5 个正规团，加上地方民团共 1 万多人武装，对东（巴）凤革命根据地发动更为残酷的第三次"围剿"。

敌人"围剿"重点是右江独立师机关驻地——西山乡，政治上大肆进行反共宣传，收买革命队伍不坚定分子；经济上，集中管制群众，烧民房、铲庄稼、毒水源，断绝群众与红军的联系，单是弄京村集中营就有 300 多人被杀死、饿死或病死；军事上，采取"杀光、烧光、抢光、掳光、铲光"的"血洗政策"，通过拉网、梳毛箅发的方式进行封锁搜索，扬言"人要换种，石头要过刀"。

敌人发布悬赏告示：凡是捉到韦拔群的赏 7000 元奖金！韦拔群

说，革命者的头是值钱的，反动派的头一钱不值，砍的廖磊狗头者，赏一个铜板！韦拔群还将计就计，命人诈降，谎称韦拔群被警卫员叛变逮捕，只要给 2000 赏金，就将韦拔群奉上。敌人闻讯大喜，随即命人带着 2000 赏金去交换的地点，没想到半路遭到伏击，人财两失。

在反"围剿"战斗岁月里，尽管斗争环境极端险恶，韦拔群说："革命者要不怕难，不怕死，坚决为人民的利益牺牲自己的一切。"韦拔群同战士一起，过着睡山林、钻岩洞、啃野菜的艰苦生活。韦拔群热爱、关心群众，经常冒着生命危险到敌后或岩洞里慰问群众。群众也非常爱戴他，千方百计地给他和红军送粮食、送生盐、送情报，有的为掩护他和红军献出了宝贵的生命。

在敌人重兵"围剿"的白色恐怖笼罩下和反动宣传"重赏"的引诱下，跟随韦拔群多年的堂侄韦昂开始动摇变节，与军阀头目廖磊暗通勾结后，于 1932 年 10 月中旬带上家小来到香刷洞"躲藏"，等待隐蔽活动的韦拔群、陈洪涛。10 月 17 日，韦拔群带着警卫员来到韦昂的住处香刷洞住宿。第一个晚上，韦昂害怕韦拔群警觉，不敢动手。第二天一大早，韦拔群就翻山越岭到长峒，与陈洪涛商计红军转移事宜，晚上重回到香刷洞住宿。由于长途跋涉，遇风寒发高烧，韦拔群感到疲惫不堪，匆匆喝点稀粥之后便昏昏沉沉地睡着了。19 日凌晨 4 时许，一直伺机谋害韦拔群的韦昂趁着韦拔群和警卫员沉睡之机，摸到韦拔群床边，从韦拔群的枕头下抽出驳壳枪，见韦拔群和警卫员都没有动静，就对韦拔群头部开枪射击。

韦拔群牺牲后，叛徒把韦拔群的头颅送到廖磊处领赏。国民党反动派把韦拔群的头颅放在一个玻璃金鱼缸内，用防腐药水泡着，然后相继在东兰、百色、南宁、柳州、梧州等地"示众"。韦拔群头颅在梧州大较场"示众"三天后便不知去向。

韦拔群牺牲后，东里屯的群众，冒着生命危险，偷偷把他的遗体运回来，埋葬在村后的特牙山上，还在墓地上盖起一座小庙，称为

"红神庙"，以此表达对韦拔群的深切怀念。

为了给韦拔群报仇，红军的除奸队追踪到叛徒韦昂的行踪，将之处决。

新中国成立后，党和人民无比怀念韦拔群烈士。韦拔群的战友和东兰各界翻遍各种档案、资料，包括在广州农民运动讲习所，也没有找到韦拔群的图像，哪怕是一张合影，一个镜头。1958年广西筹备成立自治区时，广西博物馆请来画家，根据人们对韦拔群形象的印象和传说，创作了韦拔群画像。1984年，征集革命资料活动中，发现一张疑似有韦拔群的合影，由于年代久远，韦拔群的亲属和亲密战友都无法辨认是否是韦拔群本人。最后只能根据韦拔群的头骨特征和疑似照片做了技术复原，复原出一张与韦拔群相似的照片。

1950年，中共广西省委和省人民政府，为了寻找韦拔群烈士的头颅下落，曾指示有关部门进行深入调查。梧州市文化局经过查访，确定韦拔群烈士的头骨在梧州北山秘密掩埋，但埋在何处一时找不到。1962年，在知情人梧州市园林处老工人的帮助下，在中山公园明秀园门前左侧挖掘出韦拔群头骨。韦拔群烈士头骨在梧州出土后，中共梧州市委派专人将韦拔群头骨送到自治区首府南宁，后又送到北京。1986年，梧州市在中山公园建成韦拔群烈士纪念馆。

韦拔群烈士故居，位于东兰县武篆镇东里村东里屯特牙山半山腰上。在大革命和土地革命中，韦拔群的家几经焚烧捣毁。直到1988年，东兰县人民政府按故居原貌重建。

韦拔群故居两旁松柏肃立，前方不远处伫立着一排牺牲亲人的墓碑。为了革命，韦拔群家中17位亲人惨遭反动派杀害。韦拔群生母黄祖妹、嫡母王的纪、庶母陈的姣、三子韦革命、四子韦坚持、女儿韦美鸾等相继被敌人围困，饿死于西山；妻子黄秀梅为了保护韦拔群，故意把敌人引开，为革命献出了生命；二妹韦的壮也被敌人抓走。韦拔群始终坚守西山根据地，直到不幸被叛徒出卖牺牲。他一家

20 余口人，有 17 人为革命献出生命，连收养的流浪女双凤、飞来也惨遭残害。

韦拔群为革命牺牲一切，失去妻子、孩子。一天傍晚，韦拔群和妻子黄秀梅走在路上，被敌人包围在一片树林里。韦拔群对妻子说，我开枪，你跟我冲出去。妻子说，不行，敌人太多了。黄秀梅说，你躲在这里不动，我往外面跑，我一个农妇，敌人不能把我怎么样。黄秀梅就往树林外的小路拼命奔跑，敌人一路开枪，一路紧追。韦拔群得以脱险。后来，韦拔群得到黄秀梅被捕的消息，十分悲伤。后来，敌人将黄秀梅卖掉，下落不明。

韦拔群把三个幼子改名为"革命""坚持""到底"，表明了将革命进行到底的意志。1932 年 6 月，韦拔群派出自己最后一个儿子和二十一师党委一位委员到香港去寻找党组织。他们在香港找到党组织，在返回东兰的路上，由于叛徒出卖，在宾阳被捕杀害。

对于家人接连的牺牲和失踪，悲痛的韦拔群从未表露出自己的感情。韦拔群为痛失战友而写下的挽联："在红军，任赤军，都是救人民而奋斗；你先死，我后死，大家为革命而牺牲"。

1962 年 12 月，邓小平为纪念韦拔群牺牲 30 周年，写下了这样的题词：

"韦拔群同志以他的一生献给了党和人民解放的事业，最后献出了他的生命。他在对敌斗争中，始终是英勇顽强，百折不挠的，他不愧是无产阶级和劳动人民的英雄。他最善于联系群众，关心群众的疾苦，对人民解放事业，具有无限忠心的崇高感情。他不愧是名副其实的人民群众的领袖。他一贯谨守党所分配给他的工作岗位，准确地执行党的方针和政策，严格地遵守党的纪律。他不愧是一个模范的共产党员。韦拔群同志永远活在我们心中，他永远是我们和我们子孙后代学习的榜样，我们永远纪念他！"

1981 年 12 月 10 日，邓小平在纪念百色起义 52 周年的亲笔题词中又写道："纪念李明瑞、韦拔群等同志，百色起义的革命先烈，永垂不朽！"2009年，韦拔群被评为100位为新中国成立作出突出贡献的英雄模范人物之一。

最后一次党费

"站起来，我要坚强站起来！支撑着累伤的身躯站起来！我要从铁窗里望出去，望遍黎明的世界。我爱这世界，我爱这黎明的世界，我爱她，我实在爱她！任何代价也抵换不了，我对她的信赖！"

1932年12月，陈洪涛被捕后在狱中写下《狱中谣》。陈洪涛爱自己的父母、妻子和孩子，也爱这个"她"——黎明的世界。

陈洪涛1905年出生在东兰县武篆镇上圩村旧洲屯。父母是贫苦农民，除了种地，还磨豆子、卖豆腐，供陈洪涛上学。陈洪涛诚实善良，聪颖好学，深得老师潘瑞生的钟爱。潘老师不仅资助陈洪涛上学，后来还将女儿潘小梅许配给陈洪涛为妻。

1924年，19岁的陈洪涛考上省立第五中学（百色中学），担任百色省立第五中学学生联合会主席、东凤留邕色学会百色分会会长，领导发动百色学生反帝爱国运动。1925年秋，韦拔群推荐陈洪涛到梧州宣传员养成所学习。在中共梧州支部的引导下，陈洪涛接受马克思主义思想，加入共青团。1926年春，经中共梧州特委龙启炎、毛简青的介绍加入中国共产党。结业后，陈洪涛回东兰，跟韦拔群开展农民革命运动。

1930年10月，红七军主力北上前，陈洪涛接任特委书记兼右江苏维埃主席。红七军北上后，陈洪涛担任红二十一师政治委员，与韦拔群一起坚持右江革命根据地的斗争。

由于韦拔群、陈洪涛在深山老林中来无踪去无影，根本找不到红军的军部所在地，于是敌人悬赏1万元买韦拔群人头，5000元买陈洪涛人头。其实，陈洪涛化装成各种职业的人员，穿越敌人各个关卡，联络隐蔽在山林的各地红军。有时，他装扮成风水先生，带上罗盘、占卜算卦，在车站、码头、街圩上接头；有时他化装成挑夫苦力，穿草鞋、戴草帽，混在挑夫、马帮队伍，走村串户，就在敌人眼皮下活动。

1932 年 10 月 19 日，韦拔群不幸被叛徒杀害。陈洪涛忍着悲痛，冒着生命危险返回西山，组织锄奸队清除叛徒，发动军民继续战斗。

1932 年 12 月初，陈洪涛在带领队伍转移途中，被叛徒黄廷业出卖，在燕洞村坡福屯被捕，被押解到伪百色团管区司令部。陈洪涛被捕后，敌人严刑拷打，打到一只耳朵聋了，一只手臂断了，尽管遍体鳞伤，血肉模糊。陈洪涛宁死不屈，他说：共产党员是不怕死的，要杀头就尽管来，要我叛变革命，出卖灵魂，那是万万办不到的！

在黑牢里，陈洪涛用铅笔和废纸，写出诗，表达自己愿为理想和信仰牺牲的思想。其中《今日坐牢为明天》和《狱中谣》两首，无情地揭露了国民党反动派的黑暗统治，歌颂共产党领导的革命必定会胜利，表达了他追求真理、在革命道路上百折不挠的钢铁意志。

敌人见严刑拷打不行，转为以高官厚禄诱惑他投降：你是个有才干的人，只要回心转意，前途是无量的。你这么年轻，要爱惜自己的黄金时代。陈洪涛说：革命就是我的黄金时代！我坚信革命一定会取得最后胜利！

敌人用陈洪涛的妻子潘小梅来胁迫陈洪涛，以重获自由、夫妻团聚为诱饵，陈洪涛和潘小梅宁死不从。夫妻在牢里相见，潘小梅流着泪告诉陈洪涛，父母、妹妹都被杀害了。

为逃避敌人屠杀，陈洪涛的母亲带着陈洪涛的大儿子躲避到弄勒山上，终因缺水断粮，饿死在弄勒山上。他的妻子潘小梅，与不满半岁的二儿子一起，不幸被敌人抓住。陈洪涛的妹妹陈玉彬，在山上隐蔽时遭捕，敌人用刺刀逼着她带路去找陈洪涛，她带着敌人在山上兜圈子。天黑后，走到一条河边时，她大叫一声"哥哥替我报仇啊！"便纵身跳下急流。陈洪涛和父亲隐蔽在弄勒山上，敌人来搜山。父亲不愿拖累儿子，便趁儿子不注意时纵身跳下悬崖。正在搜山的敌军，看见一个人跳下悬崖，以为是陈洪涛走投无路而自尽，便追到悬崖下。老人还未断气，被敌人抬到中和圩，施以酷刑，逼老人说出陈洪涛藏身之处。老人说：我的儿子早出去了，他正带领红军来消灭你们！恼羞成怒的敌人将老人残忍杀害。

父亲被害，母亲、儿子饿死，妹妹牺牲，妻子被捕，险恶的斗争环境并没有吓倒陈洪涛，反而更激起他对敌人的愤慨，对党和革命事业的无限忠诚。

陈洪涛强忍悲痛说，他们为革命，死得其所；敌人想让你我当叛徒，我们宁死也不从。陈洪涛从上衣口袋里拿出纽扣，郑重地交到妻子的手中，告诉妻子这是一位战友交给他的，让妻子想办法交给党组织，当为他们的最后一次党费。

1932 年 12 月 22 日，敌人将陈洪涛游街示众，陈洪涛"乡亲们，我是陈洪涛！我是共产党员！我走了，共产党领导的革命一定会胜利！大家要团结起来，坚持斗争，工农大翻身的那一天不远了！"敌人慌忙将他杀害。

陈洪涛牺牲时年仅 28 岁。陈洪涛牺牲后不久，潘小梅和孩子也被敌人杀害。陈洪涛全家人为革命全部牺牲。

无畏生死，为革命而生，为革命而死，这是共产党人的坚强信念，在陈洪涛的《狱中谣》中可以体味："我上惯了刑架，认清了刽子手的法庭，而他们得到的，是给我锁上沉重的脚镣；审判、上架、过堂，这生活是我的家常便饭。我的头颅、生命和一切，我要鼓励它们坚强地站起来；只有一个打算：死，但无所畏惧，把生命献给光明的世界！"

创建黔桂游击区

"克服悲痛和忧伤，振作精神，挑起右江革命的重担。"1932 年

10 月和 12 月，韦拔群、陈洪涛等同志相继被叛徒出卖，壮烈牺牲，中共右江特委、独立师党委和红军独立师遭到严重破坏，右江苏区惨遭敌人血洗而丧失。右江特委三个常委中，只剩下黄松坚一人。在危险的存亡时刻，黄松坚决心擎起右江的红旗。

黄松坚比韦拔群小 8 岁，从小就深受"拔哥"的影响。1902 年，黄松坚出生于凤山县盘阳区福厚街（今巴马县）一个贫苦农民家庭。黄松坚在盘阳区振华高等小学读书的时候，就听闻韦拔群三打东兰县城的事迹，对"拔哥"十分敬仰。

1924 年，22 岁的黄松坚考入广西省立第五中学（今百色中学）读书，任东凤留邕色学生联合会百色分会会长。

大革命风起云涌，黄松坚组织学生运动，抵制日货，声援五卅运动。1926 年 11 月，黄松坚作为凤山县农运特派员到凤山开展农民运动。

他组织成立盘阳区农会，建立农民自卫军，举行盘阳起义，消灭盘阳区团总，缴获步枪 12 支和一批子弹。黄松坚在甲篆街成立凤山百色农军总队，并担任总队长。大革命失败后，在韦拔群的领导下，黄松坚率队伍在凤山、百色一带坚持游击战争。

1929 年 12 月 11 日，黄松坚参加百色起义，任中共凤山县委书记、凤山县苏维埃政府主席、县农武装委员会主席。1930 年秋，红七军主力北上前后，担任中共右江特委委员、红七军二十一师副师长等，与韦拔群、陈洪涛重建并率领二十一师在右江地区坚持革命斗争。

韦拔群、陈洪涛牺牲后，1933 年起，黄松坚历任中共右江下游临时党委书记、右江下游党委书记、滇黔桂边区临时党委书记等，坚持右江地区和黔桂边革命斗争。

为鼓励大家加强团结，坚持斗争，坚定革命必胜信念，1933 年 1 月上旬，黄松坚组织召开临委扩大会议，果断将中共右江下游临时党委改组为中共右江下游委员会，并担任书记。

这时，国民党四处张榜加赏缉拿黄松坚，但他毫不畏惧。1933 年 2 月，黄松坚率领红军 100 多人，突然袭击思林（今田东）县城，营救出被俘的红军、赤卫队战士和群众，使右江人民知道党和红军还在，人民群众备受鼓舞。

1933 年 6 月，黄松坚赴上海向党中央汇报工作。9 月下旬，他回到右江，根据党中央的指示，纠正"立三路线"错误，狠抓党建和统战工作。党建以那马（今马山）县为主，统战以向都（今天等）县为主。在那马县，黄松坚整顿了原有的党组织，发展了一批新党员，建立了中共那马县特别支部，有党员 65 人。同时，指导整个右江地区整顿恢复和建立了 30 多个中共支部，有党员 400 多人。革命武装也初步得到恢复，在广大农村普遍建立了革命青年同盟会等群众团体 187 个，并以组织"抗日救国军"之名，广泛开展统战工作，成功地争取和改造了数股地方势力参加抗日救国军，不断壮大革命力量。

1934 年 11 月初，在富宁的镇压七村九弄大土豪韦英豪、架街保长陶炳希和花甲区长汤焕文等国民党基层骨干后，黄松坚在九弄的多立寨主持召开边区党的第一次代表会议，宣布成立中共滇黔桂边区临时委员会，黄松坚任书记。后成立滇黔桂边区革命委员会、滇黔桂边区劳农会和滇黔桂边区劳农游击队第三联队，黄松坚任劳农会主席兼劳农游击队第三联队政委。以七村九弄为中心的滇黔桂边区革命根据地建立。

随着根据地的建立、武装斗争的蓬勃发展，滇桂军阀坐卧不安。1934 年 11 月底，云南省广富守备军副司令依志猛派出 1 个营的兵力"进剿"七村九弄地区。面对敌人的"进剿"，黄松坚指挥红军游击队和各族群众进行恒村战斗，歼敌 30 多名。之后，黄松坚组织和动员群众坚壁清野，使敌人所到之处无粮无水，加上敌官兵们水土不服，又被红军游击队不断偷袭和追击，敌回到广南时 4 个连的兵力只剩下一半。

1934 年 12 月初，中央红军向敌人力量薄弱的贵州挺进，黄松坚决定把部队拉出七村九弄，进驻归朝（即皈朝）。红军利用皈朝街天，集中各地赤卫队加上红军游击大队 2000 多人召开大会，赶街的群众也踊跃参加。当时的南宁《民国日报》对皈朝整编作了报道："各乡土民有受其愚惑，被其胁从，匪徒于九陇、弄所、百油、板仑遍设劳农会，遍贴抄袭共党标语，在皈朝则设苏维埃政府。"

1935 年 5 月，黄松坚奉命第二次前往上海寻找党中央时，因病在上海住院治疗，病愈后不幸被捕，被关押在苏州陆军监狱。西安事变爆发后，经我党多次交涉，黄松坚才于 1937 年 8 月获释出狱。黄松坚随即被安排去延安中央党校学习，从此开始了另一段人生历程。

黄松坚被捕后，滇桂黔边红军游击区与上级失去了联系。后来，滕国栋、陆浩仁、黄书祥等牺牲，黄举平、赵世同等仍坚持在右江地区和滇黔桂边区进行斗争。

直到 1936 年 12 月，中共广西省工委才与右江地区党组织联系上。1937 年夏，滇黔桂边的党组织发展成为有 1 个特委（桂西特委）、3 个中心县委（东兰、天向田、那马）、1 个党委（滇黔桂边区党委）、2 个边委（凌凤边委、黔桂边委）和 1 个县委（东兰县委），党员近600 人；滇黔桂边游击区拥有 4000 红军游击队员和近百万各族革命群众。活动范围达当时 3 省 20 多个县。成为土地革命战争后期南方的一个重要游击区域。

西山星火再燎原

革命者一是要立场坚定，意志刚强，不怕死，坚决为党和人民的利益牺牲自己；二是要有身体坚实，能跑能跳，能吃苦耐劳；三是对敌斗争要灵活勇敢，胆大心细，"变化无穷"。

1923 年，在东兰武篆育才高等小学，黄举平第一次见到韦拔群。

久闻"拔哥"大名，亲眼见到分外激动。听到"拔哥"关于革命者成长的三要素，黄举平牢牢刻在脑海里，并以此勉励自己，战胜一个又一个的艰难险阻，坚持斗争直到广西解放，红旗在西山始终不倒。

黄举平是东兰县武篆镇弄竹村人。黄举平有7个弟妹，由于贫病交加，6个都夭折了。黄举平读了3年私塾就辍学。19岁时进入东兰武篆育才高等小学读高小，因抗议土豪杜八父子霸占学校，转入东兰高等小学就读。

1925年，韦拔群和陈伯民在东兰北帝岩举办东兰农民运动讲习所。黄举平离开东兰高等小学，成为农讲所第一届学员。在这里，黄举平接受马克思主义思想和军事训练，练习操练和射击。黄举平回家卖了一亩地，筹款卖了一支枪，跟着"拔哥"闹革命。1926年，黄举平被韦拔群推荐到南宁参加广西省第一届农民运动讲习所学习。结业后，被国民党广西党部农民部委任为右江农民特派员，负责恩隆、百色的农民运动。

四一二反革命政变后，黄举平跟着韦拔群举行武装暴动，担任东兰县游击中队队长。1929年，经韦拔群介绍，黄举平加入中国共产党，担任东兰县劳农会主席。百色起义后，黄举平担任中共东兰县委书记、东兰县苏维埃政府主席。

红七军主力北上后，国民党桂系对右江苏区发动三次大规模的"围剿"，白崇禧亲自到东兰督战。敌人所到之处，鸡犬不留，寸草烧尽，白色恐怖的血雨腥风席卷右江苏区。

在韦拔群、陈洪涛的领导下，黄举平率部队在东山、西山山脉游击反"围剿"。

1932年春，为了牵制外敌，减少西山根据地的压力，中共右江特委决定派黄举平跳出包围圈，进行战略转移。6月，黄举平和黄伯尧带领60多名红军从凌云平乐出发到凌云县林佑屯（今属天峨县），成立中共黔桂边委，书记黄举平，委员黄伯尧、牙美元、韦国英；同时成立黔桂边革委，主席黄举平，副主席牙美元。两委成立后，在黔桂边开展地下工作。

黄举平带着黄伯尧、黄鸿腾等 20 余人来到贵州罗甸凤亭乡蛮瓦，与前期潜入蛮瓦作兵运工作的黄衡球会合，对陈绣卿等地方实力派进行统战工作。他们在蛮瓦成立了贵州第一个党支部，黄举平任书记，黄伯尧、黄衡球为委员。此后，黔桂边委、边革委以蛮瓦为中心据点，领导黔桂边革命。

10 月，韦拔群被杀害的消息传来，黄举平召集黔桂边的同志召开追悼会，纪念"拔哥"，继承"拔哥"遗志，坚定信心，坚持斗争到底。

由于贵州军阀派别林立，黄举平装扮成商人到罗甸不久就贵州另一派军阀被捕入狱。敌人用老虎凳、铁棒等酷刑折磨和恐吓黄举平，还派人装扮成共产党人，试图从黄举平口中套出党组织的机密。黄举平坚称自己是商人，与狱友谈的也是生意经。三个月后，他在中共地下党的多方营救下获得释放。

1933 年，黄举平派黄世新、黄唤民等战士潜回西山，恢复党组织，成立暗杀队，锄奸杀敌。一批叛徒被击毙，一批镇压革命的土豪劣绅被枪毙，西山群众感觉：红军还在，"拔哥"的精神还在！

在右江根据地同志的要求下，黄举平于 1934 年回到西山。

1935 年 5 月，由黄举平主持在西山成立中共东兰中心县委员会，负责领导东兰、凤山、万冈（巴马县前称）、都安、南丹、凌云、乐业、天峨等县的革命斗争。次年，黄举平在西山召开右江上游各县革命代表大会，成立广西右江上游赤色游击第一联队，活动在黔桂边区。

为了筹款购买枪支弹药，黄举平带领战友们挖石头，砍柴木，烧石灰，卖石灰。烧石灰是高温工作，一不小心就被烫伤，黄举平全身被烫伤无数处。他说：粉身碎骨浑不怕，要留清白在人间！黄举平他们一共烧了 32 座石灰窑，购置一批枪支弹药，充实武装力量。

1939 年 2 月初，万冈、东兰两县政府纠集民团 1000 多人，"围剿"中共东兰西山根据地、右江上游地区进行"围剿"。右江上游革命委员会和东兰、万冈、都安三县革命委员会停止活动，分散转移，积蓄力量。

抗战时期，中共凌凤边委执行党的抗日统一战线政策，发动群众组织同盟会，建立抗日义勇军，1943 年 10 月，在平乐巴标成立 200 余人的巴标抗日游击自卫大队。

1945 年至 1947 年，中共东兰县特支、中共万冈中心县委、中共右江地委、桂西人民解放军司令部相继在西山成立，举行以万冈为中心的万冈起义。1948 年春，西山县临时民主政府、桂西人民解放军第一指挥所在西山成立。有力配合南下野战军解放右江全境。

从大革命时期至解放战争时期，西山一直是右江革命根据地党政军指挥中心，成为右江革命的腹地。在白色恐怖笼罩之下，黄举平坚持在西山斗争，虽然多次与敌人擦肩而过，但是依靠自己的机敏和群众的保护，一次次化险为夷。

新中国成立后，黄举平也曾蒙受过不少冤屈，但他忠诚于党，无怨无悔地工作，他说：我能活到今天，都是老百姓和战友们掩护的，为党为人民工作无须计较什么。

苦撑红旗换新天

韦拔群、陈洪涛牺牲后，他和黄书祥、陆浩仁、滕国栋坚持革命；黄书祥、滕国栋、陆浩仁牺牲后，他独立领导右江地区的斗争；抗日战争期间，由于黄桂南投降叛变，右江革命再次进入低潮，他毫不气馁，坚持斗争，直到广西解放，红旗屹立在右江地区。

他就是赵世同。

赵世同，1901 年出生，果德县（今属平果）果德镇槐前村人。父母是农民，家境贫困。赵世同 8 岁上私塾；9 岁丧父，辍学；11 岁母亲去世，兄长给富人做短工挣点钱买粮，兄弟相依为命，靠玉米、红薯、野菜维持生活，世间还什么苦没吃过呢。

1926 年 12 月，国民党广西省党部农民部委派的果德农民运动特派员黄书祥到果德领导农民运动。黄书祥在赵世同的家乡龙旧屯发动了农民革命运动，建立果德县第一个农村党支部、建立果化区第一支赤卫队。

赵世同吃苦耐劳，成熟稳重，身手敏捷，而且枪法好，很快成为黄书祥贴身警卫员、得力助手。跟随黄书祥转战右江，政治信仰、军事素养在血与火的考验中不断提升。

经黄书祥介绍，赵世同加入中国共产党，参加百色起义，任果化区苏维埃政府财政委员、果德县赤卫军常备营连长。

红七军主力北上，赵世同跟随黄书祥转战果德、思林（今属田东县）、向都（今属天等县）等地。

1932 年 6 月，中共右江下游临时委员会和右江下游革命委员成立。赵世同任委员。1934 年 7 月，右江下游党委撤销，成立中共思林、果德中心县委和右江革命军事委员会，领导右江下游的革命斗争。赵世同同时任两个委员会的委员，主管军事工作。

为了适应革命斗争的需要，将右江的工作和滇桂边区的斗争联系起来，1936 年 12 月，中共桂西区特委成立。赵世同任中共桂西区特委委员。他在百色国共谈判中坚决反对把右江上游和黔桂边等革命武装交给国民党改编，拒绝交出所率领的队伍，从而为右江上游保存了革命力量。

黄桂南投降叛变，右江革命再次进入低潮。赵世同给大家讲"拔哥"的故事，讲"拔哥"牺牲后，黄书祥继续斗争的故事。他说，黑夜终将过去，黎明一定到来，坚持就是胜利！

1938 年 4 月，赵世同任中共黔桂边特区工作委员会书记。他争取贵州省边地方势力王海平部支持抗战，使革命力量得到巩固和发展。1939年9月，赵世同出任那武特党支部书记，恢复和发展那马、武鸣的党组织。1943年4月，赵世同与上级组织派来的覃桂荣等到右江各地整顿恢复党组织，使右江党组织在抗战后期得以发展起来。

解放战争时期，赵世同任中共右江领导小组副组长、东万凤中心县委书记、中共右江地委委员、滇桂黔边区纵队桂西区指挥部指挥员等职务。

1947年9月，中共右江地委举行以万冈为中心的桂西武装起义，赵世同任军事部长。万冈起义挫折后，赵世同在西山组织武工队，开展游击战争和反"三征"斗争。1948年9月，赵世同等制订"巩固西山，大游击区，向外发展"的计划，率西山独立大队120人枪上黔桂边，在乐业、天峨、凌云、凤山一带创建和发展了游击根据地，为解放大军南下做准备。

长期的残酷的斗争环境，让赵世同养成高度警惕的习惯。部队驻扎，赵世同要亲自布置岗哨，晚上睡觉前，他都要查一次岗；半夜，又起来走一圈；天不亮，人家还未起来的时候，他又拿起驳壳枪到处巡视。赵世同和战士们同甘共苦。部队驻扎，他都把最好的地方给战士们休息，指挥部安置在条件最差的地方。赵世同治军严明，部队到每一个地方，他都要强调"三大纪律、八项注意"，对老百姓做到秋毫不犯；违者军法处理。

从大革命时期到解放战争时期，特别是在韦拔群、陈洪涛、黄书祥等牺牲后，赵世同以坚强的意志、不懈的精神坚持在右江地区继续斗争，不断壮大革命队伍、扩大武装力量，直至全国解放，成为"右江革命不倒的旗帜"的主要领导人之一。

红旗插上镇南关

1949年4月21日，毛泽东主席、朱德总司令发布的《向全国进军的命令》，解放军百万雄师强渡长江，国民党苦心经营三个半月的长江防线顷刻崩溃。毛泽东欣然写下七律："钟山风雨起苍黄，百万雄师过大江。虎踞龙盘今胜昔，天翻地覆慨而慷。宜将剩勇追穷寇，不可沽名学霸王，天若有情天亦老，人间正道是沧桑。"

1949 年 10 月，如惊弓之鸟的桂系白崇禧集团退守广西。白崇禧集团退踞广西，指挥华中军政长官公署辖的 5 个兵团 12 个军约 15 万余人和驻守粤桂边区的余汉谋残部约 4 万余人负隅顽抗，拟向云南或越南、海南岛逃窜。

为此，以毛泽东为主席的中央军委指定大迂回、大包围、大歼灭的作战方针。中央军委致电四野领导人："不要采取近距离包围迂回方法，而应该采取远距离包围迂回动方法，方能掌握主动，即完全不理白部的临时部署，而远远超过他，占领他的后方，迫其最后不得不和我作战"，"白崇禧是中国境内第一个狡猾阴险的军阀，我们认为非用上述方法，不能消灭他"。

在解放大军即将发起解放广西战役时，中共广西省农委和广西省城工委根据中央的指示，要求广西各地的游击队全面发起歼灭地方反动武装、摧毁国民党基层政权的局部攻势作战，各城市党组织开展护城、迎军、支前工作，为南下大军进军广西创造条件。

根据中共中央华南分局（原香港分局）的指示，领导各地游击队大力扩军，组建主力团队，集中兵力，发动夏秋攻势作战，挫败了白崇禧的"反共总体战"，为解放大军南下做准备。1949 年广西解放前夕，党在全省建立起右江、左江、十万山、六万山、粤桂南、桂中南、桂北、桂东、桂中、柳北、都宜忻地委（地工委）和桂林、柳州、梧州、南宁城工委及南宁市委，全省党员 8200 名。党领导的游击斗争遍及全省 103 个县（含钦廉四属）的 97 个县，12 个游击支队（总队）及柳来象边独立大队，拥有 4 万多人枪。各支游击队英勇作战，歼敌近 4 万人，建立起 3 个专署级和 42 个县级的人民政权。如左右江游击武装改编成中国人民解放军滇桂黔边纵队左江支队和右江支队，歼灭大批敌据点和摧毁乡村反动政权，先后建立了 20 多个县民主政府和大部分乡村政府，将左右江游击区连成一片。广西游击战争成为全国解放战争的重要组成部分，为配合南下大军解放全广西作出了重要贡献。

根据毛泽东和中央军委的指示，第四野战军作出兵分西、中、南三路，围歼白崇禧集团的作战部署。西路军是四野第十三兵团所辖的第三十八、三十九军，司令员程子华，政委莫文骅，约 10 万余人，沿湘黔边境迂回桂西，切断敌逃往云贵的道路；南路军是二野战军第四兵团所辖的第十三、十四、十五军以及后来增调的第四野战军第十五兵团的第四十三军，陈赓任司令员兼政委，约 18 万余人，从粤西秘密进入粤桂边的廉江、茂名、信宜地区，防敌从雷州半岛向海南岛逃窜；中路军是四野第十二兵团所辖的第四十、四十一、四十五军，萧劲光任司令员兼政委，约 14 万余人，集结于湘桂边境，牵制白崇禧集团于桂北，待西、南两路大军断敌后路、形成钳形合击态势时，即自北向南发起攻击，围歼敌人。

敌军沿黔桂边境西逃，西路大军乘胜追击，于 11 月 15 日解放贵阳。白崇禧见西逃云贵无望，调集兵力企图突破南路军防线，逃往海南岛。敌军一路向海逃窜，我军一路追击，邕钦公路上到处都是掀翻的汽车、敌人尸体、行李、衣服，公路边站着很多妇女和孩子，都是敌军来不及撤离的家属，等待地方部队安置和处理。

西路军奉命改变行动，右路第三十八军兵分两路向黔桂公路线上的河池猛进，解放宜北、思恩、河池、百色，在滇桂黔边纵队桂西区指挥部所属部队的积极配合下，歼敌 5000 余人，解放了桂西的 10 多个县，切断敌人逃往云南、贵州的通道。左路第三十九军兵分两路攻取罗城、柳州、宾阳，直插南宁以西地区果德，在柳北人民解放总队和都宜忻人民解放总队的积极配合下，在柳州市歼敌 2000 余人。

三十九军向南宁进军途中，在粤桂边纵队第八支队、柳来象独立大队的积极配合下，解放邕柳公路沿线各县。

"雷霆万钧力，疾风卷乌云，大军突桂境，残阳已西沉。血战二十载，重踏家乡门，地面变红色，天上换星辰。"20 年前，在邓小平发动南宁兵变中，参加革命的莫文骅指挥三十九军一一六师解放南宁。重返故乡，莫文骅写了这首诗。

四野三十九军在粤桂边纵第三支队、滇桂黔边纵左江支队协同下，日夜兼程追歼企图逃窜越南之敌，解放了桂西南的边境各县。

1949 年 12 月 11 日凌晨，四野三十九军一一五师三四三团急行军 120 里，向祖国的南大门挺进，当晚 6 时 30 分，红旗插上中越边境要塞镇南关。这一天，恰好是邓小平领导的百色起义 20 周年纪念日。五星红旗插上镇南关，标志着广西战役胜利和广西全境解放，开辟了

◆ 1949 年 12 月 11 日，红旗插上镇南关。

139

广西历史的新纪元。

　　"为有牺牲多壮志，敢教日月换新天。"从 1921 年黄日葵参加中国共产党，马克思主义传播到广西，到 1924 年中国共产党在广西梧州建立第一个支部；从 1929 年百色起义、1930 年龙州起义，红七军北上，到广西地方党组织屡次遭到破坏，与上级党组织失去联系和敌人白色恐怖中艰难重建和恢复；从八桂抗战救亡的烽火到解放战争的硝烟，再到 1949 年 12 月 11 日红旗插上镇南关。二十年来，无数共产党人和革命先烈义无反顾，前仆后继，为广西的解放献出了自己的宝贵生命。天地翻覆，日月重光，新中国诞生了，获得新生的广西各族人民在中国共产党的领导下，迈向社会主义革命和建设的新征程。

第三部分　沧桑巨变

中华人民共和国的成立，左右江革命老区各族人民从此站起来了，走在社会主义革命和建设的壮阔道路上。

改革开放后，从实行家庭联产承包到取消农业税，从建设西南出海大通道到西部大开发，左右江革命老区的经济社会发生翻天覆地的变化，各族人民迎来了从温饱不足到总体小康的伟大飞跃，为全面建成小康社会奠定基础。

党的十八大后，中国特色社会主义进入了新时代。中华民族迎来了从站起来、富起来到强起来的伟大飞跃，迎来了实现中华民族伟大复兴的光明前景。

牢记习近平总书记嘱托，左右江革命老区全力以赴打赢脱贫攻坚战，完成了消除绝对贫困、全面建成小康的艰巨任务，开启全面实施乡村振兴战略、建设农业农村现代化的新征程，昂首阔步迈向奔向中华民族伟大复兴。

一、红色沃土　再立新功

新中国成立后，左右江地区建立了各级人民政权，清剿土匪，实行土地改革，建立了社会主义公有制经济，全面展开社会主义建设。同时实行了民族区域自治，为彻底解决民族问题和民族共同繁荣发展开辟了广阔的道路。

在党中央的亲切关怀和国家的大力支援下，特别是三线建设时期，在一穷二白的左右江地区建成了电力、机械、化工、建材、有色金属、煤炭、纺织、制糖等一批骨干企业，建成澄碧湖水库、客兰水库等一批农田水利工程，建成一批学校、医院，为民族地区的文化、教育、卫生事业奠定了坚实的基础。

《美丽南方》和广西土改

1951 年 10 月，邕宁县十三区的老口渡，从南宁溯江而至的汽艇，一艘接着一艘缓缓停靠在邕江南岸。一批朝气蓬勃青年学生，一群温文尔雅的教授、艺术家、哲学家踏上青石板的码头。

老口圩从来没有这么热闹过，也没见过这么多文化人。他们是中央土改工作团广西土改工作二团的成员，胡绳、田汉、安娥、艾青、李可染、吴景超、徐毓枬、唐明照以及清华大学、燕京大学等 100 多名师生。

二分团团部驻扎在老口圩对岸、邕江南岸的一个叫麻子畲的小村庄。胡绳、田汉、安娥等在此居住，其他工作人员分散居住在附近村庄。

麻子畲，距离南宁约 25 公里，水陆两通，只有几十户人口，以种植芝麻而得名。麻子畲小学有一座宽敞的篮球场，是召开群众大会的好地方。

这些北京来的文化人搭舞台、弹琴、唱歌、演戏，写标语、绘画，他们的帽子、大衣、衬衣，钢笔、画笔、颜料，都让乡亲们十分好奇，驻足观望。

而南疆温暖的冬季，四季常青的榕树、芭蕉树、凤尾竹，犬牙交错的田垄，炊烟袅袅的村寨，也让深居大城市的文化人感受到不一样的田园生活。

当年到这里参加土改工作的清华大学学生董贻正、薛传钊在《春风渡——我的大学 1948—1953》回忆：傍晚时刻，我们喜欢沿着邕江江岸漫步，欣赏着日落的美景，凝望着变幻莫测、多姿多彩的晚霞。邕江并不是很知名，然而对我们这些久居城市的人们来讲，她的一切让我们感到很亲切，很满足，很富有诗情画意。邕江的两岸长满了茂密的深绿色的大树和野草，江水不算很清，流速也不湍急。而星星点点的小船、竹筏子，一串串的拖船，不停地在江面上浮动，由远而近，由近而远……顺着蜿蜒曲折的邕江，缓缓地消逝在朦胧无边的晚霞之中。这是一幅多么令人神往、流连忘返的风景画！

◆ 广西土改工作二团团部旧址。

1951年10月至1952年6月，在清匪反霸、减租减息运动后，广西开展全省范围规模最大的一次土改，涉及6个专区46个县1000万人，广西省委组织近4万干部和青年参加的土改工作队，提出"三提倡、三反对"："提倡艰苦深入，反对自满松懈；提倡群众路线，反对包办代替；提倡实事求是，反对形式主义"。

既然政权已经掌握，为什么不直接没收地主的土地、分配给贫下中农，而是耗费大量的人力、物力和财力，通过派出工作队，发动群众，组织农民协会，划阶级、分土地呢？

土地改革不是简单地自上而下，把地主的土地分给无地或少地的农民，而是自下而上，发动群众，提高群众觉悟，废除封建土地制度及其经济基础上的政治制度，这是一场包括经济、政治、社会、教育等方面的群众革命运动。

广西土改工作二团队员们进村入户，调查各家各户的人口和经济情况，为划阶级、分土地提供依据；开展宣传，发动群众揭发地主的罪行，指导农民协会划分阶级成分，没收地主土地，分配给无地、少地农民。他们在小学篮球场搭建舞台，表演话剧、山歌、舞蹈，宣传土地改革政策；在街圩书写标语"雇贫中农团结起来，彻底消灭地主阶级"。

田汉编写和指导排练剧本《农民见青天》，还编写宣传土地改革的政策的山歌。艾青撰写的《智信村土地改革检查报告》，刊登在1952年4月3日的《广西日报》头版，后被选入《土地改革重要文选》。李可染在村里的墙壁上画土地改革宣传画，他和中央美院几位教授一起指导广西省土地改革展览工作。

贺允清《在广西参加土地改革》中回忆："我的住地窄小，是靠近牲口棚的半间茅棚，每天吃的是芋头、红薯和很稀的粥，常到地里参加劳动。""我认识到只有深入'三同'，才能和农民建立感情，交心，同心，了解真情，这是组织阶级队伍的基础。通过'三同'，农民了解我们是共产党派来的贴心人，能同呼吸、共命运，从而信任我们，使群众发动工作顺利展开。"

半年后，土改工作结束了，老口圩恢复了往日的宁静。"人们都从麻子畲走远了，以后每天黄昏再没有一些悠闲的教授和一些风尘仆仆的土改队员在这条小路和这条小河边出现了。""住了4个多月的麻子畲，突然走开了，那个草坪，那株榕树，那门前的两只石磙，都让我回头看了看，是那样的不舍啊！"这种怅然和留恋，让33岁的陆地开始构思《美丽的南方》。

陆地是广西省委宣传部宣传科（后改为处）科长，参加广西土改工作二团土改工作。1938年，陆地奔赴延安，在延安鲁迅艺术文学院创作研究员，后到东北担任《东北日报》副刊部主编。《暴风骤雨》

最早是在《东北日报》连载，陆地三天两头去周立波家取稿。与周立波的交往成为《美丽的南方》的渊源。

为避免与丁玲的《太阳照在桑干河上》和周立波的《暴风骤雨》雷同，《美丽的南方》没有正面去写土改运动，而是通过贫苦农民在土改中成长，知识分子在土改中新生。书中大量壮乡人文风俗细致真切的描写，使这部作品的民族特色、地方特点非常鲜明，成了一幅反映祖国南方土改斗争的绚丽画卷。

《美丽的南方》是陆地的代表作，于1959年完成创作，1960年出版，当时在全国产生了广泛影响。同时，它还是广西当代文学史上的第一部长篇小说，堪称广西文学的一个里程碑。后来，陆地任自治区党委宣传部副部长、自治区文联主席等职务。

如今的麻子畲，邕江畔、渡口旁，古榕树、芭蕉林、碧绿的稻田，依然是水墨画般安静美丽。

麻子畲对岸，邕江北岸的忠良村，以陆地小说为名的"美丽南方"特色农业田园景区，成为南宁乡村旅游的网红打卡景点。

湘桂铁路修到中越边关

1950年2月8日，广西省人民政府正式成立，确定南宁为广西省的省会。有一次，广西省委书记、省人民政府主席张云逸进京向毛主席汇报工作时说，来宾至南宁的二百多公里铁路不通，每次到北京或广州开会回南宁，都要在柳州转乘汽车，途中还要部队护送才行。有的同志提出，干脆把省会搬到柳州更方便工作。毛主席说，广西的土匪的确很厉害哟！但是，铁路不通可以修嘛！省会还是放在南宁好。随后，毛泽东指示加快湘桂铁路建设，并开通柳州至南宁的飞机航道。

湘桂铁路是广西境内第一条国家铁路。1937年七七事变发生后，日本侵略军长驱直入，国民党军队节节败退，华北、华东沦陷。为了战时物质运输需要，打通连接越南、缅甸的国际通道，湘桂铁路开始建设。1941年，衡阳至来宾段通车。由于日军侵略广西，湘桂铁路被炸毁。抗战胜利后，衡阳至来宾段修复通车。

1949年11月，国民党军队为阻止南下的人民解放军，破坏湘桂铁路桥梁43座，湘桂铁路全线瘫痪。

为配合解放大军的南下，1950年初，人民解放军铁道兵对湘桂铁路实施抢修。6月，衡阳至来宾段恢复通车。

广西解放后，在毛泽东的指示下，湘桂铁路来宾至南宁加快建设。考虑到支援越南抗法斗争的需要，中央决定柳邕铁路延长至中越边境的镇南关。

◆ 左江革命老区的交通大动脉——湘桂铁路。

修建来宾至镇南关铁路，最大的困难有两个：一是排除土匪侵扰。当时土匪猖狂，为了施工顺利进行，广西军区组织兵力清剿柳邕铁路沿线土匪，并派部队保护施工队伍。二是克服建材物质的匮乏。420多公里的铁路线需要修建70多座桥梁和100多个涵洞。由于广西工业落后，钢铁、水泥、机械十分匮乏，修建铁路的物质严重不足。

在中央的协调下，铁道部从广东、湖南、湖北等省调剂一批钢铁、水泥、机械援助广西建设湘桂铁路。张云逸当得知工程缺枕木80万根、电线杆5000根后，他立即主持召开省政府会议，决定采取征用地主林地和公用林地以及发动群众的办法，解决枕木问题，并将征集枕木与秋季征粮结合起来，允许以枕木代缴公粮。为保证工程进度，广西省调集民工3万余人参加工程建设。

在沿线地方和群众的支援下，1951年3月，湘桂铁路来宾至南宁段通车；10月，南宁至凭祥通车。湘桂铁路贯通广西南北，向北连接京广铁路，是连接广西和北京的最便捷的陆路大通道。

1950年10月，中国人民解放军总后勤部驻凭祥办事处建成。同月，越南人民军后勤总局在凭祥设立接收班，负责接收中国、苏联及东欧各国援越军用物资，包括被服、粮食、武器弹药等。中国人民解放军凭祥兵站是我国援越物资的中转站，同时也是越南人民军的联络站，越南过往人员，如送到中国读书的干部子弟、送到中国军校培训的军事骨干，以及来凭祥联系工作的越方人员都在兵站内食宿。

为了快速转运各种援越物质，1954年12月，凭祥至睦南关（友谊关）的米轨及配套工程凭祥国际换装站、隘口会让站修复工程竣工。越南政府随即决定修建河内至同登铁路与中国的湘桂线在睦南关衔接。1955年2月，河内—睦南关铁路全线竣工，实现了中越米轨衔接。随后，中越两国在北京签订《中越铁路联运协定》，越南交通部铁路总局在凭祥设置中越国际联运交接所，负责中越两国铁路客货联运交接工作。

湘桂铁路是中越友谊的象征，中越铁路联运后，大量粮食、武器、弹药等物质从这里源源不断支援到抗击法国、美国帝国主义的越南前线。

邓小平情系罗城仫佬乡亲

1957 年冬到 1958 年春，我国农村搞起了以兴修水利运动为内容的生产建设的高潮，在尽快改变落后面貌的热情激励下，广大干部群众干劲十足。农田水利建设取得很大成绩，但也出现不少脱离实际的浮夸、虚假、蛮干等情况。在社会主义改造与第一个五年计划取得伟大胜利的情况下，1958 年 5 月党的八大二次会议正式通过了社会主义建设总路线，通过了 15 年赶超英国的目标，通过了提前 5 年完成全国农业发展纲要的目标，通过了"苦干三年，基本改变面貌"等口号。8 月，中共中央政治局在北戴河举行扩大会议，确定了一批工农业生产的高指标，决定在农村普遍建立人民公社。随着"全民炼钢"和人民公社化运动的开展，农业战线上的高产"卫星"不断升天，工业战线也不断放出高产"卫星"，高指标、瞎指挥、浮夸风迅速蔓延到交通、邮电、教育、文化、卫生等领域。

1958 年 9 月，环江县放出"亩产 13 万斤"的特大"卫星"，创全国水稻丰产最高纪录；10 月，忻城县放出"一天产煤 67 万吨"的特大"卫星"，鹿寨县放出"一天产铁 20.7 万吨"的特大"卫星"。实际上，这些特大"卫星"都是层层加码、弄虚作假的产物。

1958 年 10 月，时任中共中央总书记兼国务院副总理邓小平与中共中央书记处候补书记兼中共中央办公厅主任杨尚昆等先后视察河北、天津、广西、云南、贵州、四川和湖北。

邓小平到柳州的当天晚上，便不顾旅途疲劳，在自治区党委和柳州地市委领导同志陪同下，驱车到柳州市东风通用机械厂和柳州市永丰利刀具厂视察，这两个厂原来是生产摩托油锯和精密刀具，"大炼钢铁"中，东风通用机械厂改为东风钢铁厂，并放出"钢铁生产大卫星"。

在东风钢铁厂，邓小平看到，工人们正在热火朝天地挑灯夜战炼钢高炉，烈火熊熊鼓风机呼呼直响，向工人们招手致意。呈现在面前的一座座"土法上马"的"冲天炉"，实际上，就是在地里挖一个大坑，一层硬木头上面放一层铁矿石以及各种各样的铁制品，一层一层叠加，然后焚烧。这样的土窑温度远远达不到炼钢的高温，炼出的"钢铁"像豆腐渣一样。邓小平得知这种硬木头是亚热带稀有木材——蚬木后，问他们：你们算过账没有？蚬木价值多少，生产出这些钢值多少，一吨钢值多少钱，究竟哪一个更划算？蚬木是热带、亚热带的喀斯特地区特有的硬木，材质致密，硬如钢铁，有"铁木"之称；蚬木生长缓慢，上百年才能成材，是稀有的珍稀木材。邓小平的提问让陪同视察的广西和柳州的同志无言以对，也触发在场的每一位同志的思考。邓小平视察柳州东风钢厂后不久，柳州市委领导通知柳州东风钢厂停产，不再炼钢了。

在刀具厂，邓小平赞扬技术工人发扬艰苦奋斗，克服种种困难，生产出具有国内先进水平刀片的创造精神，勉励淬火老师傅把技术传授给年轻一代，不断提高产品质量，增加产品数量。到凌晨2点，邓小平等同志才离场回饭店休息。

第二天，邓小平听说罗城创造的土高炉炼铁法，正在赶超鹿寨县，就前往罗城四把乡。

从柳州到罗城的路上，邓小平谈起28年前率领红七军北上，在罗城的战斗的往事，还记得曾吃过的别具风味的香猪肉。

1930年11月底，红七军主力7000多人从河池北上到罗城县四把村的佛子坳与敌韩彩凤、覃连芳两师的部队展开激烈的战斗，这是红七军军离开根据地后与敌正规军打的第一次恶仗。此役，红七军毙伤敌五六百人，自己也伤亡二三百人。邓小平说："战斗没有取胜的原因，主要是离开了根据地。"四把之战后，我军组成宣传队到街头宣传，书写"红军是工农革命的先锋队""红军不拉夫，不发洋财，不强奸妇女""打倒国民党军阀"等标语。当地群众亲眼看到红军纪律严明，对老百姓秋毫不犯，就是睡在屋檐下或大古榕树下，也不住进群众房屋；吃的野菜稀饭，也不乱拿群众的东西，群众家里的油盐柴米原封未动。群众很快消除了恐惧和疑虑，主动接近和帮助红军解决给养问题，有不少人主动要求参加红军或支前工作。12月初，红七军在长安镇（今属融安县）与敌激战后，继续北上。

28年后，邓小平重返罗城，这里已经换天地。完成社会主义革命后，柳州人民满怀雄心壮志建设社会主义事业。

邓小平看到"大炼钢铁"工地上的妇女统统都剪掉长发，感到有些奇怪。当了解到，这些妇女剪下的长发都作为炼铁小高炉的风箱用了，邓小平听后赞扬说，妇女们把长发也献给了大办钢铁，精神实在可嘉。

四把钢铁基地的"小高炉"实际上是利用小房子和废砖改造而成，用土煤、木柴焚烧，炉子里倒入铁矿石或废钢铁，这样的炉子不可能炼出钢铁。听说罗城日产超过10万公斤铁时，邓小平略有所思地问：你们的产量是如何计算出来的？县委领导回答：是由各地"小高炉"估产合计出来的，邓小平转过身向随行冶金专家说，你们看这些铁的质量怎么样？一位专家分别指着地上堆放的产品说，这种质量还比较好，那种算是烧结铁。最后邓小平拿起夹杂有矿石和木炭的烧结铁，恳切地说，广大人民群众建设社会主义的积极性很高，精神十分可贵，但这种烧结铁还不能算是铁，今后要设法炼出像专家说的那种质量较高的铁来。

当天中午邓小平一行在四把冶铁工地简单用过午餐后，便坐汽车到宜山，转乘火车回柳州。在柳州，邓小平听取了环江、罗城、鹿寨、南丹、来宾、宜山等县的县委书记的汇报。第三天，邓小平离开柳州往西南视察。

民族自治开新篇

1912 年，中华民国成立，孙中山提出"五族共和"，这"五族"指"汉、满、蒙、回、藏"。中华民国的国旗——五色旗就是"五族共和"的象征。为什么没有少数民族人口最多的壮族呢？

民国时期，中国到底有多少个少数民族，各有多少人口，这些都没有真正去识别和统计过。一般认为，广西存在苗族、瑶族、僮族等少数民族，但数量很少。到新桂系推行保甲制度，广西人口统计大体上才摸了个底。1933 年，桂系统计，瑶族、苗族、僮族、彝族等少数民族人口 5 万至 7 万；1946 年桂系统计，"特种民族"人口 63.9 万。相比之下，满、蒙、回、藏在历史上建立强大国家，在人数上要多很多。

1953 年，第一次全国人口调查登记开展，这是中国历史上第一次科学的人口普查。广西人口总数为 1956 万多人，广西境内壮族 649 万多人，其他少数民族人口 91 万多人。随后的民族识别确认，广西有壮、汉、瑶、苗、侗、水、仫佬、毛南、回、京、彝、仡佬 12 个世袭民族。

广西少数民族超过 600 万，为什么桂系只统计出 60 多万呢？桂系当局认为，少数民族就是"未开化"的族群，一旦汉化了就成为汉人。如此算来，秦汉以来，壮族已被汉化，变成说壮族话的汉族了。只有居住在偏远地区的、"未开化"的壮族才算少数民族。

抗日战争期间，泰国是日本的盟国。在日本的怂恿下，泰国宣称中国南方为泰族发源地，要把中国南方并入泰国疆域；蛊惑中国少数民族打出所谓"民族自决"的旗号。由此，蒋介石对少数民族不得不慎重起来，强调各少数民族同属于中华民族，通令去除歧视化的少数民族称谓，如禁止使用历史上少数民族带侮辱性虫兽鸟偏旁的字。但是，新桂系在民族地区强制少数民族移风易俗，特别是对少数民族征兵征粮加重了少数民族的负担，加剧了民族的不平等。

只有新中国成立后，各族人民翻身做主人，才能真正实现民族平等。

1950年春，由毛泽东建议、周恩来直接领导，中央民委主持开展的"上来下去"为主题的民族工作。所谓"上来"，就是请地方各民族的代表到北京参观、汇报，毛泽东、朱德、周恩来等中央领导接见各民族代表。所谓"下去"就是组织中央民族访问团到各民族地区去访问，传达党中央和毛泽东对各族同胞的关怀和慰问。

1951年6月，中央人民政府派出中南访问团到广西、广东、湖南等少数民族地区进行访问。著名社会学家费孝通任中南访问团代理团长，兼任广西分团团长，省民族委员会主任陈岸，著名历史学、民族学家、"壮学宗师"黄现璠等任副团长。7月至9月，访问团走遍大苗山、三江、西隆、防城等地，访问了壮、苗、瑶、侗、回、彝、仫佬、仡佬等少数民族，撰写《广西少数民族历史资料提要》《广西大瑶山一般情况》等近30份调查报告。这次访问调研对广西壮族身份的确定和广西壮族自治区的建立等重大民族问题产生深远的影响。在中央访问团的帮助和指导下，大瑶山瑶族自治区、隆林各族自治区、三江侗族自治区、大苗山苗族自治区成立。

1952年12月，桂西壮族自治区成立，是党的民族区域自治政策的一次成功实践，是广西壮族自治区成立的前奏。桂西壮族自治区是行署一级的壮族自治政权，为广西省以下最高民族区域自治建制。1956年，自治区改为自治州。自治州直辖邕宁、宾阳、横县、武鸣、上林、马山、崇左、隆安、龙津、大新、天等、扶绥、上思、宁明等14个县，管辖百色地区及其田林、凌乐、百色、睦边、靖西、德保、田阳、田东、平果、凤山、东兰、隆林、巴马等13个县，宜山地区及其天峨、南丹、河池、环江、罗城、宜山、忻城、来宾、石龙、柳江、柳城、融安、大苗山、三江等14个县。州府设在南宁。

自治州虽然成立，但是受行政区域限制，广西境内还有不少壮族民众聚居较多的县不能划入自治州，享受不到应有的自治权利。因此，建立省一级的壮族自治区是广西各族人民的心愿。

根据民族区域自治政策和壮族的要求，中共中央于 1956 年 10 月提出建立省级广西壮族自治区的倡议。这个倡议得到了广西各族各界的赞同，认为只有成立省级自治区才能与壮族的地位相适应。

在讨论自治区的辖地及名称问题时，提出了"分"与"合"两个具体方案。分的方案主张将原广西省的辖地一分为二，在广西西部建立省级壮族自治区，而桂东仍保留广西省的建制。合的方案主张原广西省的辖地不必分割，以原广西省的建制成立广西壮族自治区。在中央和国务院的主持协调下，各族各界经过反复协商、权衡得失，最后认识趋于统一，认为合的方案符合广西各民族平等、团结、共同繁荣的原则。壮族是广西的土著民族，是广西最早的开拓者，汉族自秦代以来逐渐移居广西。长期以来，壮族、汉族和广西其他少数民族休戚与共，长短互补，共同创造广西的历史和文化，合则两利，分则俱伤。

1958 年 3 月 5 日，广西壮族自治区第一届人民代表大会第一次会议宣告成立广西壮族自治区，韦国清（壮族）任自治区主席，首府设在南宁市。1958 年 3 月 5 日广西壮族自治区成立，桂西壮族自治州同时撤销。

广西壮族自治区成立时的称谓是"广西僮族自治区"。周恩来总理在 1965 年的一次座谈会上指出，"僮族"的"僮"是旧社会统治阶级对少数民族的歧视，"僮"含有"仆人"的意思；而且"僮"字多音多义，可念"同"也可念"壮"，容易引起误会。他建议将"僮族"改为"壮族"，"壮"有健壮、茁壮、充满活力的意思，希望广西壮族自治区发展蓬勃向上。1965 年 10 月 12 日，周总理的提议经国务院批准，正式将"僮族"改为"壮族"。

高山出平湖

1957 年 9 月，党的八届三中全会就揭开了发动农业"大跃进"的序幕。这年冬至 1958 年春开展得轰轰烈烈的大规模的农田水利建设和积肥运动，又是农业"大跃进"的前奏。农田水利建设是"大跃进"的重要内容，全国投入水利建设的劳动力，10 月份两三千万人，12 月份八千万人，到 1958 年 1 月，投入劳力达到一亿人，可谓"人山人海""战天斗地"。南宁大王滩水库、良凤江水库、天雹水库，上林大龙口水库（大龙湖景区），百色澄碧湖水库，桂林青狮潭水库等大型水库都是那时候动工兴建的，至今仍是当地最大的水库。

大王滩水库距南宁市中心 28 公里，又名凤凰湖。截流八尺江筑坝而成。八尺江源自十万大山，在邕宁蒲庙镇流入邕江。八尺江自古以来可通舟楫，在凤凰岭和猫头山之间的峡谷中，水流湍急，形成险滩，是古时过往船只的鬼门关，人们为了祈求行船平安和风调雨顺，在江边峡谷旁建了大王庙，大王滩也因此而得名。大王滩水库坐落在凤凰岭下，亦称凤凰湖。

为了驾驭不羁的八尺江，1957 年冬，邕宁县组织那马、良庆、那楼、百济等乡镇民工兴修大王滩水库。各区指定区长和公社社长挂帅上工地，在民工队伍中发展党、团员，保证民工队伍有坚强的领导和战斗力，保证民工在工地基本口粮的供应。一些民工子女多、劳动力少，他们自留地上的冬种作物都由生产队包管下来，使他们免除后顾之忧。少数民工没有钱买到工地需用的生活用品和缺少路费，生产队酌情借一些钱给他们。有的生产队的社员有缝纫机，生产队便组织他们帮助民工缝补棉被、衣裳。

各公社的民工们自带口粮、锄头、镰刀、钢钎、铁锤等来到库区工地，披荆斩棘、架搭工棚、埋锅设灶，安顿食宿后，立即投入热火朝天的水利建设。1960 年，大王滩水库的大坝主体工程竣工。

经过数十年的建设，如今的大王滩水库建成集防洪、灌溉、发电、旅游等多功能为一体的大型水库。湖面浩瀚坦荡，波光粼粼，港湾盘来转去，有屈有伸，似断似续，湖水清澈湛蓝，湖中岛屿星罗棋布，四周群同环绕，峰峦起伏，林木茂盛远眺凤凰湖，青山绿水，湖光山色，如诗如画的景色令人心旷神怡，舒畅之极，游人有诗赞叹："大王滩啊大王滩，不见大王滩。只见神女则出浴，留下多情水一湾。"

大王滩水库和此前修建的良凤江水库、天雹水库等水利工程，为发展邕宁农业生产和改善首府南宁人民的生活环境发挥了重要作用。

如今南宁市网红旅游景点马山大龙湖也是在 1958 年修建的大龙口水库的基础上建成。大龙湖景区位于广西南宁市上林县西燕镇大龙洞村，是极为罕见的喀斯特岩溶水库，这里地下暗河多，库区没有修筑高水位的大坝，而是以低水位的石坝围蓄地下水，再通过涵洞引入灌溉渠，汇聚成高山平湖。这里山峰奇秀，碧水环绕，被誉为"千岛湖"，又因与桂林山水相似，与越南的下龙湾神似，被誉为"小桂林""水上桂林"。湖中有 16 个天然溶洞，最大的那个，就叫大龙洞，大龙湖由此得名。大龙洞长 3000 米，有 12 个殿厅，最大的一个长 600 多米，宽 55 米，高约 60 米，可以同时容纳上万人。如今已成为南宁市重要的旅游景点。

澄碧湖位于百色城东北 10 公里处，因筑坝截流澄碧河而得名。澄碧河，因河水澄碧而得名。澄碧河原名泗水，是珠江水系西江干流右江段支流。发源于广西凌云县境内青龙山北坡一支脉的东麓，流经凌云县、右江区，于百色城区大码头汇入右江。为了解决澄碧河流域的灌溉，1958 年 9 月至 1960 年 10 月，百色地区组织百色、田阳、田林、隆林、凌云、德保、靖西、平果、东兰、凤山、巴马等 12 个县 7 万多民工，历时两年的时间，基本建成大坝、溢洪道等主体工程。澄碧湖的大坝是广西最大土坝，也是中国三大土坝之一，为混凝土心墙土坝，大坝高 70.4 米，坝长 425 米，坝顶宽 6 米、底宽 465 米。澄碧湖全长 127 公里，湖面面积 39 平方公里，总库容量 11.54 亿立方米，经过数十年的建设，澄碧建成广西库容最大的淡水湖，被誉为桂西的一颗"璀璨明珠"。

◆ 澄碧湖风景区。

这些长、宽四五百米，高六七十米的大坝，长达一二十公里的水渠，在没有重型机械的条件下，用肩膀和双手，靠锄头、钢钎、扁担、手推车修建而成，这是用激情和汗水创造出来的人间奇迹，体现了在中国共产党领导下，广西各族劳动人民为建设社会主义的豪情壮志，以及不畏艰险、艰苦奋斗、无私奉献的精神。

环江"包产到户"的尝试

1956 年 3 月，环江县完成了农业社会主义改造的任务，全县建成高级社 108 个高级农业生产合作社，入社农户达总农户的 98.61%。但是由于减产缺粮，农民闹退社的现象很严重。

在少数民族聚居的一些山区，情况更加复杂。农民散居在峒场里外、山上山下，远的相隔三十四里，山高路陡，从村寨走社里要两三小时，小社并大社后，群众每天起早贪黑来参加集体劳动，意见很大。很多社的土地都是梯田、陡坡，几分、几厘的，只能一个人、一把锄头、一个箩筐耕作，不适合集体劳动。高级社缺少德才兼备的干部，管理混乱，农民没有积极性，粮食减产。比如，农民不识字、不会计算，评工记分就用玉米、黄豆来记，一颗一分。这些用来记录工分的玉米、黄豆被老鼠吃掉，工分没有了，农民闹矛盾。由于扩社、并社、转社过快，农民缺乏思想准备，而且高级社取消土地分红，耕牛、农具入社估价过低，社员思想抵触很大。加上遇到大旱，全县农村普遍缺口粮，其中，下南区最严重，缺粮户占总户数的86.3%。无粮不稳，于是，各社出现退社风潮。

1956年8月中旬，县委书记王定亲自带领调查组，到毛南族聚居的希远、景阳两个高级社进行调研，这两个社粮食增长，没有闹退社的现象。

这两个社均属大石山区，居住分散，耕地大多是碗一块、瓢一块的石缝地，生产条件差。这里的群众历来有在旱地间种、套种小作物的习惯，建社以后由于实行统一经营，不再间种小作物，不仅不能利用土地，也影响农民收成。为了提高农民积极性，希远农业社从1956年春开始，实行大宗作物如玉米、红薯等由社统一经营，小作物如杂豆、南瓜、番茄、辣椒、火麻、蔬菜等下放到户，谁种谁收。这一年该社粮食获得大增产，总产量比最高年产量的1954年增长13.2%。人心安定，没有闹退社的现象。

希远农业社的做法给调查组很大的启发。王定回县以后，主持召开了县委常委扩大会议，对希远社采取的"小作物下放到户"办法进行了研究。经过研究，县委作出了调整农业社经营规模和改善经营管理的决定。主要是把规模过大的社，划分为若干独立核算的小社。凡是山区社、队都可以推行"小作物下放到户"的办法。先选择二三个社试点，然后再逐步推开。

经中共宜山地委批准同意后，县委选择了城管区的福龙、顶新两个高级社进行"小作物下放"试点。他们的做法是：大宗作物（如水稻、玉米、黄豆等）由社统一经营，对生产队实行包工、包资、包产、超产奖励的办法；间种的小作物（如棉花、红薯、杂豆、南瓜、蔬菜等）则由生产队定出包产产值，承包给农户经营，承包产值上交生产队统一分配，产品由各户自种自收。

经过试点后，县委逐步推开的部署。在全县 1954 个生产队中，批准 93 个队实行独立核算、自负盈亏，138 个队实行包干到户。到1957 年 6 月底的不完全统计，全县实行"三包一奖"的有 261 个生产队，占 13.3%；实行生产队独立核算的 96 个队，占 4.9%；实行"三包到户"的 208 个队，占 10.6%。另外在集体统一经营的生产队中，还有 559 个生产队实行小作物下放到户的办法。由于扩大农民自主权，提高农民积极性，1957 年，全县粮食总产量达到 4894.5 万公斤，比 1956 年增产 739 万公斤，增长 17.78%。

为此，县委对宜山地委作了专题汇报。地委批示：各县可参考，环江可试点。1957 年 1 月 16 日，《广西日报》正面报道了环江"包产到户"的消息。1957 年 2 月，广西省委工作组到环江进行农村社会调查。当他们发现一些社队实行"小作物下放"和"三包到户"的办法后，立即向省委作了书面报告。

巧的是 1 月 27 日的《浙江日报》也刊登了永嘉县委书记李云河关于"包产到户"的专题报道。无疑，王定、李云河是走群众路线的典范，他们实事求是的精神正是共产党员的优秀品格。

1978 年冬至 1979 年春，据县农委统计，全县搞"包产到户"的有 801 个生产队，占总队数的 41.1%，凡是这样搞的地方都获得大丰收，群众积极要求这样搞。1982 年，党中央发出"一号文件"，明确指出包括包产到户、包干到户在内的各种责任制，都是社会主义集体经济的生产责任制。此后，以包产到户、包干到户为主要形式的家庭联产承包责任制迅速推广，充分调动了农民的生产积极性，促进了农业生产的迅速发展。

藏兵于山的三线建设

20 世纪 60 年代，中苏关系从分裂到恶化，苏联策动新疆分裂分子举行武装叛乱。美国第七舰队公然进入我台湾海峡，胁迫我周边国家签订条约，结成反华联盟，并在这些地区建立军事基地，对我国东、南部形成一个半圆形的包围圈。

恶劣的外部环境引起毛泽东和党中央的忧虑。1964 年 5 月，在中共中央政治局常委会会议上说，毛泽东提出"三线"：第一线是沿海，包钢到兰州这一条线是第二线，西南是第三线。我国工业、人口、交通设施过于集中在第一线，如果敌人袭击，损失严重。对第三线建设，特别是基础工业建设注意不够。在原子弹时期，没有后方不行的，要准备上山，上山总还要有个地方。攀枝花铁矿下决心要搞，把我们的薪水都拿去搞。还有以大区或省为单位搞点军事工业，准备游击战争有根据地，有了那个东西，我就放心了。1965 年 6 月 26 日，毛泽东说，有人想三线建设好了再打仗，我看美帝国主义不会等你的。它是不以我们的意志为转移的，它等你建设起来才打？也可能建设不起来就打，也可能建设起来又不打，要有两手准备。沿海各省都要搬家，不仅工业交通部门，而且整个学校、科学院、设计院都要搬家。迟搬不如早搬。一线要搬家，二线、三线要加强。1964 年起，三线建设开始实施。

1969 年，中苏边境发生军事冲突，三线建设进一步加快。在"备战备荒为人民""好人好马上三线"的号召下，400 万工人、干部、知识分子、解放军官兵和成千上万的民工，自力更生、艰苦奋斗，在三线地区建起了 1100 多个大中型工矿企业、科研单位和大专院校。

全国三线建设计划，把广西西部的山区划为全国大三线范围，安排建设一大批项目。比较重大的有枝柳铁路（广西境内 200 公里）、由桂西到桂北的龙邦公路、红茂煤矿、罗城煤矿、金城江水力发电设备厂、广西中薄板厂、东风冶炼厂、河池氮肥厂、宜山维尼纶厂、下桥电站、柳江纸厂、东江棉纺厂、德胜铝厂、巴马水泥厂、田阳机械厂等，使广西解放后第一次成为全国的建设重点之一。

　　河池地区以东风冶炼厂、龙江机械厂、人民机械厂、东江机械厂和永红机器厂配套，建成装备陆军轻武器为主的生产基地。1964 年，从一线地区的钢铁厂搬迁部分设备和人员建设东风冶炼厂，主要为兵工厂提供钢铁。龙江机械厂和人民机械厂主要生产半自动步枪，东江机械厂为军工企业配套生产工装模具，永红机器厂生产高射机枪。对应河池地区的武器，百色地区的建华机械厂、大华化工厂主要生产火药、雷管等军火产品。

　　除了河池地区，桂林也是三线企业最多的地方。桂林橡胶机械厂、桂林轮胎厂、长海机器厂、漓江机械厂、星火机械厂、桂林电缆厂、桂林齿轮厂、桂林洗涤厂、兴安通信设备厂，桂林机械专科学校、桂林橡胶工业设计研究院、桂林曙光橡胶工业研究所、桂林电子科学研究所、桂林激光研究所、桂林岩溶研究所、桂林矿产地质研究院，这些企业和科研院所的建成使桂林成为广西最大的电子工业、橡胶工业基地。

　　三线建设改变了广西的工业布局，促进了桂西北地区的经济发展，对这一时期广西的经济发展起到了积极的推动作用。1958 年到 1965 年，广西基本建设投资累计 26.79 亿元，是 1950 年至 1957 年的 3.7 倍；1966 年到 1976 年，在国家的支援下，广西基本建设投资总额达到 60.89 亿元，比新中国成立后 17 年的广西基本建设投资总和还多 10 亿元以上。

　　为确保战时兵工厂能正常生产，这些工厂选址原则是"靠山、分散、隐蔽"，安排在大山深处，发电、弹药等车间还设在溶洞中，以防敌机轰炸。同时，三线的企业和科研单位与地方没有直接联系，它们是独立的生产、生活单位。如东风冶炼厂（后改名为东风钢铁厂），生产最高峰时职工超过 5000 人，生活区内带上家属，整个厂区超过 10000 人，成为河池地区最大的企业之一。厂区有食堂、百货商店、医院、学校、幼儿园、电影院、广播站、运动场、花园，比当地的公社、街道的设施要好很多。当时的山区还在用煤油灯、蜡烛照明，还用石磨碾米，这些工厂就有电灯、电话、汽车、电影。

党的十一届三中全会后，国际局势趋于缓和，我国对时代主题作出了"和平与发展"的判断，国家工作重心从"以阶级斗争为纲"转移到"以经济建设为中心"上来，对外争取和平国际环境、对内实施改革发展经济实现"富起来"成为主要目标任务。1983 年，党中央、国务院作出决策，对三线建设中企业布局、产品结构、技术水平等方面进行重点改造。对三线企业进行关停、迁建、迁并、转产。到 2005 年，三线建设调改工作全部完成。

广西的建华机械厂、大华化工厂、人民机械厂、龙江机械厂、东江机械厂、峻岭（永红）机器厂等都进行了改造调整。建华机械厂、大华化工厂和人民机械厂实现军转民。大华化工厂成为中国蓝星（集团）总公司的下属企业。龙江机械厂并入柳州工程机械厂。东江机械厂迁往南宁，建成广西模具中心，部分人员迁入南宁洗衣机厂。永红机器厂搬迁至柳州后转产电梯，一度成为中国西南最大的电梯生产厂家。东风钢铁厂转为地方国有企业，并更名为河池钢铁厂。进入 20 世纪 90 年代，市场经济体制逐步成熟，竞争环境愈加的激烈，东江机械厂、河池钢铁厂、德胜铝厂、永红机器厂等停产改制。

三线建设对于增强国防能力，推进中西部落后地区的经济社会发展，具有重要意义。由于工厂的选址和布局上侧重于国防安全的考虑，在一定程度上忽略了经济效益，造成一定的浪费，这是时代的局限性。三线建设是新中国成立之初，应对美苏发动战争的威胁而建立的战略后方，关系着国家安的危亡、民族的存亡，不能以经济效益优劣来简单衡量，不能用当代和平发展的主题去否定革命战争的历史。

二、春风浩荡　扬帆破浪

1978 年 12 月，党的十一届三中全会后，百色、河池地区的山区生产队探索多种形式的联产承包责任制，是全国最早实行家庭联产承包责任制的地区之一；平果铝、大新锰矿、大化水电站等建成，使左右江地区成为广西有色金属、新能源的重要基地；宁明、凭祥、龙州、大县、那坡、靖西等边贸蓬勃发展，南昆铁路、西南出海大通道一级公路和高速公路等建成，构筑背靠大西南、面向东南亚的发展格局；特别是新世纪的西部大开发后，老区的城乡面貌发生翻天覆地的变化，改革开放各项事业取得辉煌的成就，为全面建成小康社会奠定基础。

"广西平果铝要搞"

铝是现代制造业和高新技术发展的支柱性原材料，是各领域中使用最广泛的金属之一；铝工业是主要涵盖铝土矿、氧化铝、电解铝、铝加工、铝回收再生利用等各个生产门类的工业体系，是仅次于钢铁工业的第二大金属工业。

1972 年开始，经过地质勘探，广西有丰富铝土矿资源，主要分布在右江地区的百色、崇左、南宁一带，具有铝硅比高、碱耗低、溶出率高等特点。其中，平果县铝矿藏储量多，矿体大，品位高，埋藏浅，易开采，已探明的有铝、铁、锰等 21 种，其中铝土矿储量达 2.9 亿吨，占全国保有量的 17%，居全国首位，铝业发展十分广阔。

1978 年以后，中央 10 多个部属科研单位和高等院校对平果铝土矿的物质构成、矿石洗选和工艺加工性能等方面进行了全面试验研究，中国有色金属工业总公司、广西壮族自治区人民政府、国际信托公司达成平果铝立项协议，投资的比例定了，厂址也落实了。但是铝工业需要煤炭、电力等配套，而广西的基础工业比较落后，电力供应不足，加上资金不足，平果铝项目被搁浅了。

1986年1月26日，邓小平到桂林视察。时任广西壮族自治区党委书记陈辉光、政府主席韦纯束在漓江的游船上，就开发平果铝土矿问题向小平同志做了专题汇报，希望得到中央的扶持和帮助。邓小平认真地倾听了汇报，但没有表态，只是笑了笑。陪同小平同志视察的时任中共中央顾问委员会副主任王震详细询问有关情况后，高兴地说："开发平果铝矿，我来担任指挥长……"

邓小平虽然当场没有表态，但他把平果铝这件事挂在了心上。当年9月13日上午，邓小平亲自听取了全国经济情况和经济体制改革情况的汇报。汇报说，在盘子以外的钢铁、石油化工、铝三个利用外资项目方面，钢铁、石油化工两个项目有外资可以利用，但铝暂时还没有可利用的外资。邓小平指示，统筹安排，"广西平果铝要搞！"邓小平的指示奠定了广西铝工业的发展。

平果铝要上马，就要解决电力和资金的问题。为了贯彻落实小平同志的指示，1986年11月，时任国务院副总理李鹏赴云南、贵州和广西三省区，了解红水河水电资源综合开发情况。在视察云南鲁布革水电站工地和贵州、广西交界的天生桥水电站工地之后，李鹏从隆林县经百色城到平果铝厂现场踏勘，详细了解平果铝项目规划筹备情况。

在实地了解到平果铝矿储量大、易开采，水路、公路交通方便，将来南宁到昆明的铁路也经过这里等情况后，李鹏认为兴建平果铝厂的条件比较成熟，并明确指出，利用外资建设平果铝矿，可以采取"以产顶进"的还款方式，也可考虑用对外补偿贸易的方式，要尽快安排落实。

1987 年 9 月，平果铝业公司成立，一期工程 1995 年底全面建成投产，总投资 44.38 亿元，是当时中铝在广西第一个大型铝工业项目，为"亚洲重要的铝工业基地"。

1996 年 11 月 19 日，专程到百色老区考察的邓小平长子、全国残联主席邓朴方，专程到平果铝考察。参观结束后，邓朴方深情地对平果铝业公司经理说：我父亲对平果铝一直是非常关心的，在"定盘子"会召开前，他专门过问有没有平果铝项目；平果铝建成后，父亲说，平果铝基地是百色革命老区的希望，如果能走动的话，我真想去看一看，你有机会去广西，要代我到那里去看看。

◆ 依托铝业崛起的平果市。

平果铝创造了中国改革开放以后建成的第一个现代化综合性铝冶炼基地、国际上第一个开发应用一水硬铝石堆积型铝土矿等中国铝工业的多个第一，为百色革命老区社会经济发展作出了重要贡献。平果铝是广西铝工业的起点，带动了广西铝工业以及有色金属产业的大发展。铝产业成为广西十大千亿元产业之一，2022 年全区铝产业工业总产值 1341 亿元，氧化铝、电解铝和铝材产量均居全国前列，一批铝精深加工项目也在推进建设，为促进老区的经济发展、脱贫致富奔小康奠定坚实的物质基础。在平果铝的带动下，平果县由 1990 年财政收入只有 1300 多万元的国家级贫困县，到 2010 年财政收入超过 15 亿元，从 2003 年起多年成为广西财政收入首富县，并跨入全国西部百强县行列。

青山依旧，绿水长流。平果铝建设凝聚着邓小平等老一辈无产阶级革命家对革命老区的关爱和支持，体现着一代又一代共产党人为老区人民谋幸福的精神。中国共产党的初心和使命，犹如那巍峨的青山永远矗立在老区人民的心中。

"一位老共产党员"的希望工程款

1992 年 6 月 10 日，两名青年军官来到了位于北京市朝阳区望京西路的中国青少年发展基金会办公室。他们说，受一位老人委托他们拿来 3000 元为希望工程捐款，但不愿意透露捐款人的名字。基金会工作人员解释说，按照捐款的规定，捐款者一定要留下姓名。他们就在捐款人一栏写下了"一位老共产党员"的署名。

10 月 6 日，又有两名青年军官来到中国青少年发展基金会办公室，受一位老人委托捐款 2000 元。当基金会工作人员要求留下姓名时，他们在捐款人一栏写下了"一位老共产党员"的署名。

"一位老共产党员"一定是一位不同寻常的老人，中国青少年发展基金会办公室经过调查和确认，这位"老共产党员"就是邓小平。

20 世纪 80 年代末，我国每年约有一百万儿童因家庭贫困失学。1989 年 10 月，团中央、中国青少年发展基金会启动旨在救助贫困地区失学儿童的公益基金——"希望工程"。

1992 年 4 月 15 日，邓小平亲笔题名的"希望工程"在《人民日报》发表。在邓小平的示范带头下，当时的党和国家领导人也几乎个个都派人给希望工程送来了捐款；邓小平以"一位老共产党员"的名义为希望工程捐款的消息在社会传开后，为希望工程捐款的数额和人数也越来越多，推动着希望工程事业的发展。希望工程成为家喻户晓的助学品牌、贫困学子圆梦的平台。

邓小平为希望工程的捐款被确认后，中国青少年发展基金会办公室决定将邓小平同志所捐的这笔钱用在广西百色老区，因为这里是邓小平当年战斗过的地方。

这笔捐款让周标亮等 25 名贫困学子重新回到了课堂，改变了他们的人生。

1992 年，一场意外大火让周标亮本就一贫如洗的家庭更加举步维艰，11 岁的她只得在最渴望读书的年纪辍学在家，一度认为自己此生与学校无缘了。然而在小平爷爷的资助下，她得以继续在学校上学读书。

◆ 平果县希望小学。

对于这份来之不易的爱心，周标亮十分感激邓爷爷。当年 11 月 6 日，她代表百色贫困儿童给邓小平写了一封信，信中写道：

敬爱的邓小平爷爷，您好！

当我们得知您以"一个老共产党员"的名义向希望工程捐赠了 5000 元钱，又得知中国青少年发展基金会把这笔钱用于救助我们百色革命老区的失学孩子时，我们激动得哭了。我们感到，虽然您住在北京，离我们好远好远，但您的心与我们贴得好近好近。

一封简短的书信，载满了 25 个贫困失学孩子的深情感恩。这段温暖的机遇，也悄然改变了周标亮的人生轨迹。周标亮说，做梦都想不到能得到邓爷爷的资助，每个学期五十块钱（资助），一直到了小学毕业，改变了我的命运。

2000 年，周标亮从师范学校毕业后，回到母校平果县希望小学做一名乡村教师，曾任平果县希望小学的校长，并成为党的十八大代表。

邓小平的捐款在广西和百色引起了强烈的反响，广西和百色掀起了学习邓小平向希望工程献爱心的热潮，还有不少海外同胞为希望工程捐款。至 1993 年底，平果县希望工程已获得国内和海外各种捐款 18 万多元。

在邓小平同志的影响下，不仅其家人热衷于关心贫困学子，他身边的工作人员亦是如此。2002 年 5 月，年近七十的邓小平原警卫秘书张宝忠中将亲自奔赴广西平果县希望小学捐款，还带去了卓琳女士的 5000 元和中央军委办公厅全体官兵捐出的十余万元。

如今，邓小平题写的"希望工程"仍悬挂在平果县希望小学的校园中，凝聚着老一辈无产阶级革命家对老区人民关爱。希望工程圆了千千万万贫困儿童的求学梦，为革命老区的教育脱贫作出重要的贡献。

合寨村——村民自治的探索

"村民自治一枝花，合寨村里发新芽；民主自治靠大家，小康路上大步跨。"

这是合寨村民传唱的一首山歌。

合寨是河池市宜州区屏南乡一个偏远的山村，位于宜州、柳江、忻城 3 县（区）的交界处。全村有 12 个自然屯，1050 户，人口 4298

人，其中，壮族占 95.3%，70% 土地为山地，是一个典型的人多地少的少数民族聚居的山村。

　　走进合寨，映入眼帘的一棵苍翠挺拔的 300 多年的老樟树。如云的冠盖，如龙的枝桠，看过风云变幻、人世沧桑，也见证着村民自治制度在合寨村诞生的历史。

　　这里是中国"村民自治"的发源地，从合寨村开始萌芽的民主制度，如选举方法、村民议事制度、村务公开、年终报告制度等，后来成为《中华人民共和国村民委员会组织法》当中的重要内容。

◆ 合寨村村貌。

　　1979 年，合寨的农民自发地将分田到户，是广西实行"大包干"最早的乡村之一。生产队时期，队长吹哨集合出工，出工磨洋工。分田到户充分调动农民生产的积极性，农民起早摸黑，自觉插秧、除草、施肥、浇灌，粮食生产大丰收。但是，地分了、牛分了，生产队干部无工分、无粮食可分，生产队成了空架子，修路、修水渠等公益事业无人管理，由于地处三县交接，赌博、偷盗、乱砍滥伐集体山林等现象屡禁不止。

1979 年底，在果地屯原老支书、老党员的主持下，召开了全屯户主会议，选举出治安带头人。

1980 年 1 月 20 日，果地屯举行村民会议，全村 16 岁以上人员都参加会议，共 510 人。逐条讨论"村规民约"，内容包括：严禁赌博；不准在路边、田边、井边挖鸭虫；不准盗窃；不准在河流上游洗衣、洗头梳发；经常冲码头，保护清洁，等等。此外，还有针对乱砍滥伐制定的"封山公约"。违反"村规民约"接受罚款。经讨论通过后，村民签字，同意实行"村规民约"。

与果地屯一样，果作屯也面临着治安、生产等公共事务无人管理问题。

村民讨论说，哪怕有人愿意出来管，但得有个组织，有个名义，大家同意才行，否则，名不正言不顺。有人建议，成立一个类似生产队的组织，当时大队叫管委会，这个组织就叫个村委会，这个称呼既符合村里实际，又符合农民的身份。

生产队队长是大队任命的，是上级审批的，这个村委会又不是上级委派的，怎样来确定管事的人呢？大家商量，决定每户派 1 人为代表，投票选举出村委会，得票多的人当选，担任村委会职务。

那么，村委会要设几个人呢？参考生产队的模式，设主任一名、副主任两名、出纳员一名、会计员一名。考虑到本屯有 6 个小队，每个队都有一个人才好办事。于是，决定设 6 人。

1980 年 2 月 5 日，果作屯 85 户人家，每家派出一个代表，召开村民会议，推举村委会人选。每人发一张小纸片，是一张信笺裁剪成的，小纸片只能写上 6 个人的名字，写多的作废。

"包产到户"后，大家关心自己田地，当村干部没有什么好处，只有为大家服务的份，为了避免无人出任的尴尬局面。大会宣布，票数多的当选，选上的必须就任，不得无故打退堂鼓。

大会上，村民投票产生了韦焕能等 6 人的村委会。

1980 年 7 月 14 日，果作屯召开村民大会，讨论"村规民约"和"封山公约"。同意后签字。村委会按照这些约定管理村里事务。这是迄今发现的全国第一个有正式记录为依据的村民委员会（后按规定改为村民小组），也是首个利用村规民约进行村民自治、民主管理的村委会。

果作屯还筹集村民修路、码头、通电，因为每一分钱都是村民缴纳的，每一分钱都要张榜公布，让村民一清二楚。为了村屯接通电线，每家每户筹集 12 元，能装上电灯，村民都乐意交钱，村委会配合供电所，各家各户很快装上电灯，告别了煤油灯，实现电灯的梦想。有了电，碾米不用愁。"包产到户"后，家有余粮，卖粮有余款，电风扇、电视机也有了，山村的日子一天天好起来。

合寨村村民自治经验引起河池市和自治区的关注。自治区党委政策研究室撰写的关于宜山村民自治的调查报告引起了中央的高度重视。1981 年，全国人大常委会和民政部派出工作组到合寨调研；1982 年宪法规定"村民委员会是基层群众性自治组织""主任、副主任和委员由居民选举"等，是对合寨等农村村民自治经验总结和提炼。

村民自治和村民委员会成立瓦解了人民公社的基层基础，预示着人民公社和生产大队政社合一、集体统一经营的管理体制的结束。1983 年 10 月，中共中央、国务院发出《关于实行政社分开建立乡政府的通知》。全国逐步撤销生产大队，设立村委会，合寨村民自治经验向全国推广。1986 年 9 月，中共中央、国务院印发《关于加强农村基层政权建设工作的通知》，进一步明确乡政村治的基本格局。

40 多年来，合寨村已产生 13 届村委会。2018 年 12 月，中共中央、国务院授予合寨村第一届村民委员会主任韦焕能"改革先锋"称号，颁授"改革先锋"奖章；2021 年 6 月，韦焕能被评为全国优秀共产党员。如今，承载着光荣和梦想的合寨村各项事业蓬勃发展，桑蚕、桑果酒、鲟鱼、澳洲小龙虾等集体经济兴起，村容村貌焕然一新，正在乡村振兴的道路上奋力前行。

红火的"番茄村"

四月春风拂面，右江碧波激滟，河谷两岸的水稻田地，新插上的秧苗吐露着嫩绿的新芽。

百色市田阳区河谷地区一般实行水稻早造、晚造和冬菜的耕种，每年九十月秋收后，播种冬菜，第二年三四月冬菜收割，四五月插秧，周而复始。

就在这春耕时节，田阳区田州镇兴城村却有着另一番丰收的景象：一望无垠的番茄地里生机盎然，红彤彤的番茄挂满藤蔓，像是一串串红色的玛瑙，菜农躬身在番茄地里，忙碌地采摘，一桶桶新鲜的红色的番茄摆满田间地头。一辆辆电动车、三轮车满载着番茄，运往批发市场，发往全国各地……一片丰收的忙碌的景象。

兴城村村民经过 40 年摸索，掌握了利用优质品种、延迟挂果期、错开上市时间等技术，兴城村成为远近闻名的"番茄村"。

兴城村地处右江河谷平原，夏长冬暖，四季可耕等，生产条件比山区优越。1982 年，兴城村"分田到户"，靠种植水稻，解决吃饱穿暖的问题。但是。全村人口 3000 人左右，人均耕地仅 1.6 亩，人多地少，仅仅靠种植水稻发家致富几乎不可能，毕竟水稻的产量有限。

为了发挥农田的效益，秋收之后，一些家庭开始种冬菜，或番茄，或黄瓜，或白菜。春节前后蔬菜上市，这个时节青黄不接，蔬菜能卖个好价钱。

在各种蔬菜中，番茄销售势头最好。由于番茄容易保存，适合长途运输，新鲜番茄在北方城市特别受欢迎，番茄的价格高而且稳定，兴城村开始大规模种植番茄。1986 年起，田阳县在稳定粮食生产的同时，推动冬种蔬菜生产，帮助农民脱贫致富。

由于兴城村番茄种植起步最早、品种最新、产量最高、质量最好、效益最佳，2011 年，兴城村被评为"广西番茄村"，成为田阳首个全村人均纯收入超万元的村屯。2012 年获得农业部第二批"全国一村一品示范村"称号。

看到兴城村因为种植番茄致富了，临近村也纷纷种起番茄，田阳的番茄产量迅速扩张，带动了田阳的南菜北运。

随着番茄种植在田阳的迅速推广，兴城村的种植优势不再明显，特别是一些村民打起价格战，一批价格低廉、质量没有保证的番茄进入市场，兴城村的番茄产业遭到冲击。兴城村还能种番茄吗？怎么种呢？

不种番茄能种什么？兴城村就这点地，种水稻、种甘蔗、种芒果都不能致富。兴城村不但要种番茄，而且还要种好番茄！

兴城村选择优质高产的品种，如水果型的"千禧""粉娇""金泰""黄金海岸"等圣女果品种，蔬菜类的"拉比""罗拉"等大番茄。优质品种奠定了优质的品质，让兴城村的番茄胜出一筹。

为了避免番茄同期扎堆大量上市，兴城村通过栽培技术的改进，推出早熟和迟熟产品，错峰上市。如每年 9 月，小番茄下种，次年三四月份上市，5 月上旬收完，刚好填补了没有其他果蔬同期上市的空档。

兴城村还成立了番茄生产合作社，对社员种植番茄实行统一种植和销售，注册了"壮乡红"番茄品牌。"壮乡红"番茄产量高，果品的质量好，在国内西红柿市场有相当大的知名度。

通过艰苦的耕作，兴城村的番茄产业越做越大，成为兴城村经济发展的支柱产业、特色产业和农民致富产业。每到采收季，全国各地的收购商纷纷到兴城设点收购，产品销往全国各大城市，甚至出口到越南、俄罗斯。每年番茄大量上市的 4 月，每天番茄的交易量 1500吨，黄色果的价格是每公斤 5 元，最贵的粉红果"千禧"每公斤卖到了 10 元以上。粗略计算，仅圣女果就给兴城村创造 1 亿元以上经济收入，人均可支配收入比全国水平还高出数千元。

如今兴城村"一无闲田，二无闲人"，在村委班子带领下，实干勤干巧干，农民收入实现持续稳步增收，"番茄楼""番茄车"成了兴城多数家庭的标配。全村屯屯通水泥路和城市统一供水，广播电视网络实现全覆盖，乡村文明、民风淳朴、村容清洁。小小圣女果，成了村民心里、眼里的致富果、幸福果！

一粒小小的圣女果改变了兴城村，也带富了田州镇甚至田阳区。以兴城村为核心的番茄示范已带动周边数万亩的番茄种植。如今，田州镇建立了一个 3000 多亩的无公害蔬菜标准化示范园，以农民专业合作组织为载体，实行统一品种、统一购药、统一标准、统一检测、统一标识、统一销售，抓住市场需求有计划地安排番茄播种和收获，确保番茄价格出现巨大波动，确保菜农的种植积极性。

田阳是广西冬季蔬菜主要生产地区之一，是全国南菜北运的重要基地。番茄、西葫芦、青椒以及芒果、蜜柚等特色果蔬销往国内北京、上海、长沙、武汉、哈尔滨等地以及越南、俄罗斯等国外市场。据统计，2021 年，田阳番茄种植面积 23 万亩，产量约为 69 万吨。南菜北运为田阳以及百色革命老区的全面建成小康社会和乡村振兴的实施提供产业的支持。

南昆铁路——贫困地区幸福路

1997 年 3 月 18 日，南（宁）昆（明）铁路全线铺通庆祝大会在广西百色举行，时任国务院总理李鹏出席南昆铁路全线铺通庆祝大会并讲话。12 月 2 日，南昆铁路全线开通运营庆祝大会在贵州兴义火车站举行。

从"刘三姐"的故乡广西到"阿诗玛"的故乡云南，列车所到的每个站台都张灯结彩，隆重迎接第一班列车的到来。身穿节日盛装的少数民族，戴斗笠的挑夫，赶着马帮的车夫，有白发苍颜的老人，系着红领巾的少年，他们聚精会神地盯着远方的列车、聆听火车的汽笛声和铁轨咔哒咔哒声，对于他们中的很多人，这是生平第一次看到火车，火车将满载他们的梦想和希望奔向远方。

从国务院总理到乡村野老，为什么那么多人都关注南昆铁路呢？南昆铁路肩负什么样的历史使命呢？

南昆铁路全长899公里，穿越交通闭塞的云贵高原，贯通滇、黔、桂三省，南昆铁路东与湘桂、黎湛、南防铁路相接，西与成昆、贵昆、内昆铁路相连，西南腹地外运物资经南昆铁路可经湛江、广西北部湾港转运东南亚、非洲、欧洲各大港口，比经东南沿海港口缩短陆路运程380—680公里，缩短海运距离23%—65%，是大西南出海的最佳捷径。

◆ 南昆铁路贯通滇、黔、桂三省，促进西南地区发展。

"火车一响，黄金万两。"南昆铁路沿线大多为贫困山区、革命老区和少数民族聚居区。它的建成，对加快西南地区经济发展、社会进步，增进民族团结，缩小东西部差距，具有十分重要的意义。特别是让全国五分之一的贫困人口从这条铁路直接受益，为加快实现扶贫攻坚目标创造了条件。

南昆铁路全线开通运营，不仅结束了百色市不通铁路的历史，还让深藏在祖国西南山区的优势矿产、特色农产品、旅游资源得以走出大山，走向全国。

南昆铁路承担桂西铝工业的物质运输重任。1995 年 5 月，南昆铁路南宁至那厘段率先开通，那厘站专用线连接平果铝生产厂区。平果铝每年产出的 250 万吨氧化铝、40 万吨电解铝、90 万吨铁粉等十几种产品，及 300 万吨的年耗煤，主要依赖铁路运输。南昆铁路为桂西地区千亿元铝工业基地的建立奠定基础。

百色是我国"南菜北运"基地，全国重要的果蔬生产基地。2013 年 8 月 27 日，首趟百色至北京果蔬试运行专列成功开行，16 辆冷藏车装满香蕉、番茄等时令果蔬运往北京，这趟班列被命名为"百色一号"。如今的"百色一号"果蔬班列已经由一开始的普通班列运行模式转变为特需班列，全程采用冷链运输。百色至北京的运行时间从原来的 160 小时左右缩短至 68 小时左右，右江地区的香蕉、菠萝、芒果、龙眼、荔枝、柑橘、火龙果、冬瓜、番茄、白菜、菜花、竹笋，以及北部湾的海鲜等产品源源不断运往北方。

2015 年 12 月 14 日，南昆客专南百段开通第四天，淘宝和京东商城在百色开设百色特产馆，刚出产的西林砂糖桔、隆林西贡蕉、隆安火龙果等新鲜特产可以乘高铁快速销往全国各地，为老区发展"互联网＋农业"提供了平台和渠道。

南昆铁路穿越云贵高原，沿途有奇特的喀斯特地貌和浓郁的少数民族民俗文化，被誉为"最美铁路"之一。从广西南宁乘动车出发，5 小时内便可到达如"孔雀开屏、鲜花绽放"昆明南站，开启"彩云之南"美景之旅。而云南民众乘动车去北海看海岛海滩，全程也不到 6 小时。

百色市旅游资源十分丰富，百色起义纪念园、澄碧湖、大王岭，乐业石围天坑群，田东湿地公园，田阳田州古城，德保红叶森林公园、靖西古龙山峡谷群、旧州、鹅泉，凌云浩坤湖、茶山金字塔，西林官保府，等等。由于山高路远，交通不便，这些旅游资源没有得到充分开发和利用。南昆客运专线开通，极大促进百色老区的旅游业的发展。

因为南昆铁路的重要战略意义，南昆铁路的建设可谓"不计成本"，是目前我国造价最高的铁路。在共和国的铁路建设史上，南昆铁路是继成昆铁路之后，中国在西南艰险山区成功修建的又一条铁路大动脉。

铁道从西江河谷爬上云贵高原，相对高差达 2010 米，而且穿越 90% 以上的高瓦斯煤层、高地应力、巨流涌水、大滑坡体、溶洞、膨胀岩、软土、地震断裂带等严重地质病害密布区域，施工环境最艰险，高新科技应用也最密集。如贵州省红果镇附近的家竹箐隧道有"天下第一险洞"之称，这条隧道是我国第一座直接穿越高瓦斯煤层的隧道，也是全国涌水量最大的隧道，并出现了中国首例世界第三例的高地应力现象。铁路隧道 258 座，桥隧总长占线路总长 31%。米花岭隧道长 9392 米，是我国最长的单线铁路隧道。南昆铁路的清水河大桥是世界最高的铁路桥，桥墩是国内第一座百米高墩，主跨 128 米，在全国干线铁路中跨度最大。这些载入史册的大工程体现了中国共产党为改变贫困山区、革命老区的落后面貌的坚定不移的决心和不惜一切代价的举措。

南昆铁路于 1999 年、2005 年两次改造，列车牵引能力由 2050 吨提升至 5000 吨；全线平图能力由 16 对升至 43.5 对；2016 年底，云桂铁路全线开通运营。

如今，从空中俯瞰南昆铁路南宁至百色段，看到老南昆线、新南昆线、云桂铁路三条铁龙并驾齐驱的画面，对加强和完善西南与南部沿海地区交通结构，构建泛亚南部国际通道发挥着深远的作用。

红水河"西电东送"基地建成

天生桥一级、天生桥二级、平班、龙滩、岩滩、大化、百龙滩、乐滩、桥巩，红水河上的一座座水电站，仿佛一颗颗夜明珠，与千里之外的万家灯火交相映耀。

红水河是珠江流域西江水系的干流，具有水量丰富、落差大的特点，是我国主要水电基地之一。1983 年，大化水电站建成吹响红水河梯级水电站开发的号角，天生桥一级、天生桥二级、平班、龙滩、岩滩、大化、百龙滩、乐滩、桥巩等水电站陆续建成，到 2023 年底大藤峡水电站主体工程建成，红水河梯级水电站开发基本完成，红水河"西电东送"基地建成。这些水电站既是我国"西电东送"的主力军之一，又为西江—珠江流域的航运、灌溉、防洪、供水及粤港澳地区调水压咸等发挥着重要的作用。

开放红水河梯级水电站和建立"西电东送"基地由改革开放先行的广东率先提出。为了解决电力紧张的问题，1979 年，广东省革命委员会向国家计委上报《关于要求加快开发南盘江、红水河水电资源向广东送电的报告》，请求国家开发红水河。1980 年，中国水力发电学会向国务院提出实施"西电东送"的建议，希望将西部丰富的水电资源输送到东部沿海地区。1981 年，国务院作出《关于加快开发红水河的批示》，同意在红水河上游南盘江至下游黔江大腾峡 1050km 河段，分别兴建 10 座梯级水电站。

大化水电厂是红水河梯级开发第一座建成的大型电站，1975 年10 月正式动工兴建，1983 年 12 月首台机组建成投产，1985 年 6 月四台机组全部投产发电，首期工程总装机容量为 40 万千瓦。二期扩建工程于 2007 年 7 月开工建设，2009 年 7 月初投产发电，在原电站大坝左岸增建发电厂房，并安装一台 11 万千瓦的机组。大化水电站是广西水电人才的摇篮，大约培养了5000多名水电人才，为广西的水电建设作出了突出的贡献。

为了更好开发红水河水电，1988年10月，从都安、巴马、马山等三县接合部划出部分乡镇组成大化瑶族自治县。

龙滩水电站是国家实施西部大开发和"西电东送"重要的标志性工程，是广西也是华南地区最大的水电站，是仅次于长江三峡水电站建成投产的大型水电站。

龙滩水电站位于红水河上游，距天峨县城15公里，主要由大坝、地下发电厂房和通航建筑物三大部分组成。它的建设创造当时三项世界之最：最高的碾压混凝土大坝，最大坝高216.5米，坝顶长832米。坝体混凝土方量736万立方米。最大的地下厂房，长388.5米，宽28.5米，高73.6米。提升高度最高的升船机，全长1700米，最大提升高度179米，分两级提升，其高度分别为88.5米和90.5米。

龙滩水电站2001年7月1日主体工程开工建设，2003年大江截流，2007年6月首台机组发电，2009年全部机组投产发电。龙滩水库防洪防护区涉及广西与广东共27个县市，总防护人口约1050万人，总防护耕地约44.7万公顷。可使防护区原有堤防抗洪能力5—20年一遇洪水提高至20—40年一遇洪水。

大藤峡水利枢纽工程是红水河水电基地综合利用规划10个梯级中的最末一级。

大藤峡水利枢纽位于黔江段大藤峡峡谷出口处。工程总投资300亿元人民币，2014年11月开工建设，2019年10月实现大江截流。2020年3月，大藤峡水利枢纽正式下闸蓄水。2023年底，主体工程竣工。

大藤峡船闸建成后，黔江通航吨级提升至内河航运最高等级3000吨级，年货运量提升至5200万吨。大藤峡船闸是国内水头最高、规模最大的单级船闸，比三峡船闸还重，在世界同类闸门中规模最大，堪称"天下第一门"，是一个世界之最。

大藤峡水利枢纽是国务院批准的珠江流域防洪控制性枢纽工程，也是珠江—西江经济带和"西江亿吨黄金水道"基础设施建设的标志性工程，是两广合作、桂澳合作的重大工程。工程建成后，可将西江中下游和西北江三角洲重点防洪保护对象的防洪标准由50年一遇提高到100—200年一遇，提高黔江通航能力，为地区电网能源，扩大农业灌溉，抑制咸潮上溯，对于推动流域经济社会发展和粤港澳大湾区建设具有十分重要的作用。

开放红水河梯级水电站和建立"西电东送"基地从提出到决策体现了东西部协作、全国一盘棋的思想，体现着中国特色社会主义制度的优越性。

右江明珠——百色右江水利枢纽

2010年5月9日，习近平同志在视察百色水利枢纽工程时指出，百色水利枢纽是这些年来特别是西部大开发战略实施以来，广西发展的一个缩影。

百色水利枢纽位于右江上游的百色市，是国家"十五"重点项目和西部大开发十大标志性工程之一，是珠江流域郁江中下游防洪控制性枢纽。

右江发源于珠江水系西江支流郁江，河谷深切，是一条滩多水急、暴涨暴落、枯水期长的山区季节性河流。每当汛期来临，洪水肆虐，右江、郁江沿岸百姓遭受严重的洪涝灾害。1949年至2001年期间，右江发生的较大洪水共有9起。2001年7月，台风"榴莲""尤特"先后来袭，右江沿岸遭受了有记录以来受淹范围最广，损毁民房最多，持续时间最长，经济损失最大的一次洪涝灾害，百色市12个县（市、区）182个乡镇195万人受灾，直接经济损失达39.58亿元。

修建百色水利枢纽工程，将右江这条桀骜难驯的忧患之江，打造成点亮万家灯火、灌溉万顷良田、畅通千里航道的幸福之江，一直是右江和广西各族群众和各地政府的愿望。

从 1957 年起，勘测设计单位陆续进行了大量的勘测、规划、设计、科研等前期工作，为百色水利枢纽的建设打下扎实的基础。

2000 年，国家全面实施西部大开发战略，右江百色水利枢纽工程列为国家西部大开发战略性工程。2001 年 10 月 11 日，右江百色水利枢纽工程正式开工建设，工程总投资 64.3 亿元。

百色水利枢纽坝址所在地，方圆数十公里内的岩石均为辉绿岩，辉绿岩密度大、性脆、弹模高、需水量大，人工砂石料级配难以掌握。百色水利枢纽大坝创新性地采用大坝基础开挖的辉绿岩作为大坝碾压混凝土骨料，填补国内空白。百色水利枢纽工程的设计、施工的很多成果处于国内领先水平，先后荣获中国水利工程优质（大禹）奖、中国大坝工程学会科技进步奖一等奖和中国土木工程詹天佑奖。

2006 年 12 月，百色水利枢纽主体工程完工。2016 年 12 月，右

◆ 百色水利枢纽。

江百色水利枢纽工程通过竣工验收，标志着百色水利枢纽工程建设画上了圆满的句号。

百色水利枢纽充分发挥水库的拦洪、削峰、错峰的"缓冲"作用，减轻了百色市区及右江沿岸的防汛压力，有效保障了南宁市及下游的防洪安全。通过百色、老口两座水库联合调度，更将南宁市防洪标准提高到了近 200 年一遇。与贵港堤防工程联合运用，将贵港市的防洪标准提高到近 100 年一遇。

百色水利枢纽的建成，极大地改善百色市的城市建设环境。免受洪灾的困扰后，百色市在右江沿岸建设了休闲健身步道、公园绿地、亲水平台等便民公共活动空间和公共服务设施，使城市更加舒适，更加宜居。如今，"小平一号"红船满载着游客观光，渔舟在江中游弋，大码头、江滨路、环岛路、半岛公园等沿江地带车流如织，一派人水和谐的景象。

右江是广西重要的通航河流之一，是滇桂少数民族地区对外的主要通道。以前，百色至南宁河段河道狭窄，滩险流急，勉强达到 6 级航道标准，只可通航 120 吨级船舶，常因冬季枯水而需减载甚至停航。百色水库蓄水后水位抬高，同时渠化库区上游原干流 108 公里，形成了深水航道。经过枯水流量调节，并辅以航道整治，右江航道提升到 3 级标准，千吨级船舶可从百色直达粤港澳大湾区。2021 年 6 月，百色水利枢纽通航设施工程开工建设，将打通上起云南剥隘、下至广西南宁，全长 435 公里，通航吨位达到 1000 吨级，沟通滇、黔、桂并连接粤港澳大湾区的四季通航的西南出海通道。

作为重要水源水库，百色水利枢纽连续多年参与珠江防总开展的压咸补淡应急调水和枯水期珠江骨干水库调度，为抑制珠江三角洲咸潮上溯，保障澳门、珠海及珠江三角洲地区的供水安全作出重要贡献。

"右江高坝耸云天，壮乡枢纽汇清源。青山绿水湖浩瀚，璀璨明珠耀百年。"这是描绘百色水利枢纽的一首诗。站在大坝远眺，宽阔的水面水波平静，鸟儿翱翔，满目碧绿。而在大坝左岸之下，人工开凿的巨大地下厂房内，四台总装机容量 540 兆瓦的水轮发电机组将水能转换成电能，输入电网，照亮城市乡镇，照亮千家万户，为广西脱贫致富、全面小康注入源源不断的动力。

生命筑起脱贫路

都安瑶族自治县大兴镇龙骨村地处茫茫的大山深处，重峦叠嶂阻断与外界的交通，翻山越岭数小时才能到达乡镇的公路。这里的山歌唱："瑶山路啊瑶山路，上山手攀藤，下山手勾树，背篓压弯腰，谁知行路苦。"

山谷间仅存贫瘠的泥土被开辟成一层又一层的梯田，这就是当地村民赖以生存的土地，由于大石山缺少水源，这里以种植玉米、红薯、黄豆为主，龙骨村是都安县最贫困的山村之一。

1990 年 3 月，32 岁的王仁光加入中国共产党，放弃在外面经营工厂的机会，投身到改变家乡贫困落后的事业中。1993 年 8 月，35 岁的王任光担任龙骨村党支部书记，肩负着龙骨村脱贫致富的重任。

做事认真专注，但脾气倔，认准的事，十头牛都不能把他拉回头。这是家人和亲友队王仁光的评价。他立志改变穷山村的面貌，带领群众脱贫致富，从此以愚公移山的精神去工作，他常说的一句话就是"干就要干好，让群众满意"。

王仁光认为，要改变龙骨村世世代代贫穷落后的状况，必须修建通往外面世界的道路。

要想富先修路，这个道理容易解释，但要发动村民无偿投入修路工程中，却是十分困难的事。家家都有本难念的经，农忙，家有老小要照顾，外出打工，困难很多。王任光一家一家地去动员，他说，我们贫困不是我们不勤奋，而是我们交通不便，我们种的豆、养的鸡，背到圩上卖，散圩了还没走到，养一头猪、一只羊，要卖出去，要七八个人抬，生病了去乡镇看病也难。如果路修通了，我们就可以买黑米山羊，有钱了就可以买摩托车、拖拉机，赶圩容易，跑运输也行啊。经过宣传发动，乡亲们都愿意出工出力修路，原来只计划修简易的机耕路，但是大家决心很大，就决定修成乡村公路。每五户为一组，分工合作。

1994年6月，随着一阵轰隆隆的爆破声，龙骨村开始劈山修路。为了节省开支，王任光带领村民技术骨干，学习打钻、装雷管和炸药技术。王任光花了2500元买了一台二手的油钻，用了一段时间就报废了。王任光又花了8000多元买了两台全新的油钻，有了新的装备，开山速度快了。

王任光全家都在村里务农，上有老下有小的，王任光一个月不到100元的村干部津贴，除了妻子养猪、养鸡，家里没有什么收入。为了修路，王任光垫资了15400元，相当于他当时130个月的津贴。妻子先后养了11头猪，过年也舍不得杀猪做腊肉，卖猪得的钱，都被王任光拿去修路了。他还把前几年在外面打工存下来准备建新房的钱都用来修路了。

为了说服妻子，他说，乡亲们热情高涨，一旦停工了，人心散了，再开工就难了，大家都在看着我，我不带头干，谁来牵头呢；等路修好，不怕赚不到钱，不怕建不起新房。他把家里积蓄垫支完了，又去借亲朋好友的。

在这样艰苦的条件下，王任光带领群众劈山凿岩修通了5条共18.5公里长的村屯公路，虽然路面还是石子，还有坑洼，但是实现了千百年来，龙骨村民通路的愿望，通往外面世界的梦想实现了。

王任光认为，摆脱贫穷，除了修路，还靠教育。当时，村里还没通电，学校的教室还点着煤油灯，孩子们在昏暗的灯光下看书学习。王任光心里很难过，他到处筹款，终于筹到1200元钱。他把钱交到校长手中，他说，再穷也不能穷了村里的孩子，我们要想办法拉上电，让孩子们在电灯下看书。

王任光对学校很关心，常来看望代课的老师，给老师和学生送来吃的、用的，帮助他们解决生活困难。王任光牺牲后，各级团委号召广大团员捐款，加上王任光与当时学校的教师走村串户集资的4万多元，对学校进行了扩建，增加了教室和图书阅览室等。

作为领头羊，王任光身先士卒，哪里最危险，就冲向哪里。劈山开路时，有一处20米长的路段，上下都是几十米高的悬崖绝壁，按常规已无法施工，王任光把生死置之度外，用绳绑腰悬空吊在半空往绝壁上，用钢钎铁锤，打炮眼，然后又亲手引爆炸药。

1999年1月2日，王任光如往常一样，继续忙着修路。这是全村修的最后一条公路，没有通路的村屯正是他自己所在的弄月屯。

王任光带领5位村民到一处极为险要的路段打炮眼，新钻的炮眼处于悬崖之上，王任光让同行的村民先撤离到安全地带，由他负责点燃爆炸的雷管，看到大家安全离开，他用香烟头一一点燃6个炮眼的导火索，然后迅速撤离。在撤离中，他不幸踩中一块浮石，与浮石一起坠下50多米深的悬崖，随即爆破飞落的石块又砸在他的身上。王任光不幸殉难，年仅41岁。

王任光走了，在他任期的5年里，为了解决当时村民行路难、饮水难、用电难的问题，他带领村民修建了4条公路，建设了329个家庭水柜、2幢小学教学楼等，基本改变了骨龙村的封闭、贫困、落后的面貌，而为此，他掏光自己家底，还欠下一大笔债。

王任光牺牲后，被自治区党委追授为"模范共产党员""优秀党支部书记"，被民政部评定为烈士。

在各级党委和政府的帮助下，王任光原来所修的公路扩建为四级路，完善了村小学的校园建设，组织龙骨村种植600亩、12万株的金银花，请农业技术推广站技术员到龙骨村，推广玉米、黑豆等良种。

如今，龙骨村山林翠绿，一条宽敞的水泥路从乡镇通达各家各户，通路、通电、建设家庭水柜，家家户户能看上电视，还能建起楼房，买上摩托车、汽车，王任光的愿望实现了。

抗击禽流感成名的"叮当鸡"

2004年1月23日，隆安县丁当镇发现了全国首例禽流感。随后广东、甘肃、云南、湖北等省，陆续又有地方被确定为禽流感疫区。仅仅一个月时间，疫点增加到49个，波及16个省份。农业部启动了应急预案，49个疫点的车辆人员被限制出入，每个疫点方圆3公里以内的家禽全部扑杀。50天内，全国共有900万只家禽被扑杀，几千万只家禽被强制免疫。经过27天的隔离观察，丁当镇疫区解禁，没有发生一例人感染禽流感的病例。随后，其他疫点不断传来疫情被扑灭的捷报，这场波及全国的"人禽大战"以胜利告终。

但是，人们已经是"谈鸡色变"，不敢接触家禽，担心禽流感像非典一样在人间传播，恐慌的心理导致禽类农贸市场门庭冷落，全国家禽养殖业告急。

丁当镇疫点方圆3公里以内的家禽全部扑杀，涉及1460户农民。疫区解禁，被捕杀家禽的农户都领到了政府发放的补偿款。但是，由于禽流感的影响，这些农户都不敢再养殖家禽。丁当镇的养殖业跌落谷底。

时任国务院副总理回良玉视察禽流感疫情之后，鼓励隆安养鸡的群众说："从哪里跌倒，就从哪里爬起来。"

禽业不仅关系食品的安全和菜篮子的供应，而且关系农民增收和脱贫致富，要使整个家禽业复苏，任重道远。疫情结束后，国务院办公厅公布了"扶持家禽业发展若干措施"，农业部编制《全国动物防疫体系建设规划》，建立完善的动物防疫体系。

为了破解禽流感疫情下家禽业的发展难题，通过招标引进广西最大的家禽养殖企业，在丁当镇建立规模养殖基地项目，由国家财政资金扶持建立，以"公司＋基地＋农户"的方式实行家禽规模化、产业化经营，配套建设种鸡场、饲料厂、禽屠宰厂。

在抗击禽流感中，丁当在全国有一定知名度，借助这个知名度，丁当镇养殖基地在国家工商局注册了"丁当"商标。

为了打造这个知名品牌，叮当鸡的养殖有着严格的标准和程序。对签约养殖户所选择的养殖场有很苛刻的要求，如鸡栏必须建在山坡地上，坡地有利于鸡的运动；坐北朝南，以确保阳光充裕、通风透气；一平方米只能养12只左右；鸡的活动场所必须是不小于3亩的果园……每只鸡的爪上套上一个身份标志的铜环，环上面刻着"叮当"字样，清晰可辨。脚环从小鸡开始就佩戴，长大后不会脱落，也不容易假冒。

第一批上市的"叮当鸡"共有600只，是我国首例报告禽流感的养殖户养的，这也是丁当镇发生禽流感以后首批上市的禽类产品。禽流感后，人们吃鸡还存在恐慌心理。不知道这600只鸡能不能卖出？没想到，这600只"叮当鸡"当天就被南宁四家酒店的采购人员抢购一空。"叮当鸡"肉质鲜美的口碑一下子传开了，加上疫情之后家禽供应链短缺，"叮当鸡"在市场上供不应求。

看到村里的党员干部带头养，龙头企业承诺保护价收购，养鸡的都赚了钱后，村民跟着养起"叮当鸡"，市场慢慢恢复。

养鸡容易，卖鸡难。仅靠活禽市场的销售，市场难以做大。"叮当鸡"建成禽屠宰生产线，实施家禽"集中屠宰、冷链配送、生鲜上市"。在屠宰过程中采用电子标签标记，屠宰后的产品采用条码签标记，实现产品从原料、加工、配送、销售质量安全信息可追溯。"叮当鸡"直销到上海、广东、云南、贵州、四川等地，并根据市场需求，开发出了调理品、丸子系列、腊制品、熟食等多个产品。

通过引入大型养殖企业，按照严格的防疫、饲养标准，以"公司＋

基地＋农户＋市场"的产业化经营模式，创出"叮当鸡"品牌。直接带动隆安县 8000 多农户养殖致富。经过艰苦创业，"叮当鸡"成为中国五大名牌家禽之一。

由于"赶鸡上山"的生态养殖，丁当镇的"山地鸡"即使每公斤价格比其他同类产品高出 0.6 元左右，也依然供不应求。目前，丁当镇养鸡大户发展到 500 多家，隆安县发展到 1000 多家，从事家禽养殖业 8000 多人，许多养鸡户都盖起了新楼房，购买了小汽车。

"叮当鸡"是全国抗击禽流感的胜利果实，是农村家禽规模化、产业化经营的成功探索，也是隆安县革命老区产业脱贫致富的一个典型。

探索兴边富民之路

国道 219 沿着中国大西北、大西南的边境线，由北至南穿越了举世闻名的昆仑山、喀喇昆仑山、冈底斯山、喜马拉雅山、横断山以及雅鲁藏布江、怒江、澜沧江等名山大川，喀纳斯、赛里木湖、果子沟、喀什、叶城、阿里、珠峰大本营、腾冲、澜沧、西双版纳等著名景点。雪山、草原、沙漠、戈壁、湖泊、峡谷、高原、海滨、热带雨林等自然景观包罗万象，丝绸之路、茶马古道、世界屋脊等文化悠久灿烂，哈萨克、维、蒙古、藏、门巴、佤、傣、壮等民族风情丰富，是一条世界级的景观大道，是自驾游最受欢迎的一条线路，被誉为"最美国道"。

它途经广西、云南、西藏、新疆四个省市、自治区，起点在东兴市，终点在新疆喀纳斯，全程长达 10860km，是目前中国里程最长的国道。

从"海誓"到"山盟"是国道 219 广西段的景观特点，起点为东兴市东兴镇竹山村，途经东兴、防城、宁明、凭祥、龙州、大新、靖西、那坡等 8 个边境县（市、区）31 个乡镇，全长 725 公里，沿途有白浪滩、万尾金滩、十万大山、花山岩画、友谊关、大小连城、德

◆ 边境建设大会战改善边境地区交通设施。图为广西边关国家旅游风景道。

天瀑布、通灵大峡谷等景区，既有北部湾的海洋景观，白浪沙滩红树林，又有喀斯特的地貌，山清水秀田园美。

广西沿边地区，山高岭峻，交通闭塞，"沿边难，沿边苦。河来隔，山来堵。找得朝来晚没煮，一天才走五里路"。2000 年，广西实施边境基础设施大会战，投资 9.2 亿元对沿边公路进行大规模修建，极大地改善了沿边交通条件，成为沿边群众的致富路。

广西边境一线地区有那坡、靖西、大新、龙州、凭祥、宁明、防城、东兴 8 个县（市、区），面积 1.8 万平方公里，人口 242 万多人，与越南 4 个省 17 个县毗邻，陆地边境线长 1020 公里。聚居着壮、汉、瑶、彝、京等 12 个民族，少数民族人口占当地总人口的 80% 以上。20 世纪 50 年代支援越南抗法、抗美战争，70 年代末和 80 年代的对越自卫反击、炮火牵制作战等，战争连年不断，边境地区从人力、物力、财力上为参战与支前作出了很大的贡献和牺牲。

国家对广西边境战后恢复生产、重建家园十分重视，给边境地区解决了不少问题。但由于战争创伤十分严重，加上地理的、自然的原因，广西边境地区仍然存在许多困难，突出表现在经济发展滞后，基础设施比较薄弱，社会事业发展落后，许多的自然村不通路、不通电，没有广播电视，人畜饮水困难，缺医少药，学校和卫生院危旧房很多，等等。

2000年8月22日，自治区党委、政府联合下发了《关于加强广西边境建设的若干意见》，决定用两年左右时间，集中人力、物力和财力，在边境8个县（市、区）开展边境建设大会战，重点解决边境地区基础设施滞后问题。

首先是修路，从那坡至东兴沿边境全线修通三级柏油边防公路，由边防公路到边防连队、边防站通三级路，到各边贸点通三级公路，县与县之间通二级路，县城到所有乡镇通柏油路；其次是文教卫生设施，每个边境县（市、区）扩建、完善好一所完全中学，每个乡镇建好初级中学、中心小学、卫生院、农贸市场、文化站、邮电所，解决乡镇所在地自来水问题、机关干部住房问题；每个村委会实现通车、电、电话、广播电视，解决人畜饮水，改建茅草房，建好完小、村委会办公用房、卫生室、计生服务站。

边境建设大会战实施改建茅草房。大新县下雷镇仁惠村布东屯是一个贫困落后的边境村屯，有一半的村民住在破旧的、根本无法遮风蔽雨的茅草房里，2000年10月，他们已经全部搬进了崭新稳固的钢筋水泥结构的平顶房。大新县在边境建设大会战中，共投资384万元，改造茅草房2600间，解决了全县1300多户老百姓住房难的问题，结束了他们长期居住茅草房的历史。宁明县多方集资，把桐棉乡那梨村农贸市场建成集住宅、商贸、学校、文化娱乐于一体的新型村寨，安排住房300多户，常住人口1500人以上，极大改善了边民的生活生产条件。

边境建设具有十分重要的意义，不仅关系国家形象，更关系边境的巩固和民族的团结；不仅是经济问题，也是重大政治问题。边民是守土固边的重要力量，保障和改善边民生活既是边境地区发展的内在要求，也为巩固国防、守边固边提供重要保障。进入 21 世纪的第一个十年，广西开展了三次边境基础设施大会战：2000—2002 年边境基础设施大会战、2008 年的边境 0—3 公里兴边富民行动基础建设大会战、2009—2010 年的 3—20 公里兴边富民行动基础设施建设大会战，涉及交通、饮水、电力、沼气池、危房和茅草房改造等项目。经过十年的艰苦奋斗，广西边境发生了令人瞩目的变化。茅草房消失了，村村通公路、通电、通电话、通广播电视，为兴边富民，同步实现小康奠定了基础。

边境兴则边疆兴，边境治则边疆治，边民富则边防固。进入社会主义新时代，广西深入实施以强基固边、民生安边、产业兴边、开放睦边、生态护边、团结稳边等"六大工程"为主要内容的兴边富民行动计划，在实现中华民族伟大复兴的征程中，不断加强安边固边兴边工作，实现边境繁荣发展、边民团结幸福、边防安全稳固。

东巴凤三县基础设施大会战

汽车进入金城江区五圩—九圩—东兰二级公路，崇山峻岭之中的公路，路面宽阔平坦，护栏崭新坚固，路旁青山绿水，风光秀丽。沿途乡镇、村庄建起一栋栋楼房，十分热闹。

这段二级公路是东兰县第一条二级路，2003 年开工、2004 年底建成，总投资 2.5 亿元，极大地改善了东兰县的交通状况，使东兰县城到金城江的行车时间由原来 3 个半小时缩短到 1 个半小时，到南宁市的行车时间由原来 6 个多小时缩短到 3 个小时。通过与水南高等级公路连接，西至贵州、四川、重庆，南达粤港澳和广西沿海各县，东巴凤三县外联更加快捷通畅。

这是东巴凤基础设施建设大会战交通项目的其中一个。大会战交通项目建设，构筑了东巴凤三县四通八达的交通网络，结束了三县无二级路的历史，使三县等级公路里程由不足 500 公里上升到 2300 多公里；改建 19 条通乡油路，覆盖三县 31 个乡镇，新增受益人口约 30 万人，在广西同类水平的县中率先实现乡乡通柏油公路目标，比广西"十五"期末规划 70% 乡镇通油路高出 30 个百分点。

东巴凤三县是广西农民运动的发源地，是邓小平同志领导的百色起义的腹地和右江革命根据地的重要组成部分。1929 年至 1930 年，邓小平先后五渡红水河、四次进东兰，和韦拔群领导右江根据地土地革命。

红七军主力北上后，右江根据地遭到敌人"围剿"。1932 年，东兰县的人口由 11 万锐减为 5 万；凤山有 14550 为革命壮烈牺牲；巴马有 2980 人参加百色起义，1460 人为革命牺牲。百色起义烈士英名录中，有近 80% 的英烈来自东巴凤地区。

解放后，特别是改革开放以来，党和国家对东巴凤三县给予了极大的关怀和支持，三县经济社会和群众生活状况发生了深刻变化。

三县总人口 70 多万，其中壮、瑶、毛南等少数民族人口占总人口数的 85% 以上。由于三县地处大石山区，自然条件恶劣，基础设

◆ 东巴凤基础设施大会战改善老区基础建设。图为凤山县平乐瑶族乡寅亭村的家庭水柜。

施落后，到 2002 年，三县的主要经济指标人均占有量仍远低于全国、全区的水平，人均 GDP、人均财政收入、农民人均收入分别为全国平均水平的 26.5%、13.3% 和 47.6%，是广西最贫困的少数民族聚居的地区。

为中国革命作出重大贡献的老区，党和政府不会忘记。为从根本上改变东巴凤基础设施长期落后的面貌，解决行路难、饮水难、上学难、看病难等问题，2003 年 3 月，自治区党委和政府印发《关于开展东巴凤三县基础设施建设大会战的意见》提出，集中人力、物力、财力，以大会战的形式，经过 2003 年至 2004 年的两年时间，使东巴凤基础设施、公共设施总体上达到或超过全区"十五"期末的计划目标，达到或超过全区的平均水平，为脱贫致富、建设小康社会打下坚实的基础。

截至 2005 年 7 月底，大会战建设涉及的交通、教育、卫生和计生、文化建设、广播电视、水利和人畜饮水、生态建设、民政福利、政法建设、电信工程、电力工程、市场建设等 12 类 34 项 75312 个项目已全面完成。

流经东兰县城的九曲河，由于河道狭窄，沙石和垃圾阻塞了河道，下雨容易造成洪灾，加上生活污水的排入，河水污染严重。大会战实施东兰县城防洪排涝工程，投入资金 1800 万元，加固河堤、清淤河道、安装排污管，河岸道路铺设青石路面和栏杆，种树栽花，美化绿化。过去的污水沟变成环境优美、商业旺铺林立的消费和休闲的好去处。

随着基础设施建设实施，路通、电通、水通、电话通、电视通，退耕还林、治理污水使巴马的山更绿、水更清。盘阳河水清澈见底，碧波荡漾，沿岸绿树生机盎然，田野上闲庭信步的白鹭，一派诗意的田园风光。到巴马旅游、投资的人越来越多，巴马长寿养生、旅游等产业快速发展。

凤山县城的巴旁河畔，凤山高中新建起一栋栋崭新的教学楼、宿舍楼，结束了凤山长期以来无独立高级中学的历史。大会战前，学校高中和初中合办，由于教室和宿舍不足，高中每个年级只能招生4个班，初中的升学率不到20%。大会战后，凤山高中独立办学，学校扩招每个年级10多个班，初中的升学率达到了50%，而且所有学生和老师都可以住校。凤山县城已经由东巴凤基础设施建设大会战前的1平方公里迅速扩大到近5平方公里，城镇人口几乎增加了两倍。

山变绿了，水变清了，路变宽了，楼变高了，城变新了，生活更好了，人变得更加精神了，东巴凤三县在大会战中发生了深刻的变化。

大会战项目的建成使用，使东巴凤三县人民群众的生产生活条件得到明显改善，为东巴凤三县不断深化改革、扩大开放创造了良好的发展环境，有力推动了三县经济社会的健康、快速和可持续发展。东巴凤三县当地农民年人均纯收入由2002年的1177元增加到2007年的2095元，增长78%，绝对贫困人口从2002年的12.2万人下降到2007年的7.5万人。东兰、巴马、凤山分别形成了以现代中草药和板栗产业、世界长寿旅游和长寿食品、八角和林产业为重点的特色产业。

通过集中人力、物力、财力，开展基础设施建设大会战，对连片特困区域进行系统的改造和全面的提升，以实现贫困地区的跨越式发展。这是广西推进新阶段扶贫开发的一种新探索。

革命战争年代，老区无数英雄儿女为新中国的成立抛头颅、洒热血，用生命建起一座座不朽的丰碑；和平建设时期，老区各族人民前赴后继，始终坚持和发扬革命年代的精神，吃苦耐劳、不畏艰险、团结协作、奋勇争先，写就了扶贫攻坚史上的丰碑。

大石山区基础设施建设大会战

"家住山，苦无路，赶趟集，走两天，卖头猪，十人扛。若能赶得高山走，修条大道进深坳。"

"公路修到家门口，农民饮上自来水，村村寨寨通了电，通讯网络不稀奇……"

大化七百弄位于云贵高原东南斜坡，是世界上发育最好最典型的高峰丛深洼地地区，是西南岩溶地貌的典型代表，这里高峰林立，山谷深邃，千峰万壑连绵不断，通往山弄的道路崎岖蜿蜒，被称为广西"蜀道"。

2008年，广西实施大石山区基础设施建设大会战，七百弄公路拓宽路面，铺设柏油路面，天堑变通途。

大石山区都安、大化、隆安、马山、天等五县是少数民族聚居区，少数民族占总人口的93.1%，是我区贫困面最广、贫困程度最深、脱贫难度最大的连片地区，基础设施落后、生产生活条件差、人口教育素质低，社会事业发展严重滞后。自治区党委和政府决定集中财力物力人力，在2007年至2009年，用两年的时间实施"大石山区五县基础设施建设大会战"，完成投资18亿多元，总计15类4万多个惠及民生项目，覆盖69个乡，806个行政村，235万人从中得到实

◆ 大石山区基础设施建设大会战改善山区交通落后状况。图为都安县地同村屯公路。

惠，解决制约山区五县经济社会发展的基础设施建设落后的问题。

大会战交通项目基本实现山区五县"乡乡通油路、村村通公路"目标，解决了大石山区群众世世代代出行难的难题，搭建山区群众脱贫致富的通道。

由于岩溶地表的自然条件制约，吃水难也是山区群众千百年来的难题。大会战的人畜饮水项目的建成，使 16 万户群众解决饮水不安全问题，使 66 万人、57 万头牲畜解决饮水困难问题。

电力工程的实施，使 56 个乡镇 625 个村 162 万群众改变了过去无电照明或用电不稳定的状况。

农村移动基站建设及宽带网络等电信工程的竣工，结束了五县部分乡镇不通移动电话和不通宽带的历史，打开山区与外界的联系。

大会战新建 3.46 万个沼气池，加上原来在沼气国债项目非贫困村及扶贫攻坚中建成的沼气池，五县沼气池增加到 15 多万个，沼气池入户率增到 50%。通过改厨、改圈、改厕，农村环境卫生大为改观。

大会战建成教育、卫生、环保、文化、广电、体育、政法、民政、电力和电信等公共设施，促进山区经济社会发展，为城镇化注入巨大活力。特别是教育项目的实施改善了五县办学条件，新增校宿面积 14.7 万平方米；新增医疗业务用房面积 4.51 万平方米、改造业务用房 1.5 多万平方米，平均病床数由 1.12 张 / 千人增加到 1.57 张 / 千人，增长 40%，提高医疗服务的硬件水平。县体育馆、乡村篮球场和乡镇文化站的建成，特别是村村通电视，丰富了群众的文化生活。

大会战推动着大石山区的城镇化建设。天等县城位于大石山中，是一座面积不过 1 平方公里的小县城，"一支香烟绕三圈，一个戏台占半边"。天等县借助实施大石山区基础设施建设大会战的东风，提出"开发仕民新区，再造一个新天等"的城建规划，短短二三年时间，大型汽车站、现代化体育馆、县职业教育中心等一座座新建筑拔地而起，丽川文化森林公园、天椒广场、拜月广场以及道路亮化、美化工程完成，县城面积是老城区的四倍。2008 年，荣获广西第六届市容南珠杯竞赛活动优秀奖。县城经济文化的发展为县域经济发展注入活力。

在大会战前，由于大石山区五县基础设施状况十分落后，即使有着丰富的自然资源和旅游资源，众多的客商对资源的开发只能望而却步。通过大会战的综合治理，投资环境有了质的飞跃，引进项目资金随着快速增长，特色产业迅猛发展，实现了经济快速发展。如都安大会战后，桑园面积增加到 4 万多亩，蚕茧产量 5000 多吨，增长53.2%；新增甘蔗种植面积 7 万多亩，创历史最高纪录。

大会战推动县域经济发展，2007 年五县地区生产总值 114.35亿元，比大会战前的 2006 年增长 24.66%；社会固定资产投资总额59.14 亿元，比大会战前的 2006 年增长 41.89%；农民人均纯收入2571 元比大会战前的 2006 年增长 19.22%，增幅均高于全区平均水平。隆安、天等、都安等三县（自治县）荣获 2007 年度全区县域经济发展进步奖。

桂西五县基础设施建设大会战

劈山开路，被大山封闭千百年的村寨开始苏醒。当宽敞平坦的公路修通到家门口后，凌云县玉洪乡下谋村的长期到外面务工的农民纷纷回乡创业，有的购买货车、拖拉机和面包车，从事运输和贸易，把本村的八角、茶叶、山茶油、黑糯米等土特产运输到外地经销。有的立足于当地白毫茶生产，创办茶叶加工厂，收购、加工、销售茶叶。

西林县八达镇旺子村唐家湾屯是苗族村寨，祖祖辈辈居住在半山腰的茅草房里。由于年久失修，很多茅草房夏天漏雨，冬天漏风，居住环境十分简陋。大会战实施茅草屋改造工程，茅草房建成钢筋混凝土楼房，各家各户之间的水泥路建成，整个苗寨发生了巨变。大会战中西林县 4296 户茅草房和 1425 户特困危房改造已全部竣工，2.5 万多名群众喜迁新居。

凌云县伶站乡平兰村百么屯是一个瑶族村寨，全屯 25 户 110 多个人口一直住在地势低洼的河沟边，常年遭受洪水、泥石流等自然灾害的侵袭，但是搬迁到安全地方又遥不可及，超过了村民的能力。为了让群众安居乐业，大会战利用茅草房改造项目资金，并发动群众自筹资金，实施全屯整体易地搬迁。告别茅草房，搬进安全宽敞的新楼房，瑶族群众喜上眉梢。凌云县在大会战中茅草房改造项目 534 个，投资总额 270 万元，新建房屋面积 42700 平方米，受益群众 2670 人。

隆林县介廷乡弄昔村对门寨 28 户群众，告别了点煤油灯的历史。电通了，灯亮了，家家装了卫星电视接收器，添置了冰箱、洗衣机、影碟机等。夜幕降临，小山村家家灯火闪烁，各家各户围着电视机前观看电视节目，音乐声和欢声笑语在山村的上空飘扬。

这些是 2008—2009 年桂西五县基础设施建设大会战带来的翻天覆地的巨变中的点滴变化。

凌云、乐业、西林、田林、隆林等桂西五县（自治县），地处广西西北部，是广西通边出省的西大门，是国家扶贫开发重点县，同时，也是我区生态建设、保护珠江源头的重要区域。改革开放以来，中央加大扶贫力度，桂西五县（自治县）贫困群众生活条件得到一定改善，经济社会得到一定的发展。但由于历史和自然条件差的原因，桂西五县（自治县）基础设施建设水平和覆盖率仍然很低，社会经济发展水平较为落后。五县（自治县）尚有贫困人口 33.75 万人，农民人均纯收入仅为 2128 元，仍有 14.3 万人饮水困难，419 个自然村未通电，1571 个 20 户以上的自然屯未通屯级公路，有 4.2637 万户农民仍居住在简易的茅草房或危房。

2008 年 7 月，桂西五县基础设施建设大会战正式拉开帷幕。自治区党委、政府决定投资 15.5 亿元，实施 5.2672 万个项目的桂西五县基础设施建设大会战，作为自治区党委、政府 2008 年为民办的 10 件实事之一。项目分20类，包括乡镇、村、屯交通，农村饮水工程，医疗，乡村电力、通讯等多个方面，覆盖桂西五县110万名群众。

为确保大会战各项建设任务如期完成，桂西五县将项目层层落实到部门、乡镇、个人。在茅草房改造大会战中，包村包屯的县、乡干部甚至驻扎到农户家，与困难群众同吃、同住、同劳动，努力把碰到的实际难题解决在一线。针对部分农村五保户和低保户建房存在资金困

◆ 桂西五县基础设施大会战为脱贫致富奠定基础。图为凌云县的弄福盘山公路。

难等问题，采取联系对口帮扶等措施，千方百计及时地解决所遇到的困难和问题。

2009年7月，桂西五县基础设施建设大会战取得了阶段性成果，群众生产生活条件得到明显改善。据统计，2009年，桂西五县GDP总额达94.03亿元，比2007年增长了23.32亿元，超过100万名群众在历时2年的桂西五县基础设施建设大会战中得到实惠。桂西五县基础设施建设大会战对于改变桂西五县（自治县）基础设施落后的面貌，改善和提升投资环境，促进区域协调发展，加快扶贫开发步伐，加强民族团结，具有十分重要的意义。

三、梦圆小康　壮美航程

党的十八大以来，以习近平同志为核心的党中央提出精准扶贫的战略思想。2017 年，习近平总书记在广西考察时强调，要加快老区建设和发展，让老区人民尽快摆脱贫困，过上幸福日子。

牢记习近平总书记嘱托，数十万扶贫干部同贫困群众想在一起、过在一起、干在一起，全力以赴打赢脱贫攻坚战，黄文秀等近百名党员干部牺牲在脱贫攻坚征程上。

"为有牺牲多壮志，敢教日月换新天。"2020 年，左右江革命老区决战脱贫攻坚取得全面胜利，历史性解决了绝对贫困问题。左右江老区基础设施建设日新月异，工农业的特色产业以及生态康养旅游产业欣欣向荣，新时代乡村振兴的壮美画卷徐徐展开。

牢记嘱托　砥砺奋进

"要加快老区建设和发展，让老区人民尽快摆脱贫困，过上幸福日子。"① 习近平总书记对老区人民一直挂念在心。

作为全国少数民族人口最多的省区和脱贫攻坚主战场之一，广西始终是党中央心之所牵、情之所系。特别是党的十八大以来，习近平总书记多次对广西工作作出重要指示，为广西发展指明了正确方向、提供了根本遵循。

2010 年 5 月，时任国家副主席的习近平同志来到百色，专程瞻仰中国工农红军第七军军部旧址，参观百色起义纪念馆，向百色起义纪念碑敬献了花篮。习近平亲切接见田东县百谷红军村的红军后代和亲

---

① 《习近平广西考察：扎实推动经济社会持续健康发展》，新华社 2017 年 4 月 21 日。

属，到访田阳县那满镇大石山区移民搬迁落户的新立村共联屯。习近平强调，要把产业扶贫开发和城乡统筹扶贫开发结合起来，特别要抓好边境地区、革命老区、大石山区、民族自治县的扶贫开发工作。

2015年3月8日，习近平总书记在参加十二届全国人大三次会议广西代表团审议时提出明确要求，加快贫困地区脱贫致富奔小康，是广西全面建成小康社会必须啃下的硬骨头。我们要立下愚公志、打好攻坚战，坚持精准扶贫，倒排工期，算好明细账，决不让一个少数民族、一个地区掉队。

习近平总书记强调，要看真贫、扶真贫、真扶贫，少搞一些盆景，多搞一些惠及广大贫困人口的实事。贫困地区各级领导干部要立下军令状，好干部要到扶贫攻坚一线经受磨练。要把扶贫攻坚抓紧抓准抓到位，坚持精准扶贫，倒排工期，算好明细账，坚决阻止贫困现象代际传递。

2015年10月，自治区党委、政府召开全区精准扶贫攻坚动员大会，吹响"攻坚五年，圆梦小康"的冲锋号。据统计，广西共选派5379名第一书记和3.7万名工作队员驻村，安排52.3万名干部结对帮扶，共识别出634万贫困人口。

2017年4月，习近平总书记在广西考察时强调，要坚决贯彻党中央决策部署，完整、准确、全面贯彻新发展理念，坚持稳中求进工作总基调，解放思想、深化改革、凝心聚力、担当实干，统筹疫情防控和经济社会发展，统筹发展和安全，在推动边疆民族地区高质量发展上闯出新路子，在服务和融入新发展格局上展现新作为，在推动绿色发展上迈出新步伐，在巩固发展民族团结、社会稳定、边疆安宁上彰显新担当，建设新时代中国特色社会主义壮美广西。

习近平总书记指出，广西是革命老区，是贫困地区，也是边境地区、民族地区。脱贫攻坚工作做好了，边疆稳定、民族团结就有了坚实基础；边境建设搞好了，民族事业发展了，对打赢脱贫攻坚战也是极大促进。这几项工作是一个有机整体，要一并研究、同步推进。

2018年12月，在全区各族人民热烈庆祝广西壮族自治区成立60周年之时，习近平总书记欣然题词："建设壮美广西 共圆复兴梦想"，深情寄托了党中央对广西站在新起点、创造新辉煌的殷切期望。

真正壮起来、美起来，必须打好精准脱贫这一硬仗。为确保扶贫扶到根上，广西按照"核心是精准、关键在落实、确保可持续"的要求，因村因户因人分类精准施策，推广县级"5+2"、村级"3+1"特色产业，全区产业覆盖率达97.03%，全区建档立卡贫困户人均纯收入上万元。

"再苦再累也绝不让一人掉队。"在这场没有硝烟的战斗中，至少有176名干部牺牲在扶贫路上。2019年6月17日，乐业县新化镇百坭村第一书记黄文秀，在突发山洪中不幸遇难，年仅30岁。

习近平对黄文秀先进事迹作出重要指示，称赞她在脱贫攻坚第一线倾情投入，奉献自我，用美好青春诠释了共产党人的初心使命，谱写了新时代的青春之歌，号召广大党员干部和青年同志要以黄文秀为榜样，不忘初心、牢记使命，勇于担当、甘于奉献，在新时代的长征路上作出新的更大贡献。

习近平总书记和党中央对广西脱贫攻坚工作的充分肯定和巨大鼓舞，为全面打赢脱贫攻坚战给予精准有力指导、增添强大动力。遵照总书记的指示，广西各级党员干部学习黄文秀，以黄文秀为榜样，投入决胜脱贫攻坚战中。

2020年11月20日，自治区政府批准融水、三江、那坡、乐业、隆林、罗城、都安、大化等8个贫困县退出贫困县序列。至此，广西106个有扶贫开发工作任务县（市、区）建档立卡贫困人口全部脱贫，5379个贫困村全部出列，54个贫困县全部摘帽。全国少数民族人口最多的省份，历史性地告别了延续千百年的绝对贫困，实现与全国同步进入全面小康社会的宏伟目标。左右江革命老区迎来了历史的新纪元。

脱贫摘帽不是终点，而是新生活、新征程的起点。

2017 年 4 月，习近平总书记在广西考察时指出，让人民生活幸福是"国之大者"。全面推进乡村振兴的深度、广度、难度都不亚于脱贫攻坚，决不能有任何喘口气、歇歇脚的想法，要在新起点上接续奋斗，推动全体人民共同富裕取得更为明显的实质性进展。要弘扬伟大脱贫攻坚精神，加快推进乡村振兴，健全农村低收入人口常态化帮扶机制，继续支持脱贫地区特色产业发展，强化易地搬迁后续扶持。要立足广西林果蔬畜糖等特色资源，打造一批特色农业产业集群。

2020 年 5 月，环江毛南族自治县退出贫困县序列。习近平总书记作出重要指示，"得知毛南族实现整族脱贫、乡亲们生活有了明显改善，我感到很高兴。全面建成小康社会，一个民族都不能少。近年来，多个少数民族先后实现整族脱贫，这是脱贫攻坚工作取得的重要成果。希望乡亲们把脱贫作为奔向更加美好新生活的新起点，再接再厉，继续奋斗，让日子越过越红火。"[①]

2021 年 4 月，习近平总书记视察广西时指出："广西生态优势金不换，保护好广西的山山水水，是我们应该承担的历史责任。""现在全中国 56 个民族都脱贫了，兑现了我们的庄严承诺。但我们还不能停步，接下来要向着第二个百年奋斗目标新征程迈进，一个民族也不能少，加油、努力，再长征！"[②]

2023 年 12 月，习近平总书记视察广西时指出："广西是我国少数民族人口最多的自治区，同时是革命老区、边疆地区，在中国式现代化建设中肩负重要使命。""要立足独特区位，释放'海'的潜力，激发'江'的活力，做足'边'的文章。""广西雨热充沛，农业生产条

---

① 《习近平对毛南族实现整族脱贫作出重要指示》，新华社 2020 年 5 月 20 日。
② 《"加油、努力，再长征！"——习近平总书记考察广西纪实》，《人民日报》2021 年 4 月 29 日。

件好。要发挥广西林果蔬畜糖等特色资源丰富的优势，大力发展现代特色农业产业，让更多'桂字号'农业品牌叫响大江南北。"①

遵循习近平总书记的指示，左右江各族人民乘着全面进入小康社会的东风，开启乡村振兴的新征程，奔向更加美好的新生活。

共耕社的理想

东里村是韦拔群的故乡，是东兰县革命根据地的腹心地，是邓小平、韦拔群创立的中国首个农民共耕社的发源地。

东里村有国家 4A 级红色旅游景区韦拔群故居，共耕渠、特牙庙、东里三潭、东里革命陈列室，东里村的山山水水都在讲述着韦拔群的英雄故事："东兰山高千万重，革命红旗满山红。带头扛枪打白匪，要数'拔哥'最英雄。"

1930 年，邓小平、韦拔群在这里开展土地革命，并建立共耕社。共耕社将全村的土地划片耕种，劳动力、耕牛、农具统一调配使用，具有初级农业合作社的特征。全村 7 个自然屯 120 户 570 多人全部加入共耕社。是年，东兰遇上旱灾，共耕社发挥集体力量，军民一起挑水抗旱，修筑全长 4 公里的共耕渠，灌溉庄稼，战胜旱灾，粮食获得丰收。

共耕社是邓小平、韦拔群在土地革命战争中，是探索革命根据地基层政治、经济、社会一体化建设的创举。共耕社没有压迫、没有剥削，共同劳动，共享成果，共同发展，是千百年来"小康社会""大同世界"的梦想的写照。

为了中国革命，为了实现"共耕"理想，韦拔群等无数革命烈士浴血奋战。韦拔群贡献一切，包括全部的家产和自己的生命。韦拔群一家 20 余口人，有 17 人为革命献出生命。为了人民过上幸福生活，

---

① 《幸福的歌声 希望的田野——习近平总书记考察广西纪实》，新华社 2023 年 12 月 17 日。

邓小平等共产党人锐意进取、改革创新。"贫穷不是社会主义"思想更是深入人心。习近平总书记多次强调："革命老区和老区人民为中国革命胜利作出了重要贡献，党和人民永远不会忘记。"[①]"看到这些为革命作出突出贡献的苏区人民过得好，我们才觉得对得起他们、没有辜负革命先烈啊！"[②]

东里村有 13 个自然屯，370 户 1580 多人。由于地处大石山区，自然条件恶劣，东里村的基础设施薄弱，人民群众生活还比较困难。2011 年，全村贫困户 273 户、贫困人口 1480 人，贫困发生率为 83%。2015 年，精准识别贫困户有 59 户、贫困人口 226 人，贫困发生率达到 14.2%，仍然属于"十三五"建档立卡贫困村。

不辱使命，不辜负先烈，作为"拔哥"故里，东里村打赢脱贫攻坚战具有重大的意义。

扶贫先扶志。通过能人变党员、党员变能人的途径，发展党员队伍，扩大致富能人队伍，建立一个敢作敢为、勇于担当的党支部，带动和激发乡亲们脱贫致富的盎然斗志。为了赓续共耕社的精神，东里村成立以共耕社为名的党支部和种养联合社，党建和产业一起抓。

不计成本的基础设施建设。老区之所以成为根据地、游击区，就是地处深山老林之中，利用山高路远优势与敌人周旋。山高路远，自然条件恶劣，是贫困村的致贫的客观原因。而搭桥打隧道，建几十公里的柏油、混凝土公路，这种大规模的改造自然的基建成本显然不是贫困村自己能力所及的。东里村的修建道路、水利项目、修建房屋得到了各级财政扶持资金。如结合韦拔群故居、魁星楼、列宁岩等红色景点的建设，打造东里村廷拉屯脱贫示范点，实施通屯道路拓宽硬化、屯内道路硬化工程，实施生活污水排污管网改造、新建垃圾焚烧炉工程，新建舞台、篮球场、配套运动娱乐健身器材，设置路灯，绿

---

① 《习近平：把群众安危冷暖时刻放在心上》，新华社 2012 年 12 月 30 日。
② 《习近平总书记江西考察并主持召开座谈会微镜头》，《人民日报》2019 年 5 月 23 日。

化美化工程，彻底改变群众的人居环境和生产生活条件。

找准产业脱贫的路子。东里村山清水秀、环境优美、土壤肥沃、光照充足，适宜种植高端的"阳光玫瑰"葡萄。在农技专家的指导下，东里村建起阳光玫瑰葡萄园。如今这个葡萄园已经发展成为全国四星级乡村旅游区。得天独厚的自然条件种出来的阳光玫瑰葡萄品相美、甜度高、口感好，深受顾客青睐。2021年，葡萄每亩产量约1500斤，每斤售价约20元，亩产值一般在2万至3万元。葡萄达300多亩，年产值超过1000万元。村民通过流转土地、基地务工、入股分红等方式获得稳定收入，葡萄基地每年可为东里村集体经济增加15万元的入股分红。

阳光玫瑰葡萄园一旁的东里村共耕社灰粽生产车间。车间里弥漫着扑鼻的粽香，以板栗、墨米、绿豆等东兰特产为主要原材料生产的灰水粽、墨米粽，香糯可口，远销全国各地。

东里村澳寒羊繁育养殖基地占地120亩，建成可存栏15000头的七个标准化养殖大棚，配套建设道路、无害化处理池、青储池、化粪池、沉淀池以及供电、供水管网、绿化等工程。澳寒羊饲养周期为6个月，具有繁殖率高、生长速度快、产肉率良好等特点，农户饲养的肉羊出栏后由公司统一回收、统一冷链加工销售。

东里村的阳光玫瑰葡萄、生态肉羊、灰粽、三红蜜柚、高山油茶等特色产业，年产值达5000万元。通过流转土地、基地务工、入股分红等方式，2021年，东里村村民人均年收入达到14000多元，比十年前增加8000多元。村集体经济收入从2015年的零收入，发展到2022年50多万元。

2016年，东里村成为广西第一批脱贫摘帽的贫困村。东里村艰苦奋斗、敢于创新、勇于追求美好生活的精神没有丢失，"共耕"理想得到永续绵延。

东兰县属大石山区，生产环境恶劣，基础设施落后。经过历次的扶贫开发，东兰县发生了翻天覆地的变化，但是大山深处的部分村屯的基础设施仍然落后，部分群众仍然贫困。2015年底，东兰县精准识别建档立卡贫困人口17195户66441人，全县贫困发生率为23.27%，贫困村90个，其中，深度贫困村42个，极度贫困村8个。作为左右江革命根据地腹地的东兰县，打赢脱贫攻坚战具有重要的深远的意义。

东兰县多方筹资大力实施道路交通、住房保障、饮水安全等建设，完善农村基础设施。全县1481个20户以上自然屯全部通达硬化公路，3613个自然屯全部通公路，全县14个乡镇147个行政村全部通客车，解决了近20万人的行路难和出行安全问题。全县农村户籍农户住房安全、饮水安全达标率100%。

通过"公司＋农户＋基地"的运作模式，引导贫困户依靠资金入股、托管托养、反包倒租等方式，发展核桃、板栗、油茶、乌鸡、桑蚕等种养业，东兰乌鸡、东兰黑山猪、东兰墨米、东兰墨米酒、东兰板栗获得国家农产品地理标志认证，实现"户均一头牛、一吨生态鱼，人均一头黑山猪、百只东兰乌鸡、一亩板栗、一亩核桃、一亩油茶"的目标，带动农户增收致富。全县共成立农民专业合作社499个，带动辖区内建档立卡贫困户8600多户，特色产业覆盖贫困户比例达99.19%。

对不适宜生产生活的村屯实行搬迁安置，搬迁规模为2541户10349人，其中，建档立卡贫困户2416户9828人，同步搬迁125户521人。为实现搬迁户"搬得出、稳得住、能就业、可致富"目标，建设三石镇扶贫大车间和13个乡镇扶贫车间，承接电子、制衣东部产业转移的劳动密集型加工企业，有效解决了搬迁群众家门口就业"顾家赚钱"的问题。

通过艰苦的攻坚，2020年，东兰县实现全县66441名贫困人口全部脱贫、73个贫困村全部摘帽的目标。

共耕渠清泉静静流淌，讲述着东里村和东兰县的百年巨变。从共耕社和共耕渠到新中国成立后的农业合作化，从全面建成小康社会到全面推进乡村振兴，为了人民对美好生活的向往，一代又一代共产党人接续奋斗，初心始终不渝。

龙州率先脱国家级"贫困帽"

龙州县下冻镇扶伦村位于中越边境，距离县城约 25 公里，距离镇政府约 3 公里，全村 631 户 2633 人。2015 年 10 月，入户精准识别建档立卡贫困户 215 户 813 人，贫困发生率 32.13%，是龙州县扶贫攻坚任务最重的村之一。

通过种植甘蔗、坚果，部分群众已经脱贫，但是如何扩宽脱贫致富的路子呢？

沿边公路的提督山下有个跑马洞，是龙州旧时的八大景观之一。这是一座喀斯特天然溶洞，洞宽 3000 多平方米，可以容纳 4000 人左右，可任由骏马奔驰，故名为跑马洞。洞长 2 公里，有形状各异的钟乳石，地下泉水从洞内汩汩向外流出。跑马洞搞旅游无疑是个好项目，但资金从哪里来，如何开发？

不等不靠，2016 年，扶伦村板端屯发动全屯村民入股成立旅游公司，全屯 70 户村民全部参与入股，以 1 万元为 1 股，每户入股一至两股，筹到资金 155 万元。选举产生公司法人代表、理事会，制定规章制度和旅游开发规划。

为了节省资金，村民自己动手挖泥、拉土、运石，搭桥修路……跑马洞的溶洞灯光秀、格桑花海、自助烧烤、骑马、垂钓、祈福许愿、射击、卡丁车赛等游乐项目一个个建立起来。借助"美丽乡村"建设，道路硬化，铺设路灯，各家各户在门前建设花园、菜园、果园，丰富乡村景观。

2018 年春节，跑马洞景区正式营业，仅春节期间旅客量就达 5 万多人，收入超过 50 万元；2019 年景区收入超过 90 万元，村民每股分红达 3000 多元，全村建档立卡贫困户全部实现脱贫摘帽。板端屯先后获"全区绿色村屯""崇左市宜居乡村建设星级示范村"、2021 年"广西民族特色村寨"等称号。跑马洞景区被评为国家 3A 级景区。

板端屯不等不靠，团结一致，艰苦创业，探索"种养贸游工"五大扶贫方式，率先打赢脱贫攻坚战中旅游脱贫的典型。

龙州位于中越边境，总人口 27.29 万人，其中，壮族人口占95%，属革命老区、少数民族地区、边疆地区、石山地区、欠发达地区。

龙州是红八军的故乡、左江革命根据地腹地。1930 年 2 月 1 日，邓小平、俞作豫、李明瑞等领导和发动震惊中外的龙州起义，成立中国红军第八军，创建左江革命根据地。

由于地处西南边陲的石山地区，山多地少，交通不便，信息闭塞，产业单一，龙州县经济、社会、文化比较落后，1986 年被定为国家扶贫开发工作重点县。

作为广西第一个脱贫摘帽的国家扶贫开发工作重点县，龙州在脱贫攻坚过程中遇到巨大困难，且无经验可循，大力弘扬百折不挠、奉献拼搏、团结务实、争先创新的精神，在 2012—2015 年的新一轮兴边富民行动大会战基础上，因地制宜，探索"种养贸游工"五大扶贫方式。

龙州县推行"易地搬迁＋边贸扶贫＋固边守疆"创新模式。龙州县在紧邻边境口岸和互市点统一规划建设水口、布局、科甲 3 个易地扶贫搬迁安置点，易地扶贫搬迁安置点增设就业岗位、发展边贸产业、完善生活配套设施，解决搬迁群众后续发展难题。新移民贫困户可享受边境 0—3 公里范围内每人每月 130 元的资金补助。对有劳动能力的青壮年，参与边贸互市运输、货物装卸等工作，每人每月平均可增收 2000 元以上。截至 2017 年底，龙州县共成立边贸互助组 227

个，引导 2 万多边民参与边贸互市，其中，贫困户 8000 多人，在务工和互市中脱贫致富。

上金乡中山村陇山片区位于弄岗自然保护区莽莽深山中，是全县唯一未通路、通电的村落，在此居住的几十户村民点煤油灯、住茅草屋，赶圩爬山涉水，来回一趟要步行 7 个小时左右。在扶贫干部帮助下，全村终于整体搬迁出山，落户中山村上金古城易地搬迁安置点。

种养方面，构建以甘蔗种植、坚果种植"两种"，养猪、养牛"两养"为重点的农业布局，1.05 万户贫困户种植甘蔗 8.4 万亩，3189户贫困户种植坚果 1.5 万亩；1.4 万户贫困户受益于家禽牲畜养殖。

旅游方面，龙州将红色旅游、生态旅游、乡村旅游相结合，带动乡村扶贫开发。龙州起义纪念园景区是全国 30 条红色旅游精品线路、100 个红色旅游经典景区之一，是国家 4A 级旅游景区、全国爱国主义教育基地、全国重点文物保护单位。龙州历史文化悠久，有广西近代最早的海关、火车站、领事馆等。在龙州县弄岗国家级自然保护区，举办中国·龙州"秘境弄岗"国际观鸟节；建设上金乡中山村旧街屯、上金乡卷逢村白雪屯、下冻镇扶伦村板端屯 3 个民族特色村寨，31 家乡村旅游区带动贫困人口近 7000 人，促进旅游和扶贫相结合。

深入实施"百企入边"工程，重点培育发展互市商品落地加工、中药材加工、坚果加工、木材加工等产业，打造出口产品加工基地和进口产品加工基地跨境产业集聚区。在各类产业园区建立"扶贫车间"102 间，全县新增农村贫困劳动力转移就业 8463 人，就业的贫困户吃穿不愁得到有效保障。

经过艰苦攻坚，龙州县在 2014 年、2015 年退出 4101 户 1.6 万多人，2016 年减贫 2405 户 9559 人，2017 年减贫 1 万多户 3.7 万多人；贫困发生率 2017 年降为 1.88%，2018 年降至 1.48%，达到国家贫困县贫困发生率低于 3% 的退出标准。

2018 年 8 月，国务院扶贫办宣布 11 省区市 40 个国家扶贫开发工作重点县正式脱贫"摘帽"，龙州县就是其中之一。龙州成为广西 33 个国家扶贫开发工作重点县中第一个脱贫摘帽的县，为广西的扶贫攻坚提供参考和借鉴。

再创甜蜜事业

广西是我国最大的糖料蔗和食糖生产基地，蔗糖业是广西在全国最具优势的特色产业之一，关系着广西决战扶贫攻坚、决胜全面小康的目标的实现。广西有 73 个县（市、区）种植甘蔗，其中，有 24 个是国家脱贫攻坚重点县、13 个是自治区脱贫攻坚重点县、6 个是边境县；涉蔗农民超过 2000 万人，相关产业工人达 10 多万人。广西的甘蔗产业牵动两千万农民的心，关系着广西是否打赢脱贫攻坚战。

广西地处亚热带，水热条件适合种植甘蔗，但解放前，制糖普遍是用手工方法榨制土糖，梧州糖厂是唯一的机制糖厂。新中国成立后，广西兴建贵县糖厂、桂平糖厂等现代化糖厂。"大跃进"和"文化大革命"期间，食糖产量起落不定。"文化大革命"结束后，全国人均食糖占有量仍然很低，仅为 2 公斤，食糖和粮食一样，同样是凭票限量供应。为了缓解人民群众对糖的需求，国家大力发展蔗糖。1988 年，国务院明确提出，广西要发展成为全国重点糖业生产基地之一。自 1992 年起，蔗糖产量始终名列全国各省（区、市）第一。至 2000 年末，广西拥有机糖厂 100 间（其中，大型糖厂 7 间，中型糖厂 64 间，小型糖厂 29 间），基本形成了以大中型糖厂为主的制糖业现代化生产布局。

扶绥县是广西最大的蔗糖基地之一，扶绥县蔗糖业的发展是广西蔗糖业发展的缩影。水稻原是扶绥最主要的农作物。但有水的地方才能种水稻，旱地只能种植玉米、红薯、黄豆、花生的作物。旱地实际上就是望天地，风调雨顺时才有好收成。改革开放后实行"包产到户"，水稻、玉米、红薯的种植很快解决了温饱问题，但种粮的收入不多，农副业收入少，生活还没有富裕。扶绥县是广西的28个国家级贫困县之一。

发展蔗糖业是国家的战略需要，也是当地工农业发展的需要。为了发展糖业，扶绥县分别于1980年、1987年建成扶南糖厂和东门糖厂。1993年，扶南糖厂和香港东亚置业有限公司合资组建而成东亚糖业，东亚糖业公司是目前全国最大的糖厂。糖业成为扶绥国民经济的重要支柱。

在政府和蔗糖企业的扶持下，扶绥县的甘蔗种植面积快速扩张，全县常年甘蔗种植面积125万亩左右，最高年入厂原料蔗达639万吨。种植甘蔗成为农民增加收入的重要途径。随着甘蔗种植面积的扩展，一批批"万元户"脱颖而出，一栋栋新建楼房拔地而起，一辆辆摩托车、拖拉机停靠在家门前。

由于甘蔗产量、收购价格稳定，增收见效快，极大带动了农民的热情，不少地方把水稻田、林地都改成了甘蔗地。一方面，单一的甘蔗作物，水田、湿地、林地的减少，改变了原有的稻作为主的生态环境；另一方面，长期使用化肥农药，甘蔗地肥力下降，加上甘蔗品种单一老化严重、劳动力成本高、蔗糖价格不稳等原因，进入21世纪之后，很多地方的甘蔗产量下降，农民增收困难，甘蔗生产遇到了困难。

由于土地气候状况、农田基础设施、机械化水平、规模化水平、劳动力成本、生产技术与管理水准等多方面原因，广西糖料蔗生产成本比巴西、印度、泰国和澳大利亚等产糖大国高了近一倍，糖业生产效率上也有不小差距，国际竞争力不强。特别是广西糖料蔗耕地资源禀赋差，旱坡地居多，肥力低，宿根周期短，机械化程度低，人工成本高等，导致吨蔗种植成本远远高于主要产糖国。

广西甘蔗产业让习近平总书记和党中央十分牵挂。2017年4月，习近平总书记视察广西时指出，要着力振兴实体经济，糖、铝等传统优势产业是广西经济发展的家底，要加大技术改造力度，加快产业重组，推动这些产业实现"二次创业"。2019年9月，习近平总书记在新华社通讯报送的《广西蔗糖产业严重亏损》上作出重要批示。习近平总书记的重要指示，为广西糖业发展指明了前进方向，提供了根本遵循。

2017年，中央一号文件正式将糖列为与粮棉油同等重要的国家战略物资，明确提出要科学合理划定糖料蔗生产保护区。在全国1500万亩糖料蔗生产保护区中，广西独占1150万亩，是我国最大的糖料蔗和食糖生产基地。

根据习近平总书记的重要批示精神，国务院要求由农业农村部牵头，会同国家发展改革委、财政部等部门到广西进行专项调研。2019年12月，国家明确同意2020—2022年对广西实施糖料蔗良种良法技术推广补贴和蔗糖储备贴息和轮换。自治区人民政府办公厅印发《广西糖料蔗良种良法技术推广工作实施方案》，通过推广优良品种、加强技术扶持、发展规模经营、推行机械化生产、稳定收购价格、创新利用废弃物等举措，从农业到工业的每个环节都要节省更多成本、产出更大价值。

为了贯彻落实习近平总书记关于广西蔗糖产业的重要批示，广西从甘蔗种植的薄弱点和痛点着手，明确了"政府引导、市场运作、政策扶持"的原则，在农业方面，为了稳定甘蔗种植面积，出台了许多提高蔗农种植积极性的措施，例如完善蔗田道路、灌溉等基础设施，在推广良种、购买农机等各方面给予补贴等。开展"小块并大块"土地整治，促进零散土地归并集中或流转，加快推进甘蔗生产经营规模化。

在工业方面，制糖企业延伸蔗糖产业链，向酒精、饲料、化肥、酵母、发电、造纸、木材加工等上下游拓展，提高产品附加值。比如，蔗渣可以造纸和发电，滤泥可以做成肥料，废糖蜜可以加工成酵母产品，产业园内的工业废水、生活污水经生化处理达标排放后，又可以继续灌溉蔗田，实现综合利用。

通过降本增效，全产业链优化升级，提升糖业可持续发展能力和竞争力，糖料蔗种植面积稳定在 1100 万亩以上，食糖产量稳定在 600 万吨左右，农民种蔗收入稳定在 250 亿元左右，广西糖业发展总体趋稳向好。

星空下的追梦人

2020 年 9 月，央视"走村直播"栏目走进都安县隆福乡大崇村龙布屯，进行了一场名为"走村直播看脱贫，星空下的追梦人"的直播活动。通过镜头，人们看到苍茫大石山区日出东方的瑰丽壮观，夕阳西下的晚霞满天，宁静夜晚的满天繁星。山区的夜空十分纯净，星空一片璀璨，仰望星空，人和自然如心灵相通般地接近，让人内心震撼，这一切源自腾讯的扶贫援建项目"龙布日出"民宿。

都安县隆福乡大崇村贫瘠的自然环境使得生存环境艰难，成为全县最贫困的村。还有 98 户 590 人未脱贫，贫困发生率 35.22%，是全县贫困程度最深的村。

龙布屯则是其中海拔更高、最偏僻的一个屯。2020 年之前，这里几乎与世隔绝，除了换取必需的生活物品，村民很少外出，两条羊肠小道是龙布屯通往外界唯一的路，屯里住着 8 户 52 个瑶族人。龙布屯各家各户的房子都是破旧的土坯房，漏风漏雨，有的家里只有一张床、一个火塘和铁锅，整个屯里面一个卫生间都没有。由于语言不通、思想观念等，这些群众不愿易地搬迁。

都安县以及对口帮扶的深圳宝安区、腾讯集团等帮扶大崇村，弥补大崇村基础建设的短板。经过一两年的建设，大崇村通路、通水、通电、通互联网，通过危旧房改造，贫困户建起新房，村屯建起卫生室、文化室、广播站、篮球场、舞台、宣传栏等公共设施，道路硬化了，路灯亮起来，新房建起来，村容村貌焕然一新，为村民脱贫奠定基础。

龙布屯落后的硬件设施迅速改变，但是农民收入水平却难提升，山区山多地少，土地贫瘠，农民主要种玉米、红薯，散养猪、羊、鸡，温饱有保障，但要想致富十分不易，如何探索出一条当地脱贫的新路子。

帮扶单位认为，龙布屯群山耸峙，是山顶看日出的胜地。于是，提出"龙布日出"项目设想，当地的村民听了十分惊讶，这些石头山、日出、星空还能赚钱不成？

通路、通水、通电、通网络后，要打造旅游景点，首要的是解决住宿问题。要在偏僻的山区新建一个星级酒店并不可行，可以建集装箱式民宿。集装箱房的制作在国内已经成熟，成本低、周期短、好操作、见效快。龙布屯集装箱民宿很快建成，10 个标准间，按"两个大人一个小孩"的入住标准，满员接待是 30 人。

中央电视台走进龙布屯后，很多媒体也纷纷前来采访，"龙布日出"成为网红旅游打卡点。帮扶单位将建设的所有固定资产赠予村集体合作社，通过村民赠股、扶贫干部集资入股的方式，实现全体村民建档立卡贫困户全覆盖。人人都是股东，做大做强村集体经济。民宿建起来了，当地贫困户多了一份稳定收入。

2021 年 2 月，龙布屯召开了史上首次股份分红，第一年 10 万元的利润，51% 留给集体，49% 分到每户。

大崇村的脱贫奔小康是都安县脱贫攻坚战的缩影。都安是全国扶贫开发重点县、滇黔桂石漠化片区县、广西极度贫困县。都安"九分石头一分土"，人均耕地不足 0.7 亩，被称为"石山王国"。2015 年，精准识别都安县有贫困村 147 个、贫困人口 20.28 万人，贫困发生率为 26.64%，是广西贫困面最广、贫困程度最深、脱贫任务最重、脱贫成本最大、贫困人口和易地扶贫搬迁人口最多的贫困县。

都安县全力投入贫困村屯的基础设施建设，实施饮水、农村电网升级改造、住房"三大战役"，为扶贫攻坚奠定基础。推出的"贷牛（羊）还牛（羊）"的产业扶贫模式，建成万头种牛、万只肉羊养殖基地以及西南冷链仓储物流中心，推进"粮改饲"、油茶、核桃、桑蚕、毛葡萄、旱藕等特色产业，通过龙头企业、专业合作社带动贫困户发展产业，实现增收。

深度贫困地区打赢脱贫攻坚战是不计成本、不惜代价，这是政治任务、历史使命！2020年，都安4.69万户20.29万建档立卡贫困人口全部脱贫、147个贫困村全部出列，让深度贫困地区人民群众同步实现全面小康的任务胜利完成。

万亩火龙果　万亩红灯园

每年冬春时节，夜幕降临时，隆安县各个火龙果基地的补光灯同时亮起，照耀着火龙果的花和果，火龙果的花儿在夜间绽放，吐露着芬芳。从高处眺望，万亩果场的数十万盏灯，如繁星散落大地，如梦如幻，成为游客的"网红打卡地"。

20世纪八九十年代，火龙果主要进口，价格昂贵，普通人都吃不起。广西南部气候温度，适合种植火龙果。火龙果在桂南，每年的6—12月都可以开花结果，每年有七八批果可采收。火龙果当年种植当年就可以有收成，一般种后七八个月就可开花结果，到了第三年就进入了盛产期，一次投入就可以多年有受益，是投资前景较好的经济作物。

20世纪90年代，隆安县就农户种植火龙果。但面积较小，而且管理粗放，在施肥、授粉、疏花疏果、整形修剪、病虫害防治、采收等重要环节上，凭经验管理，不够科学合理，导致火龙果产量低、品质差，种植效益不高。火龙果需要大投资才能有大产出，由于种植规模小，火龙果没能成为带动农民致富的产业。

2013年起，隆安县调整水果产业种植结构，从台湾引进金都1号、红宝龙等火龙果品种，实现火龙果规模化种植、标准化生产、产业化经营，火龙果成为当地脱贫致富的产业。

火龙果的最大特点就是喜光。为了解决春冬季光照不足的问题，引入灯光补给系统，给生长期的火龙果进行补光，既可以进一步提高火龙果产量，又能调节火龙果挂果期，提高产品利润。

隆安各火龙果基地都配备数十万盏仿太阳夜间催花补光技术灯泡，这样即便在自然光照不足的情况下，火龙果植株也能开花挂果。这就有了春冬季节，万亩果场数十万盏灯齐亮的壮观景象。

◆ 傍晚万灯齐亮的火龙果种植基地。

隆安县火龙果种植基地主要采取"企业＋基地＋合作社＋农户"的模式，带动关联农户增收。通过采取"土地流转有租金、基地务工有薪金、反包管理有酬金、超产分成有奖金、村企合作享股金"的"五金"带农益农模式，实现了公司有发展、农户有收入、村集体有收益。

土地流转的农户每年都有租金收入，还可以进入园区打工；没有土地流转的农户，依靠基地和合作社，火龙果的种植统一标准、统一收购，火龙果产业化促进村民在家门口就业、增收致富。

为加快推动产业向数字化、智能化转型升级，该县将进一步提升农业生产信息化水平，大力发展智慧农业，运用大数据精细化管理火龙果产业，全面推进火龙果可视化溯源体系和智慧灌溉项目建设，通过手机软件即可实时掌握田间动态与气象变化、施肥灌溉等情况，除了疏花、剪枝等日常管理维护外，平均每30亩土地只需要2个人进行管理，效率大大提高。实现火龙果产业不断迭代升级，成为推动乡村振兴的致富产业。

如今，南宁是全国最大火龙果基地，隆安火龙果产量约占南宁市产量的三分之一。隆安县拥有全球最大的火龙果连片种植基地，采用国内外先进的种植技术、管理手段，有26家火龙果种植企业获得绿色食品标志，认证面积达6万多亩，全县80%以上的火龙果获得绿色食品认证。高端果品销往北京、上海、深圳、香港、澳门等市场，还出口到荷兰等欧洲国家。

隆安县几乎所有的乡镇都种植火龙果，那桐镇、丁当镇规模较大。隆安县那桐镇火龙果基地是地理标志农产品"南宁火龙果"的核心示范基地所在地。2021年，隆安县火龙果鲜果销售超12亿元，带动农民增收约4亿元。火龙果成为"致富果"。

党的十八大以来，隆安县大力引进种养龙头企业，以"公司＋基地＋农户"模式，引导种养户与企业合作，扩大种植和养殖业规模，实现了从小、散、乱到规模化、产业发展。在河谷平原地区发展香蕉、火龙果、柑橘、香米等特色种植，在石山地区发展育肥牛、肉鸡、肉猪等特色养殖，培育出"隆安火龙果""隆安香蕉""叮当鸡"等著名品牌。同时，以基地为抓手，以示范区为带动，培育一批龙头企业、家庭农场、致富带头人，建设一批现代特色农业基地，现代特色农业发展迈上新台阶。2019年，全县63个贫困村全部摘帽；2020年，建档立卡贫困人口26945户106795人全部脱贫，真正实现了"挪穷窝、拔穷根、换穷业"。

体育旅游红了"攀岩小镇"

山围绕着山，水围绕着山，层峦叠翠，水光潋滟晴，风光无限。

每年暑假，来自四面八方的青少年，在这里攀岩、骑行、赛跑……阳光下，高峰上，石崖间，挥汗如雨，欢声笑语。

每年秋季，来自五湖四海的运动员，在这里进行国际攀岩、山地马拉松大赛，高空悬崖，弯道冲刺，一群群勇敢者在险峰中冒险、挑战，演绎着"更快、更高、更强"的自我挑战精神。

2017年8月，中国首个攀岩特色体育小镇在马山县古零镇羊山村三甲屯建成，被群山封闭千百年的贫困的三甲屯迎来了"蝶变"。

三甲屯被群山环绕，地少山多，可用土地稀缺。如何在"九分石头一分土"的自然条件中，找出一条既能发展产业带动群众脱贫致富，又能不破坏生态环境的路子，一直是个难题。

难题得到解决的契机是在2017年举行中国—东盟攀岩精英赛期间，中国登山协会领导到马山县古零镇三甲屯考察时发现，马山县的自然岩壁对发展攀岩运动具有得天独厚的条件，便建议马山县结合全国特色体育小镇试点建设推广机遇，申报创建全国攀岩特色休闲体育小镇。该建议得到了马山县委、县政府积极响应。

中国首个攀岩特色体育小镇于2017年8月成功落户马山县，并入选全国第一批运动休闲特色小镇试点项目。核心区域约3.6平方公里，分为攀岩运动区、运动休闲区、运动康养区等多个山地运动组团。攀岩运动区开发完成 20 多面岩壁，500 多条攀岩线路，完成 6 条登山栈道、12 个攀岩平台、2 条飞拉达线路、1 个约 800 平方米的攀岩馆、1 条 7 公里的登山健身步道，建成数家民宿、餐厅以及旅游厕所、汽车营地等配套设施建设，具备了攀岩比赛、教学训练和体验活动所要求的设施条件。

攀岩小镇先后获评"广西体育产业示范基地""广西五星级山地户外运动营地""中国登山协会 2019 年度推荐攀岩目的地""2022 中国体育旅游精品目的地"等，吸引着越来越多的游客。

攀岩小镇先后成功承办 2017 中国—东盟攀岩精英挑战赛、2018 攀岩大师赛、2019 中国—东盟山地马拉松系列赛（马山站）以及中国东盟山地马拉松赛等重大山地户外赛事活动，举办了五场全国性户外培训班和交流大会。通过一批优秀教练对本地攀岩运动员的指导与训练，涌现出一批年轻优秀的攀岩人才。2018 年以来，马山县攀岩运动员参加各级攀岩赛共斩获金牌 73 枚、银牌 62 枚、铜牌 53 枚。

微型攀岩线路以及迷你马拉松等体验类、亲子互动类大众户外运动项目，不断丰富攀岩小镇的游玩体验内容。三甲·飞拉达空中公园，每年的 6 月至 8 月期间，游客和攀岩爱好者慕名而来，他们可在此感受御风而行的刺激和凌空前进的惊险。

这里岩壁的独特魅力被发掘之后，曾经闭塞的村子开始热闹起来。对村民而言，石山历经风霜一直挺立在村里，但他们的命运却因为攀岩运动悄然发生了改变。

2016 年至 2018 年，攀岩小镇核心区三甲屯周边及赛事沿线的羊山、安善、乔老、里民 4 个贫困村全部实现整村脱贫。2019 年至 2021 年攀岩小镇核心区三甲屯接待游客 56 万多人（次），旅游营业收入 3770 多万元。

攀岩小镇核心区所在地羊山村通过村集体经济入股旅游公司，每年可固定获得 13.6 万元分红，同时，带动周边 1000 余户农户通过土地流转、景区就业以及发展饮食、民宿等衍生服务业实现户年均收入3万元以上。

◆ 马山县古零镇古零村弄拉屯山地马拉松赛道。

马山县将溶岩地貌和绿色生态、民族文化相结合，开发出攀岩活动、夏令营、骑行、山地马拉松、高空体验、特色民宿、壮族三声部民歌、壮族打扁担、星空露营、研学旅行等一系列文化体育旅游主题产品，推进弄拉、水锦顺庄、小都百、三甲攀岩小镇等一批景区提升建设。全县共有国家A级旅游景区7家、广西休闲农业与乡村旅游示范点5家等。古零镇获评全国乡村旅游重点镇，小都百屯、三甲屯获评全国乡村旅游重点村。

马山县被评为"全国休闲农业和乡村旅游示范县""广西特色旅游名县""2022中国体育旅游精品目的地"等。游客在这里不仅能欣赏大自然的旖旎风光，还能体验不一样的山村田园之旅。

见证中国—东盟自贸区的村庄

凭祥市友谊镇卡凤村，是"南疆第一关"友谊关和浦寨、弄尧边贸点、凭祥保税区所在地，被称为"中国南大门第一村"。

浦寨、弄尧边贸点与越南一步之遥，越南的新清口岸与浦寨相接，越南的谷南口岸对应弄尧。浦寨、弄尧互市是广义的友谊关口岸的一部分。

20世纪30年代至40年代，弄尧也是"胡志明小道"的重要节点，过境凭祥活动的越共领袖胡志明利用边民互市传递情报。胡志明在中国边民的掩护和帮助下，长期在中越边境的弄尧屯和凭祥街活动，指导越南国内的抗法、抗日斗争。1936年至1937年间，胡志明和越南青年革命同志会在弄尧附近设立秘密联络站。他们在山洞设立印刷所，印刷的传单藏在柴火中，利用中越互市掩护，由中方边民转交到越方，秘密发往越南内地。弄尧是胡志明过境革命在凭祥活动时间最长的地方。

20世纪80年代末，战争平息后，卡凤村边民以水壶、电筒、布匹等物件与越南边民进行货货交换。当时，卡凤村辖区内的米七、弄怀、浦寨等部分区域存在雷患，威胁边民出行安全。1993年起，进行了两次大排雷，共计清除了30多平方公里的雷区，为边贸发展排忧解难。

1992年，经国务院批准，友谊关口岸被设立为国家一类边境陆路口岸，并将弄怀、浦寨边贸点列入口岸开放区域。此后，来自越南、澳大利亚、韩国以及台湾等国内20多个地区的500多家客商投资置业，建有800多套商业铺面及2个农贸商场和2个大型停车场，边贸成交额年均10亿元以上。

在2010年中国—东盟自由贸易区建成后，更是有了突飞猛进的发展。2010年凭祥市边境贸易进出口总额达200多亿元，浦寨约占

60%。每天，以数千吨计的东盟国家水果在这里通关。浦寨已成为中越边境线上最大的边民互市贸易点、东南亚最大的红木家具半成品市场、中国—东盟进出口水果交通要道。

友谊关和弄怀、浦寨已成为中国通往越南及东盟各国最便捷的陆路口岸之一。随着浦寨、弄怀一体化建设的加快，互市向商贸、旅游、娱乐方向发展，融入中越（凭祥—同登）跨境经济合作区，打造"跨境旅游免税购物区"。

成千上万的游客在中越界碑拍照留念，游览充满异国风情的自然与人文风光，品尝越南咖啡、咖喱鸡、春卷、榴莲、菠萝蜜，看价格不菲的红木家具、艺术品，买越南拖鞋、咖啡、干果、药膏之类的小商品。

随着边境贸易的发展，卡凤村也发生了翻天覆地的变化。全村11个自然屯，660户2490人，全村主要经济收入源自边贸，通过参与边贸运输服务，部分村民发财致富。但是，大量资本涌入，本地村民由于缺少资金和经验，加上早期的开发中，本村的土地、资源没有成为股份，村集体经济的发展落后，与口岸经济的繁荣昌盛相比，卡凤村默默无闻，显得冷清些许，没能借助优越地理位置发展成为繁荣富裕的经济强村。2015年，卡凤村精准扶贫户27户。

脱贫攻坚战中，凭祥市将卡凤村建设成红色美丽村庄，不断完善设施建设，提升农村人居环境整治和乡村风貌。通过成立边贸合作社，组织群众参与边贸或者参加务工，进行脱贫致富。如合作社为每户提供互市贸易资金4万元，每年可享受利润4000元；开通边贸绿色通道，边民每人每天交易8000元货物全免关税的优惠政策，实行本村贫困户优先的办法，按每户2人计算，每天可以纯收入60元。安排扶贫户劳动力就业，如安排当保安员、保洁工等，每人每月可以收入1500—1800元。对家庭成员因老、病、残疾等特殊人群，按政策规定，给予享受农村低保救济待遇。

2019 年，在边贸等产业带动下，卡凤村贫困人口清零，人均年可支配收入 1 万多元。

凭祥与越南谅山省接壤，边境线长 97 公里，是我国通往东盟国家最大和最便捷的陆路口岸与通道，但长期以来受自然条件、交通不便、历史原因等影响，沿边地区贫困人口较多。

利用"两种资源、两个市场"，凭祥创新边境贸易与特色产品落地加工相结合，重点引进以水果、坚果为主的休闲食品产业和农副产品深加工产业，从"通道经济"向"口岸经济"迈进。依托广西凭祥综合保税区、广西沿边金融综合改革凭祥试验区、广西凭祥重点开发开放试验区等平台和政策优势，凭祥积极融入"一带一路"建设，边境贸易带富一方边民。

凭祥创新"落地加工＋边贸合作社＋直通车＋贫困户"扶贫模式，使落地加工企业与合作社、合作社与边民互助组直接对接，签订商品购销合同，促使以贫困户为主的边民和企业形成了互市商品原料购置链条，贫困边民有了更多的就业岗位和稳定的收入来源。

2018 年，凭祥市 10 个贫困村全部脱贫出列，贫困发生率降至 0；2019 年，全市建档立卡贫困人口 3315 户 11815 人全部脱贫。

峥嵘岁月激荡人心，红色血脉催人奋进。1949 年 12 月，中国人民解放军把红旗插上镇南关（今友谊关）城楼，标志广西全境解放。继承红色精神，凭祥市成为广西对接东盟的"窗口"，中国面向东盟开放合作的前沿城市，是西部陆海新通道的重要节点城市，是中国通往东盟国家最便捷的陆路大通道。

"绣球村"绣出幸福生活

"山中只见藤缠树，世上哪见树缠藤；青藤若是不缠树，枉过一春又一春。竹子当收你不收，笋子当留你不留，绣球当捡你不捡，空留两手，空留两手捡忧愁……"

"连就连，我俩结交订百年，哪个九十七岁死，奈何桥上等三年……"

电影《刘三姐》中，刘三姐一边唱山歌啊，一边将绣球抛向阿牛哥；阿牛哥一边对山歌，一边接住绣球。

作为壮族文化的代表刘三姐和绣球为世人所熟悉。绣球一送传情意，绣球一接定百年。壮族的传统节日"三月三"，至今仍保留男女老少集会对歌，青年男女之间抛绣球的习俗。

绣球不仅是壮族青年男女之间的爱情信物，也是和平、友好、幸福、平安、吉祥的象征物。

绣球的大小、图案千姿百态，一般都由 12 个球瓣均匀组合而成，代表一年的 12 个月，每个月都团团圆圆，吉祥如意。绣球花瓣上有五彩丝线绣成的花卉图案、吉祥语，手工精细，美观大方。

绣球在广西各地都有制作，最出名的莫过于靖西市新靖镇旧州村，也就是靖西著名的旅游景点"旧州古镇"。

旧州位于靖西市之南约 10 公里。公元 714 年，唐朝在旧州设置归淳州。此后，虽然州名多次变更，但一直是州府所在。清朝顺治年间，州府迁到新靖镇（现靖西市城区），这里就被称为旧州。

旧州以秀美山水、精致绣球和悠久历史而闻名。

这里奇峰秀美，山水如画，田园似锦，被誉为"小桂林"。这里群山环抱，清澈的小河蜿蜒而过。小河流淌，绕过青山，流过田垌，穿过小桥，徜徉在古街边。飞鸟划过天空，麦浪在风中轻摇，蓝天、远山、翠竹、亭台、楼阁倒映在水面，鸭子游过水面，河水化成七彩的幻影。

旧州依水而建，一条老街，灰色的砖瓦建筑，斑驳的褐色门窗，沧桑的青石板路，屋檐下挂满五颜六色的绣球和红色灯笼，这就是著名的"绣球一条街"。

壮族生态博物馆、文昌阁、壮音阁戏台、瓦氏夫人点将台、岑氏土司庙、土司墓群等人文景点讲述着旧州村的悠久历史。

壮族生态博物馆介绍本地壮族的历史渊源、民俗节庆和经济发展等，展示民族服饰、生产工具等物品。

◆ 靖西旧州风光。

文昌阁是网红打卡点，位于旧州古城大门以东约 1 公里，建于清朝的乾隆年间，距今已有三百多年的历史，是古时文人墨客对月临流、琴棋书咏之处。文昌阁伫立鹅泉河中的石头上，是一座四角型三层高的古阁，坐东朝西，阁高约 15 米。在碧水中央的文昌阁，与远处的山峰、礁石、凤尾竹、稻田，构成一幅绝妙的山水田园风光画。

壮音阁是古镇人的文化娱乐中心，也是《大地飞歌》等大型音乐节目中三月三歌圩取景地。这里上演南路壮剧，古老的剧目陪伴着一代又一代的旧州人走过难忘的岁月。

古老的戏台上，壮剧《瓦氏出征》再现了瓦氏夫人的风采。旧州是瓦氏夫人的出生地。瓦氏夫人是旧州土司岑氏之女，自幼饱读诗书，习练武艺。长大后，嫁给田州（田阳县）土官岑猛为妻。旧州城地处边境地区，当地的土司军队闲时务农，战时为兵。因军纪严明，训练有素，作战勇猛，被称为"俍兵"，多次被朝廷征召抵御外来侵略。明朝嘉靖年间，倭寇进犯东南沿海。朝廷征召俍兵抗倭。由于土官年幼，瓦氏夫人不顾 58 岁的高龄，率俍兵六千奔赴抗倭第一线。俍兵军令严明，冲锋陷阵，击退倭寇，瓦氏夫人成为著名的抗倭巾帼英雄。

旧州以制作传统工艺品绣球而闻名，500 多户人家，每家每户都有人会制作绣球，全村年产绣球 50 多万个，产值近 1000 多万元。不仅享誉国内，还远销至美国、日本、东南亚、澳大利亚、南非等地。靠制作和销售绣球，旧州村走上致富的道路，成为闻名的"绣球村"。

绣球制作在靖西有着悠久的历史。文献记载，最早绣球内包有豆粟、棉花籽或谷物等农作物种子，除了使绣球有一定的重量便于抛掷外，还象征着生长、生育、兴旺、平安之意。绣球成为吉祥、平安、幸福的礼物。

1995 年，第四届世界妇女和平大会在北京召开，悬挂在会场的吉祥物是指定由靖西县制作的巨型靖西绣球；2004 年，首届中国—东盟博览会悬挂的吉祥物和作为礼品赠送外宾的绣球也是靖西绣球；北京人民大会堂广西厅悬挂的绣球也是靖西制作。

2006 年，包括绣球在内的壮族织锦技艺被列入第一批国家级非物质文化遗产代表性项目名录。2012 年，靖西壮族绣球制作技艺被列入自治区级非物质文化遗产代表性项目名录。

普通的绣球采用的是平绣工艺，图案为平面式，由单线刺绣。而堆绣制作技术，先由八根单线重新编织好，之后再在绣片之上进行刺绣，所以堆绣的图案是向外凸起的，造型相较于平绣也更加立体饱满，所勾勒图案更加栩栩如生。由于堆绣制作费工费时，工序繁复，刺绣技艺难度大，对刺绣者的艺术造诣要求高，愿意学习的人越来越少，堆绣制作技术的传承面临着困境。

靖西市把制作绣球当作旧州古镇产业来发展，建立了绣球协会，举办农民刺绣技术培训班、濒危技艺堆绣培训班、少年女童刺绣班等，加强对绣球技艺的普及与传承；每年壮族"三月三"期间，旧州街的文艺晚会、唱山歌、抛绣球等活动，吸引海内外游客。

随着旅游业的兴起，旧州村成为网红打卡点，旅游业成为旧州村的支柱产业，通过绣球销售、民宿、餐饮等服务业，村民们在家门口就能脱贫致富，过上小康生活。2020年，旧州村入选第二批全国乡村旅游重点村名单。

致富白毫茶

三月春风拂面，从寒冬中苏醒的茶树绽放出第一波绿芽，那是青翠欲滴的绿，那是沁人心脾的香气。

凌云县加尤镇上岩村茶叶示范基地春茶开采时节，漫山遍野的茶园，层层叠叠，错落有致，从山脚连绵到山顶。茶农们在翠绿中穿梭，一双双勤劳的双手在绿叶中翻飞，采下一筐筐的茶叶。漫步在茶林间，宛若进入绿色的海洋世界，空气清新，茶香幽香，神清气爽。

党的十八大后，上岩村大力发展茶叶、八角、油茶三大特色产业种植茶叶2300余亩、八角5200余亩、油茶2600余亩，产业覆盖率100%。2021年，全村三大产业产值户均2万余元，群众70%的收入直接或间接来自这三大产业。

位于加尤镇央里村的茶山金字塔景区是凌云县4A级景区，面积约7000余亩，由大大小小50多个茶峰组成，茶园海拔1100多米，终年云雾缭绕，气候宜人，满目青绿。游客可以亲手采茶、制茶、品茶，在露营地晨看日出、夜观繁星，体验茶农日出而作日入而息的生活。

凌云县是中国名茶之乡，中国白毫茶之乡、全国重点产茶县。凌云县地处桂西北云贵高原东南麓，海拔800米以上的高山面积占

31.36%，日照时间短，漫射光多，昼夜温差大，独特的地理环境养育了独特的凌云白毫茶。凌云县是茶树生长的天然宝地，沙里瑶族乡浪伏村发现40亩千年古茶树林，玉洪瑶族乡伟利村与朝里瑶族乡兰台村交界处发现300多亩古茶树林，多数树龄都在千年以上。凌云县境内这种出现多片古茶树林的壮观景象在全国都是稀有和罕见的。

白毫茶有色翠、毫多、香醇、味浓、耐泡五大特色。白毫茶适制性较强，绿茶、红茶、白茶、黄茶、黑茶、青茶六大类茶均能制作，且品质均为上乘，是全国乃至全世界为数不多的能制作六大类茶产品树种，素有"一茶千化"的美名。

凌云县大力发展凌云白毫茶产业，茶叶面积已发展至11万亩，属国家无公害茶叶生产基地县，境内有近20000亩有机茶园，凌云白毫茶树种和产品属于国家地理标志保护范围。全县有四分之一人口从事涉茶工作，茶叶产业已成为重要的支柱产业。

在脱贫攻坚战中，凌云县坚持做大茶叶、油茶、桑叶、乌鸡、黄金冠鸡"三张叶子两只鸡"产业。其中，凌云县种植油茶面积超过30万亩，产值约4.72亿元，油茶产业涉及林农2.61万户8.4万人，带动当地群众脱贫致富。凌云有"八角之乡"美誉，八角林面积超过25万亩，年产大红八角2000吨以上，八角产业覆盖3842户贫困户17289人，户均收入2万多元，助力脱贫攻坚成效明显。

2020年，浩坤湖作为央视"东西南北贺新春"晚会、湖南卫视"中秋之夜"晚会分会场，越来越多游客知道了浩坤湖的名字。

浩坤湖位于云贵高原的东部边缘，湖水四季常绿，像翡翠般晶莹剔透。泛舟于湖上，湖光潋滟，岛渚星罗，宛如千岛之湖。湖边山峦起伏，奇峰林立，千姿百态。绿波平岸，翠竹青葱，古树婆娑。风雨桥，观景台，壮族、瑶族村寨古朴独特。环湖徒步，穿越天坑群，攀岩挑战……浩坤湖丰富多彩的景观让人流连忘返。

很多人没想到，2015年底精准识别中，浩坤湖周边的伶站瑶族乡浩坤村、初化村、陶化村，以及下甲镇弄福村，贫困发生率都在 50%左右。是年，国家林业局正式批准凌云县浩坤湖国家湿地公园建设，凌云县以"水墨浩坤湖·百年渔火情"为主题开发浩坤湖景区，浩坤湖周边的浩坤村、弄福村等被列入扶贫重点村。通过林地租赁、门票分红，开发精品民宿、星级农家乐、休闲农业与乡村旅游示范点，旅游发展带动景区周边村寨的脱贫致富。

凌云县创建茶山金字塔、浩坤湖、泗城州府 3 个 4A 景区，水源洞、文庙、独秀峰等 5 个 3A 景区，成为广西特色旅游名县。全县旅游从业人员达 1 万余人，旅游带动 5000 多人脱贫。

2020 年，凌云县 50548 贫困人口全部脱贫，57 个贫困村全部出列，整县脱贫摘帽，历史性完成了消除绝对贫困的艰巨任务。

"小李子"大产业

夏季，珍珠李成熟的季节，走进天峨县三堡乡三堡村，崇山峻岭间，果树环绕，绿树成荫，一幢幢楼房在绿树掩映中拔地而起……

珍珠李基地里，绿叶中挂满圆润饱满、紫红色的珍珠李，紫红果皮上裹着一层如霜的灰白果粉，散发出诱人的清香味；黄色的果肉，果质紧密、结实、细腻，脆甜爽口，完全没有一点酸味，只有浓郁的李子味；果农们忙碌地劳动，摘采、搬运、分拣、装箱……到处是"李红叶绿交相映，串串珍珠满枝头"的丰收美景。

三堡乡是广西西北边远地区，与贵州省罗甸县沫阳镇相邻，一些村屯与贵州仅有一条河流之隔。三堡乡距离天峨县城有 75 公里。三堡乡位于云贵高原上，最高海拔 1200 多米，是天峨县海拔最高的乡镇，被称为"云上三堡"。

三堡乡因三堡村而得名，可见其悠久的历史文化。三堡村共有 29个村民小组，729 户 3069 人，以种植水稻、玉米为主，森林面积 7.8万亩，覆盖率 90%，林业是主要产业，有油桐、山油茶、板栗、松木、杉木等。

三堡村海拔较高、昼夜温差大、病虫少，加上村民对果园管护到位，三堡村品质良好的高山珍珠李畅销区内外。三堡村全村共种植龙滩珍珠李2000亩，通过基地、合作社、农户等合作，有100多户群众参与发展珍珠李产业实现增收，小小珍珠李产业不仅有力地助推全村贫困群众脱贫致富奔小康，也带动了苞谷李、樱桃车厘子、陆基养殖渔业等特色产业快速发展。

三堡村是天峨县"十三五"贫困村，2018年顺利实现整村脱贫摘帽。三堡村被评为"中国少数民族特色村寨""中国历史文化名村"，三堡村堡上屯列入中国古村落保护名录。蓝衣壮婚俗、蓝衣壮服饰列入自治区非遗文化保护名录。

天峨县，地处河池和贵州交界。因受山高路远、产业零散、基础薄弱等因素制约，在2015年底，经过精准识别，全县有45个贫困村（含16个深度贫困村），贫困户6863户28378人，贫困发生率19.51%。

2016年以来，天峨县聚焦"户脱贫，村退出，县摘帽"，发展扶贫产业、建设安全住房、完善社会保障体系、强化基础设施建设、推动教育先行、落实政策保障，特别是发展特色产业，帮助贫困户脱贫致富，提高贫困群众的生活水平。

天峨县位于广西壮族自治区西北部，红水河上游，是国家、广西林业重点县，素有"森林王国""绿色宝库"之称，境内群峰林立、沟壑纵横，属亚热带季风气候，冬暖夏凉、四季分明，年平均气温20℃。

得天独厚的地理和气候环境，成就了龙滩珍珠李、早熟油桃、秋蜜桃、甜柿等"特早熟、特晚熟、特优质"特色水果。天峨县打造"人无我有，人有我优，人优我特"的特色水果产品，实现了水果产品错季生产、错峰上市和错位发展，实现了"月月有新鲜水果上市"

的目标，特色水果成为天峨县产业扶贫主导产业、农民增收致富支柱产业、贫困户脱贫致富重点产业。

成立专业合作社，在每个乡镇打造一个以龙滩珍珠李为主的特色农业示范区，通过"合作社、基地、贫困户"运行模式，采取统一标准、统一防治、统一检测、统一销售等措施，带动贫困户发展龙滩珍珠李。2020年，全县共发展龙滩珍珠李12.8万亩，占全县"三特"水果种植面积67%，覆盖93个行政村（社区）2637户农户，其中，贫困户1688户；投产面积5万亩，产量2.6万吨，产值3亿元，种植户户均增收7000多元。

同时，把发展龙滩珍珠李产业与乡村旅游相结合，延伸发展农家乐、农业观光、农业体验采摘等项目，吸引游客前来休闲旅游。全县共成立龙滩珍珠李专业合作社80多家，家庭农场100多户，区、县、乡、村四级龙滩珍珠李示范区56个，其中自治区级示范区2个。

2019年，天峨县全县脱贫摘帽；2020年，全县贫困村、贫困户实现双清零，群众认可度达97%以上。

"天坑"旅游村

在海拔高达1466米的"云海"咖啡厅里，一杯浓郁的咖啡，临窗远眺的千姿百态的山峰，脚下就是万丈深渊的"天坑"，郁郁葱葱的原始森林；观云海翻腾，晴雨转换，一会雨雾迷蒙，一会阳光照耀，最美莫过于雨过天晴，一道五色彩虹穿越的天坑上空。

2020年1月，乐百高速通车，结束乐业县不通高速路的历史；乐业县大石围天坑景区"云海天舟"项目同期开放，高速公路通车后，越来越多外地游客来到这里。

"云海天舟"矗立于大石围天坑西峰1468米的崖壁上，是U型钢结构的悬挑玻璃观景平台，距坑底悬空高度613米，平台悬挑长度34米，结构悬挑长度为世界领先。"云海天舟"的"云海咖啡厅"被誉为"广西海拔最高的咖啡厅"。

"天坑",地理学名为"喀斯特漏斗",当地人称为"石围"。大石围天坑群位于乐业县同乐镇刷把村百岩脚屯,形成于大约6500万年以前,是"天坑"群中的最有代表性,集险、奇、峻、雄、秀、美于一体的秘境,世界罕见的旅游奇观。

大石围天坑垂直深度613米,东西长600米,南北宽420米,地下原始森林面积9.6万平方米,面积位居世界第一,深度位居世界第二,容积位居世界第三。天坑地下有巨大的溶洞,洞中有两条宽7—13米的地下暗河,河流长约30公里,是广西目前河流量最大、流程最远的地下暗河之一。神奇的是,两条暗河,一条冷,一条暖,被称为鸳鸯暗河。暗河下游6公里处,有一处宽30—50米,高约100多米的瀑布,被专家称为地下第一大型瀑布。河里有许多的地下水生生物,最具特色的是通体透明的盲鱼,河岸两旁有金黄的沙滩和五彩的奇石及巨大的化学沉积物。

◆ 乐业县大石围天坑景区。

大石围天坑奇特的风景在很长的时间里未被发现,未能开发,在当地村民来说,这险峻的山峰、深不可测的溶洞是他们天然的穷根,山高谷深，阻隔交通，生活和生产十分艰辛。

2003年起，乐业县开始开发大石围天坑景区，经过20年来的不断完善，旅游产业越来越红火，带动群众增收日益明显。景区内的工作人员主要以附近的村民为主，仅"云海天舟"一个项目，就为当地村民提供了20多个工作岗位。

游客的增加带动了群众脱贫致富。2016年，大石围天坑群景区开始采用扶贫户入股分红模式，当地贫困户可将政府提供的无息贷款入股景区，每年能获得10%的分红，提高了收入。在大石围景区入股的贫困户有470户1500余人，每年共获得红利资金202万元，户均增收4300元，为脱贫致富提供长期的稳定的收入。

同时，大石围景区还对贫困户提供就业帮扶，给贫困户优先提供景区售货员、保安、巡路员等岗位；景区内设置5处扶贫消费点，共28个商铺或摊位，80户贫困户入驻销售农副产品，每年销售额为800余万元。

乐业县位于广西西北部，地处黔桂两省区的结合部。县城海拔970米，是广西海拔最高的县城。年平均气温16.3℃，气候凉爽宜人，素有"天然空调"之美称，被人们公认为旅游度假避暑胜地。乐业县被誉为"世界天坑之都"和"世界长寿之乡"。乐业县是革命老区，1930年10月中国工农红军第七、第八军在乐业县胜利会师，现保存有红七、红八军会师纪念馆。乐业县还是国家重点工程——龙滩水电站的库区县。

乐业是滇桂黔石漠化地区、移民库区，自然条件差，发展任务艰巨。这个总人口仅为17.9万人的国家扶贫开发工作重点县，2015年底贫困发生率一度达到了27.73%，共有61151人列为建档立卡贫困人口。

2016年以来，乐业县坚持按照"大产业、全覆盖、高质量、可持续"的发展理念，积极探索实施脱贫奔小康产业园建设，全县上下齐心协力，克难攻坚，誓要打赢脱贫攻坚战。

绿水青山就是金山银山。乐业县拥有以大石围天坑群为代表的世界级品牌的旅游资源，在 20 平方公里范围内已发现有天坑 30 个，其天坑数量和天坑分布密度世界绝无仅有。乐业县还拥有世界上最雄伟壮观的水上天然石拱桥——布柳河仙人桥，以及百朗大峡谷、五台山原始森林等景区。大石围天坑群已获评为"国家地质公园""国家森林公园""国际岩溶与洞穴探险科考基地""中国青少年科学考察探险基地"。神秘的母里亚母系氏族文化、把吉古老造纸术、火卖文化生态旅游村、布柳河壮族风情、高山汉族唱灯艺术等人文，使乐业成为集观赏天坑奇观、生态旅游、科考探险、民俗采风、休闲度假于一体的旅游胜地，广西把乐业大石围天坑群作为继桂林山水、北海银滩之后的广西旅游业发展新的一极来规划和开发的重点景区。

除了大力发展旅游产业，乐业县发展猕猴桃、芒果、油茶三大特色的万亩脱贫奔康产业园，覆盖所有建档立卡贫困户，实现"一村一门面、一村一公司、一村一基地、一村一产业、一村一平台"的村集体发展目标。贫困户人均可获得 0.5 亩猕猴桃或 1 亩芒果或 1 亩油茶的股份收益，收益占比至少为 50%，最高可达 94.2%。具有管理能力的贫困户在园区创业，园区提供技术指导、营销帮助；具有劳动能力的贫困户也在园区就业。

2020 年，乐业县实现脱贫摘帽，退出贫困县序列，历史性地告别了延续千百年的绝对贫困。

康养旅游的"巴马案例"

巴马瑶族自治县是著名的"世界长寿之乡"，平均 10 万人就有 30.8 位百岁寿星，高于"世界长寿之乡"认定的每 10 万人口中有 7 位的标准，位于世界长寿村之首。1981 年，德国汉堡的国际老年医学大会上认定巴马为世界长寿县。1991 年，国际自然医学会第 13 次年会，认定巴马为世界第五个"长寿之乡"。

巴马长寿的密码一直为人津津乐道，"一方水土养一方人"，一般来说，与巴马特殊的地理环境有关，与巴马无污染的生态环境、简朴的生活方式有关。巴马聚居着壮、瑶、苗等多个少数民族，各民族历史文化悠久。

随着河池至百色、巴马至贺州等高速公路，百色巴马机场、红水河专用航道等重点交通项目建成使用，巴马与南宁、桂林、贵阳等中心城市形成 2.5 小时经济圈。中国—东盟传统医药健康旅游国际论坛（巴马论坛）、大健康饮用水产业发展论坛等成功举办，扩大巴马的知名度。

神奇的长寿文化、多彩的民族文化、秀丽的山水，吸引着国内外众多游客，甲篆镇平安村、坡月村等"长寿村"，每年有 12 万外来的候鸟式人口居住，常住的外来人口比当地村民还要多。

巴马县依托"山青、水秀、洞奇、物美、民淳、人寿"的资源禀赋，积极打造以观光旅游为基础、休闲度假为重点、文体旅游和健康旅游为特色的生态旅游产业体系，探索出将康养生旅游的脱贫发展模式，全面提升绿水青山"颜值"，彰显金山银山"价值"，带动约 2 万多贫困人口实现增收脱贫。

那桃乡平林村是巴马县"十三五"期间重点开发的旅游扶贫村。平林村位于赐福湖畔，山清水秀，是巴马长寿文化发祥地，拥有达西儒礼桃花源和敢烟仁寿山庄两个景点。2014 年，广西旅游发展集团有限公司在此兴建巴马赐福湖国际长寿养生度假小镇，中国—东盟传统医药健康旅游国际论坛（巴马论坛）永久落户，赐福湖君澜度假酒店成为又一网红打卡景点。平林村休闲产业经营主体达 37 家，其中，农家乐 1 家、民宿 35 家、休闲农业园 1 家；吸纳就业人员共 162 人，带动农户 65 户，年均经营收入 3000 多万元，利润总额 500 多万元，资产总额 8000 多万元。2016 年以来，仁寿山庄通过扶持示范、共同开发经营等方式，发动 20 户农户开办农家旅馆，参与经营农家旅馆的农户平均每年增收约 6000 元。此项工作目前已带动 10 户贫困户脱贫。仁寿山庄还吸纳 40 多户村民以土地入股的形式参与景区发展、获得分红，并吸纳周边村民 300 多人就业。平林村先后被评为广西休闲农业与乡村旅游示范点、广西现代特色农业示范区、全国乡村旅游示范村、全国乡村旅游重点村、中国美丽休闲乡村等。

◆ 山清水秀的"世界长寿之乡"巴马。

"一个景区带动一个村发展"，百魔洞景区、百鸟岩景区、长寿岛景区、水晶宫景区、洞天福地景区等通过村集体资金入股企业，企业每年给村集体分红元，村民每年不但能从企业分红的利润中受益，还能在景区务工，每月有 2000 多元工资收入实现脱贫。部分景区通过统一标准规划建设了一批商铺，带动当地村民实现就业和创收。

旅游产业已逐步成为巴马群众增收致富、开启幸福生活的"金钥匙"。

在旅游带动脱贫致富的同时，巴马县抓好基础设施建设，打牢脱贫攻坚基础。2015 年以来，巴马先后实施道路建设项目 727 条 1495

公里，完成 270 多个屯屯内道路硬化，103 个村和 1106 个 20 户以上自然屯全部通硬化路，"晴天一身灰、雨天一脚泥"的羊肠小道成为历史。提升改造村级公共服务中心 96 个，电信宽带覆盖所有行政村以及人口较集中的自然屯，村屯基础设施得到不断改善。

完成安全饮水巩固提升工程 656 处，新建家庭水柜 3335 座，维修、加固家庭水柜 1212 座，安装家庭水柜净水消毒设备 2570 套，配套饮水入户管网 429 公里。建成覆盖 98 个自然屯 2065 户 16335 人（其中，贫困户 1088 户 6529 人）的大石山区东山乡供水工程，困扰东山乡群众千年饮水愁的历史性问题得到了彻底解决。

危房改造、加层扩建、门窗安装、楼梯盖顶、改厨改厕 5 个项目同步实施，分类落实补助，全力为无房户、危房户、住房不达标户群众提供稳定达标的住房保障，全县农村住房达标率 100%。

大力实施种植"六个一"（一棵树、一朵菌、一朵花、一粒豆、一片草、一株药）和养殖"六个一"（一头猪、一头牛、一只羊、一只兔、一只鸡、一只蚕）生态产业扶贫工程，鼓励贫困户通过发展生态产业实现增收。目前，巴马全县"5+2"特色优势产业覆盖贫困户 15556 户，覆盖率 96.17%，全县 57 个贫困村"3+1"特色产业的覆盖率均达 90% 以上。

建成六一、六能、巴徐、所略百久、甲篆坡瓢、凤凰新城区等 10 个易地搬迁安置点，安置贫困户 1900 户 9113 人，入住率达 100%。通过扶贫招聘、公益性岗位、扶贫车间就业等为搬迁户提供就业机会。通过按照"公司＋合作社＋基地＋贫困户"模式发展食用菌等特色产业，对自主创业的给予 2 万元、10 万元不等扶持资金；通过以资产、入股分红增加家庭收入，让搬迁的贫困户安居乐业。

2019 年，巴马顺利实现整县脱贫摘帽，2020 年，现行标准下所有贫困村贫困户如期实现全部脱贫出列，脱贫攻坚取得全面胜利。

桑蚕脱贫新"丝路"

站在宜州区德胜镇上坪村"刘三姐"桑蚕高效生态产业示范区的"桑海桑园"观景台，碧绿桑林一望无际，桑农们忙着采摘桑叶，桑叶经过处理后进入蚕房，给蚕喂食。

示范区核心区连片桑园面积为 3276 亩，拓展区面积 6250 亩，辐射区面积 21000 亩，建有大蚕工厂化养殖中心、小蚕共育室、标准化桑园、农作物病虫互联网观测场、仪评鲜茧收购中心、茧丝绸文化展示中心、桑蚕丝绸体验馆、果桑采摘园、桑基鱼塘、水上餐厅、蚕宝宝卡通等设施，可供参观游玩。

在宜州区城西工业园区引进 2000 万米丝绸炼染印、河池轻纺城、国色天丝产业园等重大项目，高档织造、印染、服装、家纺等产业链逐步补齐。同时，打造绿色低碳循环产业链，行业清洁生产先进技术、"茧—丝—绸""桑枝—生物医药"以及生物质发电等循环利用模式逐步推广应用，资源综合利用水平明显提升。

从"东桑西移"到"东绸西移"，从一片桑叶、一颗蚕茧，到一缕丝线、一片绸缎、一瓶桑果酒，再到丝绸文化和刘三姐文化的结合……河池桑蚕产业逐渐形成全产业链发展，向上延伸建立专业标准化生态原料茧基地，向下延伸至包括生丝生产、织绸业务以及茧丝绸文化旅游等，一二三产业融合发展。

宜州地处亚热带季风气候区，高温湿润的气候条件适宜桑蚕的生长，具有"桑树生长期长、蚕造多、供茧早、休市晚"的独特优势，适宜的自然环境为河池桑蚕产业崛起提供优越的先天条件。

宜州种桑养蚕已有 470 多年历史，但规模不大，产量不高。随着"东桑西移"，从 2005 年起，桑园面积、蚕茧产量及桑蚕生产规模连年保持全国县域第一；2012 年起，一跃成为广西第一大白厂丝生产基地县（区），成为中国蚕桑之乡、中国优质茧丝生产基地。

◆ 宜州德胜上坪村桑蚕核心区。

2022年，宜州区桑园面积39.2万亩，约占广西桑园总面积的15%，鲜茧产量9.3万吨，养蚕收入46亿元，小蚕共育、方格簇营茧、鲜茧缫丝等先进技术推广和使用率居全国领先。"宜州桑蚕茧"荣获国家地理标志认定并成为首批广西农产品区域公用品牌。规模以上茧丝绸加工企业近20家，白厂丝产量、茧丝绸加工能力保持广西县域第一。桑蚕生产、茧丝绸加工及桑蚕资源综合利用总产值达45亿元，40%生丝产品达到5A级以上，90%达到4A级以上，茧丝加工和桑蚕资源综合利用能力继续保持广西县域第一。

宜州区桑园覆盖16个乡镇、202个村（社区）。通过实行"龙头企业＋合作社＋基地＋养蚕专业户（养蚕大户）＋普通养蚕户（脱贫户）"合作发展模式，打造桑蚕产业化联合体。养蚕贫困户超过8600户，养蚕年收入1.8亿元，户均年收入2.1万元，带动1.2万贫困人口脱贫。

宜州是"歌仙"刘三姐的故乡。宜州区推动蚕桑丝绸产业与以刘三姐文化体验为代表的文旅项目深度融合发展，建成如刘三姐歌乡田园综合体、丝绸工业旅游示范基地等项目，形成"农业＋工业＋文化＋旅游"融合互动发展新模式，助力群众增收致富。

2015 年，宜州区有贫困村 65 个、贫困户 16722 户、贫困人口 57909 人。宜州区大力发展特色产业，实现扶贫产业贫困户全覆盖。建立北牙乡万亩"双高"糖料蔗示范基地、刘三姐高效生态桑蚕产业（核心）示范区项目、刘三姐镇金良肉牛养殖基地、然泉宜州·昭瑞黑猪养殖基地、北山镇力天万头肉牛养殖基地建设，重点发展核桃、油茶、香柚（或蜜柚）、特色柑橙、鲜食葡萄、火龙果、猕猴桃及其他特色品种。

在完善欠发达地区的基础设施的基础上，对一方水土不能养一方人的村屯实行易地扶贫搬迁，建成阳光丽苑、同福、福龙瑶族乡横山、龙头乡龙头社区等移民安置区，先后搬迁安置 2281 户 8074 人，其中，建档立卡贫困户 2213 户 7825 人，68 户 249 人属于同步搬迁。为实现"搬得出、稳得住、能致富"目标，帮助贫困户发展蚕桑、核桃、养殖等产业，协调群众就近就业或创业，设置移民安置区公益性岗位，确保有劳动力的家庭每户至少有 1 人以上实现稳定就业或有稳定收入，无劳动力家庭则全部实行低保兜底。

经过艰苦奋战，2020 年，宜州区打赢脱贫攻坚战，与全国全区同步全面建成小康社会。

花山岩画中的村落

因为世界文化遗产左江花山岩画，宁明县城中镇耀达村濑江屯成为网红村。

濑江屯依山傍水，喀斯特地貌，青山环绕，奇峰罗列；明江河徜徉而过，古老码头，青石台阶；远眺左江流域第二大岩画点高山岩画，感叹千百年未解之谜；翠绿的山峦、凤尾竹、芭蕉林倒映在水面，几只鸭子游过，水光潋滟，黑瓦村舍掩映在绿树中，百年古庙、古榕、扁桃树，荷塘，稻田，一派乡村田园风光。游客可以欣赏到传统的壮族山歌、花山战鼓、铜鼓、仙琴弹唱等民俗表演，参与土法红糖、糖波酒和春糍粑等特色产品制作，到长桌宴品尝酸粥鱼生、黄皮焖鸡、油炸酥鱼、卷筒粉、石磨豆腐等左江壮家美食，令人流连忘返。

左江花山岩画分布在崇左市的宁明县、龙州县、江州区、扶绥县境内，是公元前 5 世纪至公元 2 世纪，居住在左江沿岸的骆越人绘制在左江及其支流沿岸崖壁上的赭红色岩画，记录了当时的祭祀场景，图像类型主要有人物、典型器物、动物三类。经过千百年的风雨侵蚀，岩画依然色彩鲜艳。左江花山岩画文化景观是壮族文化艺术的瑰宝，也是中国岩画艺术中的明珠，具有很高的历史、艺术、科学、社会价值。

濑江屯位于世界文化遗产——花山岩画景区核心区，是一个至今仍保持传统生活习俗的壮族村落。过去，因交通不便、产业单一等原因，濑江屯是个封闭贫困的小山村，全屯 70 多户村民中有 49 户是贫困户，贫困发生率较高。

2016 年左江花山岩画成功申遗后，宁明县把发展乡村旅游产业作为改善和提升乡村基础设施建设、美化村容环境、带动群众脱贫致富的重要渠道。处于花山岩画景区核心区的濑江屯作为宁明县 18 个乡村旅游扶贫示范点之一进行开发建设。

首先，实施乡村风貌改造，美化村容村貌，路、水、电、电信、电视、网络，以及地下管道等基础设施建设全面提升，建设越人歌酒吧、农家乐、民宿客栈、旅游码头、观光步道、村史馆、停车场等旅游设施。

在村文化广场、舞台的基础上，组建花山战鼓队、铜鼓队、山歌迎宾队、仙琴队等乡村文艺表演队伍，统一在景区为游客表演。

在甘蔗收获的季节，走在村中，你会经常闻到一股蔗糖的清香。循香寻去，你会看见村民在院里灶上架一口大锅，煮着满满一锅巧克力色的浆液，那是村民正在用传统手工艺制作红糖。

合作社生产的纯手工红糖产品已获得国家食品药品监督管理局认可，拥有红糖食品生产许可证。合作社不仅研发出了土姜、芝麻花生、核桃芝麻、菊花等多种口味的系列花山红糖制品，还根据花山岩画特色图案研发出了"花山王"系列红糖，独具花山文化特色。红糖通过电子商务销售到全国各地。

不仅手工制作、原汁原味的红糖是个"宝"，就连熬制红糖过程中产生的糖泡沫，也被村民制成别有一番风味的糖波酒，成为濑江屯的另一种"香甜特产"。这种以甘蔗糖蜜为原料蒸馏而成的酒，口感甜润、芬芳馥郁。

依托"花山岩画"知名品牌，濑江屯先后开发了红糖、糖波酒、淮山酒、辣木酒、辣木茶等30多种特色产品，传统的手工食品和手工艺品有了良好销路。

仅传统手工制糖产业，全村参与红糖与糖波酒制作的贫困农户有100多户，合作社年销售红糖11万公斤以上，糖波酒产量在3万公斤以上，产值达230万元，入社贫困户每户年收入3万元以上。

2017年，濑江乡村旅游区被评为四星级乡村旅游区。2018年，耀达村成功脱贫摘帽。2019年，濑江屯入选第三批中国少数民族特色村寨。2020年，耀达村列入第二批全国乡村旅游重点村。

宁明县地处广西西南边陲，属滇桂黔石漠化片区县和广西扶贫开发工作重点县。2015年底，全县共有贫困村52个、贫困户17562户、贫困人口71949人，贫困发生率18.9%。

宁明县实施"五大扶贫战区"模式，将全县划分为蔗区、林区、景区、边贸区、现代农业区"五大扶贫战区"，大力发展优势特色扶贫产业。糖料蔗是宁明县的支柱产业，宁明县将蔗区作为最大的扶贫战区，狠抓"双高"基地建设，成功打造了"蔗—牛—菇—肥"循环产业项目。全县建成"双高"基地23.5万亩，组建甘蔗互助组108个，发展肉牛养殖4.3万头，累计带动农户1.3万户。借助花山岩画品牌，大力推进旅游扶贫产业。成功创建国家 4A 级景区 2 家、3A 级景区 1 家、乡村旅游扶贫示范点 18 个、星级乡村旅游区（农家乐）13 家，成立旅游扶贫合作社 15 个，带动贫困户 1000 多户。宁明县地属南国边陲，与越南接壤，边境线长 200 多公里，拥有爱店国家一类口岸和爱店、北山、板烂三个边民互市点。通过边贸互市发展方式，成立边民互助组，促进互市贸易引领脱贫。建成林下经济示范点 10 多个，建成自治区、县、乡、村级现代农业示范区 130 多个，带动贫困户 1.1 万余户。建立扶贫车间共计 100 多个，涉及电子产品、农、林业产业等多个行业，全县通过扶贫车间建设，带动就业近万人。

通过扶贫攻坚，2019 年，全县 53 个贫困村脱贫出列，17405 户 72058 人实现脱贫，贫困发生率降至 0.23%，如期实现全面小康，探索出一条边境、民族贫困地区特色脱贫之路。

易地扶贫搬迁的创举

1987 年，尚兴村 36 岁的党支部书记莫文珍提出一个大胆的想法：要带领乡亲们搬到山外去！

不去！我们祖祖辈辈都住在这里，要死也死在这里！莫文珍没想到第一个站起来反对自己的居然是自己的父亲。在当地壮族人的观念中，背井离乡是不能接受的。全村 275 户人家，只有 16 户人家每户出两个劳动力跟着莫文珍到山外开荒。很多人说风凉话：看你怎么带出去，就怎么带回来吧。

田阳县那坡镇尚兴村地处田阳南部大石山区，全村 17 个自然屯分散在群山脚下的 99 个山弄里。连绵不断的大石山隔断交通，不通电、不通公路，一出门就是爬山，到乡镇赶圩往返步行要花七八个钟头；人均耕地不足 2 分地，由于缺水，主要种玉米，一年到头，吃饱饭都难。

而莫文珍所在的谷隆屯，严重缺水，每年旱季只能到村对面山腰上 48 米深的岩洞去打地下河水，村民们需用 12 条牛绳连接着吊上一个个小竹筒，一筒一筒地往上提。然后小心翼翼地挑往山下，有的孩子在挑水的路上，摔倒了，水泼了一地，绝望地坐在地上嚎啕大哭。为珍惜用水，每家每户都是水尽其用，洗菜、洗脚的水都不能倒掉，留下来喂牲口。

莫文珍出生于 1951 年，经历过三年经济困难时期，挨饿的经历记忆犹新。1971 年，20 岁的莫文珍担任村文书，一当就是 10 多年。莫文珍做事公道正派，脑子灵活，被选上村委主任和党支部书记。

1982 年，"分田到户"后，尽管能吃饱，不饿肚子，但还是贫穷。看到河谷地区的村庄通过种植甘蔗、番茄、冬瓜等经济作物，很快发家致富，买起电视机、手扶拖拉机。尚兴村怎么办呢？

尚兴村土地少，又缺水，路又不通，怎么发展呢？只有搬到山外去！

搬出去，谈何容易，哪里有空余的土地给你安家落户？全家老少怎么办，住哪里，吃什么？几乎所有上了年纪的乡亲都反对搬迁，骂他大逆不道，就连自己的父亲都不支持儿子的举动。莫文珍暗下定决心，不仅要带好这些人，还要把全村人都带出去！就是这股破釜沉舟、背水一战的勇气，百折不挠的韧劲，莫文珍自发探索贫困村易地扶贫搬迁安置之路。

莫文珍带着 16 户 32 个人到山外的弄蕉屯承包了 450 亩荒坡，在荒坡上搭一个工棚，几十号人白天开荒修路、造田造地，种玉米、种甘蔗、种芒果，晚上就睡工棚的大地铺，一日三餐喝粥。

刚开荒时，第一年种玉米，因为是新土，没有改良过，肥力不足，玉米的产量比在山里还低。虽然产量低，但是种植的面积大，玉米总产量还是比山里多，大家还能安心下来。

当时政府鼓励种植甘蔗，莫文珍决定改种甘蔗，可是种蔗除了要买化肥农药，还要购买蔗种。刚从大山搬出来，哪有什么积蓄呢。莫文珍壮着胆子到银行贷款 3600 元买了甘蔗种。父亲听说后，连夜下山指着他大骂："你个败家子！我养大你们兄弟六个，都没有贷过款。如果甘蔗种不成，看你怎么还债！"

甘蔗种下不久，就遇到连续大旱，蔗苗纹丝不动，一点都长不高。看来这次完蛋了，带来的 16 户人，有 4 户偷偷跑回山里了。如果甘蔗种不成功，剩下的 10 来户人家也会跑回去的，莫文珍压力很大。好在雨季一到，甘蔗苗开始茁壮成长。望着绿油油的甘蔗，莫文珍悬在喉咙的心终于稍微放下来。年底，甘蔗获得大丰收，每户分红 300 多元。这在当时可是一大笔钱了。看到种甘蔗收成好，又有几户人家愿意搬出来。

种了两年甘蔗后，莫文珍发现种芒果效益比甘蔗好，莫文珍决定在甘蔗需要翻种时改种芒果。

缺乏资金买种苗，他就带着村民去捡别人丢弃的果核来培育；没钱买肥料，莫文珍和村民们提着箩筐去捡猪粪、牛粪，甚至到厕所去挑大粪；不懂技术，他就去旁听县里开办的农技培训班，回来再用壮语翻译给村民。连续四年，莫文珍边做木工，边用赚来的钱自费学习芒果栽培技术。功夫不负有心人，四年后村里的 5000 株芒果树硕果挂满枝头。

1996 年，莫文珍被评为"全国十大扶贫状元"，在北京第一次吃到了"台农一号"芒果。那时候的广西还没有种植这个品种，他一直想着把这个品种带回村里种植。1998 年，一个老板来到田阳收购芒果，告诉他在海南可以找到这个品种。他当即向镇政府借车出发去海南找种苗，"台农一号"五公分的枝条，人家一开口就要价 2.5 元一根。他咬咬牙，拉着同行的人凑齐了 8000 块钱，买了一泡沫箱的枝条回来育苗。后来"台农一号"这个品种成为百色甚至广西芒果的主力军。

芒果树成了"摇钱树"，看着莫文珍带领的村民在山外致富了，山里的村民待不住了，在当地政府的支持下也陆续搬迁，到 2002 年全村 1300 多人全部搬出，形成 10 个移民搬迁点。这是我国贫困村民自发开展的一次易地扶贫安置搬迁，其时间跨度之长，搬迁人口之多堪称壮举。

莫文珍种植芒果树不仅带动尚兴村致富，而且带动田阳县芒果种植产业。芒果成为当地最大、最富有成效的扶贫产业，莫文珍被称为"芒果大王"。

2011 年，60 岁的莫文珍卸下村党支书的担子，但他却更忙了，到处传授芒果种植技术。2018 年 10 月，荣获全国脱贫攻坚奖奋进奖。2021 年 2 月，荣获"全国脱贫攻坚先进个人"荣誉称号。

有人问莫文珍，你都 70 多岁了，不图财不图名的，干嘛还这么拼命？莫文珍望着山峦叠翠、漫山遍野的芒果树林说：乡亲们富裕了，我就有说不出的高兴，就有干不完的劲。

"穷则徙迁告别山村过去，富而思进再创尚兴未来"，在莫文珍家门口贴着这样一副门联，这副对联代表着尚兴村 30 多年的艰辛历程和对美好生活的向往。

"一步跨百年"的白裤瑶

2023 年 2 月 6 日，正月十五的第二天，白裤瑶年街民俗旅游活动在南丹县里湖瑶族乡朵努社区"瑶望天下"景区举行。每年正月十五之前或之后的圩日，是白裤瑶同胞赶年街的重要节日，在当地称之为"年街节"。

这天，南丹、荔波等地的白裤瑶群众穿上民族盛装，携着鸟笼、陀螺、鸟枪，成群结队地来到这里赶圩，参加打陀螺、斗鸡、斗鸟比赛，夜晚聚会宴饮，对唱"细话歌"，十分热闹。

铜鼓奏响、鸟枪齐鸣、歌舞飞扬，国家级非遗项目《勤泽格拉》、白裤瑶风情《猴娃闹鼓》《阿娅逗仄》、白裤瑶民谣《细话歌》，陀螺、射弩、斗鸡、斗鸟等比赛，粘膏画展等特色民俗活动，让慕名而来的

5万多名游客大饱眼福。

朵努社区是南丹县三大易地扶贫搬迁安置区之一，占地1200亩，建设安置房332栋，安置1227户6840人，其中，大多数是白裤瑶同胞。斗鸟寨、铜鼓寨、牛角寨、陀螺寨、粘膏寨、"瑶王府"，数百栋瑶家小楼依山而建，层层叠叠，十分壮观，充满浓郁民族风情。

2015年，南丹县精准识别有47个贫困村，贫困人口5万多人，贫困发生率达11.48%。其中，白裤瑶聚居的里湖、八圩两个瑶族乡，有1万多名瑶族贫困群众，部分行政村贫困发生率高达80%。

作为瑶族的一支，白裤瑶因男子穿着及膝的白裤而得名。白裤瑶主要生活在广西和贵州交界地带，新中国成立后，他们从原始社会形态直接过渡到现代社会形态，被称为"直过民族"，也被联合国教科文组织称为"人类文明的活化石"。由于居住在土地贫瘠、交通不便、资源匮乏的云贵高原，虽然经过数次扶贫攻坚，解决了温饱问题，但是要与全国同步实现小康十分困难。

为了从根本上破解白裤瑶群众的生存困境，打赢脱贫攻坚战的最艰难一役，南丹县在白裤瑶聚居地里湖和八圩两个瑶族乡实施"千家瑶寨·万户瑶乡"易地扶贫搬迁旅游开发项目，先后投资13.7亿元，建成里湖王尚朵努社区、八圩结拉社区、八圩瑶寨团结社区3个集中安置点，共安置白裤瑶群众2471户约1.35万人。

告别石头多、耕地少、干旱缺水以及泥巴房、茅草房的故地，2018年春节前后，白裤瑶群众陆续搬进新居。社区周边配套幼儿园、小学、卫生院、农贸市场、商店、派出所等服务设施。

为了让搬迁出来的瑶族群众安居乐业，南丹县利用白裤瑶独特的民俗风情，把安置区同旅游景区建设结合起来，以"上级支持＋财政投入＋企业参与"的多元融资模式，在安置点建设2个国家5A级景区和1个国家4A级景区，通过异地安置和旅游开发，让白裤瑶实现了整体脱贫。经过多年的建设，王尚安置点朵努社区先后荣获"中国少数民族特色村寨""全国乡村旅游重点村""全国美丽易地扶贫搬迁安置区""2020 年广西十大最美乡村"等荣誉称号。歌娅思谷景区被评为全国"景区带村"旅游扶贫示范项目。

除了"千家瑶寨·万户瑶乡"项目，南丹县还在县城区黄金地段建设"幸福社区"，安置边远山村的建档立卡贫困群众。"十三五"期间，南丹县共完成搬迁安置 4233 户 21694 人，其中，6 个集中安置点集中安置建档立卡贫困人口 4058 户 20700 人。

"一步跨百年。""十三五"时期，广西共建成 506 个集中安置点，搬迁安置 71 万建档立卡贫困人口，其中，壮、苗、瑶、毛南、仫佬等少数民族占搬迁人口的 72.42%。贫困村的各族群众从穷乡僻壤、与世隔绝般的生活一跃进入现代化、城镇化的幸福生活，形成了共居共学、共建共享、共事共乐的良好氛围，创建铸牢中华民族共同体意识。

除了易地扶贫搬迁旅游开发项目，南丹县在脱贫攻坚战中，实施贫困村基础设施建设大会战，全力解决村屯道路、安全饮水、危房改造、公共服务等难题；发展油茶、核桃、猕猴桃、富硒米、肉牛、瑶鸡、瑶山黑猪等"十百千万"扶贫产业……2017 年，全县有 5652 户贫困户获得产业发展扶持资金，特色产业贫困户覆盖达 86%；当年农村居民人均可支配收入达 9725 元，同比增长 9.5%；共有 31 个贫困村退出贫困序列，减贫 35522 人，贫困发生率由 11.48% 降到 2.58%，成为河池首个整县脱贫摘帽县。

水库移民的美丽家园

西林县普合苗族乡新丰村三面环江，两座具有民族元素的铁索桥横跨碧波荡漾的驮娘江，一幢幢崭新的小楼依山傍水，错落有致，掩映在绿树和果园中。郁郁葱葱的沙糖桔园、油茶，鳞次栉比的钓鱼台、观景台，构成一幅秀丽的山水田园画卷。漫步沿江栈道，绿水青山满目，空气清新怡人，悠扬的山歌，丰富的美食，让游客流连忘返。

新丰村是库区移民新村。1998年，因处于天生桥水电站淹没区，搬迁至此，是西林县28个贫困村之一。2011年，全村人均纯收入仅3560元，远远低于全区当年农民人均纯收入和该县农民人均纯收入。

2012年后，全村通过特色产业和旅游开发，建立合作社1个，油茶种植基地1个，水果种植示范园1个，油茶加工厂1个，民宿2家，种植沙糖桔960亩，油茶1389亩，全村产业覆盖率达94.3%；集体经济收入均超过20万元，实现了"搬得出、稳得住、能致富"的目标。

"辞旧迎新别故地，乐迁圆梦更辉煌。"2020年1月，广西左江治旱驮英水库及灌区工程库区移民集体搬迁仪式在宁明县城安置小区举行。在锣鼓声中、舞龙舞狮迎接中，库区移民欢天喜地地搬进了环境优美、配套设施齐全的小区，欢度他们在城镇的第一个春节。

广西左江治旱驮英水库及灌区工程包括驮英水库和灌区工程两部分，其中，水库位于左江水系明江支流公安河上，配套灌区涉及崇左市江州区、宁明县及扶绥县。工程开发任务以灌溉和供水为主，兼顾发电等综合利用，是国务院确定的172项节水供水重大水利项目之一，也是崇左市建市以来投资最大和库区移民安置人数最多的水利工程。驮英水库工程移民安置工作从2016年开展，至2021年6月底完成下闸蓄水阶段移民安置验收，历时近五年时间。

驮英水库工程移民安置是践行群众路线的典范。移民安置点原拟设在宁明县那楠乡那楠社区，生产安置方式为种植马尾松、八角等。在调查中，约七成动迁户要求搬到县城安置，寻求更多更好的发展空间；也有部分动迁户不愿离开故土，要求原地高处建新村。为了满足群众的需求和愿望，县城建立集中安置小区和原地高处建新村两种安置并行，群众可按照自己的意愿自由选择。县城安置小区位于宁明县城、凭祥—宁明贸易加工区内，交通基础设施便利，配套服务设施完善，共建设移民安置房 20 栋 348 套，总投资 1.5 亿元。小区附近有众多工厂、企业，为搬迁户提供了良好的就业创业机会。而新村建设中，把新村选址、布局、朝向以及村屯道路、停车位、文体活动场所、绿化等方面交由移民集体讨论，在建筑、消防安全等前提下均按照群众意愿要求进行设计和建设，把新村建成群众喜爱的村庄。无论选择哪种安置方式，都能实现"搬得出、稳得住、有发展、能致富"的搬迁安置目标。

新丰村和广西左江治旱驮英水库及灌区工程库区移民安置是广西库区移民搬迁安置的缩影。广西现有水库 5000 多座，水库移民分布在 14 个设区市 111 个县（市、区），现有水库移民涉及人口 590 万人，占全区总人口的 10.5%、农村人口的 23.7%。仅"十三五"期间，广西在建和新开工建设的大中型水库有 18 座，建设征地移民安置规划投资 233.52 亿元，规划搬迁人口 3.1 万人、生产安置人口 5.9 万人。水库移民搬迁及安置，事关国计民生，事关地方经济发展和稳定大局。切实安置好水库移民始终是各级各有关部门一项长期的政治任务。

自治区党委、政府把前期补偿补助与后期扶持结合起来，重点改善水库移民生产生活条件、加快发展移民经济、维护库区和移民安置区社会稳定。全力实施移民脱贫攻坚计划，"十三五"期间，累计投入资金 140 多亿元，在水库移民美丽家园建设、产业扶持、教育培训、脱贫攻坚等方面发挥了显著作用，取得了丰硕的成果。如实施水库移民产业扶持项目，发展种植、养殖、加工等特色产业，促进产业发展和移民增产增收。对水库移民村屯的村通屯水泥路和屯内巷道硬化，实施水库移民村旧房改造、亮化、绿化、净化、场地硬化以及除险加固工程项目，建设灯光球场、文化室、戏台、健身场所等水库移民村文体设施项目，改善水库移民村村容村貌、居住环境条件。

"富裕库区、美丽库区、和谐库区"的美好画卷正在徐徐展开，安居乐业的美好愿望已经实现。

"飞地扶贫"和易地搬迁

隆林各族自治县位于广西西北部，处在滇、黔、桂三省交界处，与龙胜各族自治县一起是中国仅有的两个各族自治县。这里生态环境恶劣，交通等基础设施落后，属滇黔桂石漠化片区、边远山区、连片特困地区和水库移民区。山多地少，"九分石头一分土"，土地分布在石缝里，"碗一块、瓢一块，草帽盖着两三块"，生产生活条件恶劣。经 2015 年底精准识别和历年动态调整，共有贫困村 97 个、贫困户 19807 户、贫困人口 86076 人，贫困发生率为 23.57%，是广西四个极度贫困县之一，最后八个脱贫摘帽的贫困县之一。

"啃下脱贫'硬骨头'，必须精准施策、用实招绝招解决问题。"2015 年底，由自治区、市、县、乡四级组成的精准识别工作队，共派出 954 名领导干部，全脱产投入到建档立卡精准识别工作，进村入户摸底排查。制定"一户一清单"，落实"一户一策略"，做好分类指导，精准施策。

首先，全力以赴补齐农村基础设施短板，解决欠发达地区群众出行难、用电难、上学难、看病难、通信难等问题。2016 年以来，实施通屯道路共 1046 条 2300 多公里、农村安全饮水巩固提升工程 1300 多处、危房改造 8450 户、村级公共服务中心 100 多处、电网改造项目 1300 多项、网络通信基站 380 多个、通网络宽带项目 900 多个、维修和新建村级卫生室 80 个、改建农村厕所 1.4 万多户。

石山地区缺水少地、交通不便，无法发展大规模产业。隆林县坚持因地制宜、因村施策，宜种则种、宜养则养，逐步形成"多元化共存"产业模式。全县水稻、茶叶、西贡蕉、油茶、板栗、桑蚕、烤烟、百香果等产业形成规模，鸡、猪、黄牛、山羊等养殖规模不断扩大，形成种植业"三张叶子一株蕉"、养殖业"两黑一黄一青一白"的特色产业，产业覆盖贫困户 20531 户，覆盖率超过 95%。

隆林还积极探索"飞地扶贫"新模式，破解边远山村脱贫困局。蛇场乡新寨村地处偏远，以石山居多，缺水、缺地、交通不便，为打破这一发展瓶颈，新寨村与建在平班镇扁牙村洪安屯的公司合作，采取"公司 + 专业合作社 + 农户"模式，吸纳贫困户加入合作社，开展黑猪养殖项目，帮助新寨村贫困户脱贫致富。

为了帮助贫困户收入增长，加大"村村结对"帮扶，引导"百企帮百村"，实现有劳动能力的贫困人口就业。建档立卡贫困人口中，95% 以上得到了产业扶贫或就业扶贫支持，通过外出务工和产业脱贫，自主脱贫能力稳步提高。同时，对因病、因残、因灾收入大减的家庭进行跟踪管理和服务，消除返贫致贫风险。

对环境恶劣不适合发展的贫困村实行易地搬迁安置，累计搬迁了 1.97 万人，其中，4096 人搬迁到百色市"深圳小镇"，其余的安置到鹤城新区安置点、德峨镇安置点和桠杈镇安置点。

鹤城新区安置点是隆林县最大的易地扶贫搬迁安置点，占地面积 1053 亩，安置来自全县 16 个乡镇 175 个村的 3300 余户 1.4 万余人，占到全县总搬迁人口的 76%。安置点的医疗、教育、物业、警务等各项公共服务设施配置完善。安置点实施托底安置就业和技能培训，安排有 140 多个公益性岗位，近 3000 名搬迁群众参加技能培训。创建脱贫奔康产业就业园，引进一批中小企业，设置了帮扶车间，安排 1000 余名搬迁群众就业。为让搬迁贫困户生活稳定、脱贫有保障，确保搬迁群众 1 户至少有 1 人实现就业。2020 年，隆林鹤城新区安置点被列为全国易地扶贫搬迁典型案例，被评为全国"十三五"时期 200 个美丽搬迁安置区之一。

2020 年，隆林 97 个贫困村、86712 名贫困人口如期实现脱贫摘帽。在扶贫开发中坚守绿水青山就是金山银山的理念，生态环境良好，森林覆盖率达 72.05%；"苗族跳坡节""彝族火把节""仫佬族尝新节""壮族歌会""汉族袍汤节"成为民族文化节庆奏响民族团结、共同富裕的欢歌。

七百弄创"人间奇迹"

七百弄国家地质公园位于云贵高原东南斜坡下部、大化瑶族自治县北部，距离大化县城 8.6 公里，是国内唯一一处以高峰丛深洼地为主导景观的地质公园，主要地质遗迹为高峰丛深洼地，次要地质遗迹为岩溶谷地、峡谷、洞穴、地下暗河、地质剖面和水体景观等，划分为千山万弄观景台、板兰峡谷景区、石国天都景区、十里幽谷景区。这里是世界上发育最好最典型的高峰丛深洼地地区，是西南岩溶地貌的典型代表，与云南石林、桂林阳朔峰林并列为世界三种典型岩溶类型。

七百弄国家地质公园所在的七百弄乡，5000 多米海拔、800—1000 米的山峰、1300 多个深洼地之间生活着 324 个瑶族自然村屯。

七百弄的"弄"，是壮语、瑶语，指的是四周高峰环绕的深洼地，是山谷的意思。七百弄虽然景色很美，石山面积占 90% 左右，独特的喀斯特地貌形成恶劣的自然条件，制约了当地经济、社会、文化的发展。联合国粮农组织官员考察后认为，七百弄是"世界上除了沙漠以外，最不适合人类居住的地方"。

从羊肠小道到砂石路，再到水泥硬化路，缠绕在七百弄峰丛间的"天路"见证着中国共产党领导下七百弄人民艰苦奋斗、艰苦创业的精神。

"千山万弄行路难，出门背篓爬高山，云梯架在绝壁处，手攀脚勾心发慌。"这首民谣道出七百弄人出行的艰难。翻山越岭，肩挑背驮，在石头缝、悬崖间艰难攀爬。

七百弄"八里九弯"景区，因八里长的公路就有九个回头弯而得名。而通往七百弄各村寨的乡村道路大部分比"八里九弯"还要艰险。弄鲁至弄确屯的屯级道路，仅 1 公里左右的道路有 11 个回头弯，开车时打方向盘，犹如推磨盘。

开车在混凝土路面上，悬崖边有围栏保护，仍然感到心惊肉跳，可以想象当初修路的艰难。

脱贫攻坚战打响后，在大石山区基础设施大会战的基础上，大化县重点建设村屯的交通基础设施建设，七百弄成为攻坚重点乡镇之一。

连绵起伏的群山，让修路的难度超出了人们的想象。很多道路经过悬崖峭壁，地质构造复杂，钩机、推土机等重型机械根本没有用武之地，还需要肩挑背扛，油钻机手工钻孔、雷管引爆。弄合村花庙坳口至弄根屯新建砂石路工程，项目长 1.38 公里，主要靠人工施工，每天进度 1—2 米，1.38 公里的屯级路，奋战 5 个月才打通路基。

七百弄修路难，钢筋水泥全部从山外拉来，浇筑用的水也要从外面拉来。据大化县脱贫攻坚指挥部基础设施专责组测算，在七百弄乡，需要买水建设硬化道路，一般 1 公里需要 1.3 万—1.5 万元水费（含运费），若路段距离水源地较远，1 公里需要的水费高达 3 万元，建设成本高，且施工进度慢。

任何困难都挡不住脱贫攻坚向前的步伐。脱贫攻坚期间，七百弄乡累计建设村屯道路 172 条 266.63 公里，全乡 10 户以上自然屯实现通路全覆盖，有效解决全乡 2275 户 9823 人的行路难。

七百弄缺水，修路、建房需要水，养羊养鸡等产业发展需要水。路修通了，解决用水、用电问题步伐加快。弄腾村弄狂屯没有水源，喝水最远要到 10 公里的地方去挑，一路都是山路，翻山越岭，挑一担水要花一天的工夫。下雨时，家里所有的大大小小的瓶瓶罐罐都用来接雨水。"一水三用贵如油，洗菜洗脚又喂牛。"

为了解决用水难的问题，大化县组建 100 多支工程突击队，为七百弄贫困户建立家庭水柜。弄腾村有一条流入红水河的小河，经多方勘探、研究，决定在此修建王烈水库，王烈水库2019年动工，2021年建成，水库的水通过几级加压，输送到海拔800多米的高山地区，七百弄人民喝上自来水，根本解决了千百年来七百弄饮水难的问题。

出行难、饮水难的问题解决后，发展特色产业的道路同样是艰难的。2017年，大化七百弄鸡、七百弄山羊相继获得国家地理标志认证，大化县在七百弄乡发展这两个产业。鸡和羊，家家户户都养，但这是散养的，没有规模化、标准化，没有发展产业基础。

在粤桂协作扶贫的扶持下，建成标准的七百弄鸡苗场、屠宰包装、冷链运输、食品加工等厂房。2020年5月，七百弄鸡及鸡蛋成为广西第一个"圳品"产品，同年获供深"菜篮子"基地认证。除了生鲜产品，还推出七百弄盐焗鸡、七百弄鸡丝月饼等深加工产品。七百弄鸡从广西的大山深处"飞"到深圳寻常百姓家的餐桌上。

七百弄乡弄腾村弄作屯是湖羊养殖示范场，弄腾村300多位贫困人口，人均联养一只羊，为了保证质量，一家最多不能超过4只羊，地里种的玉米、牧草由示范场有偿回收。

2021年以来，七百弄鸡累计实现营业额达1300万元，带动9个乡33个村731户脱贫户1210人增收。七百弄山羊扶贫养殖场13个、千只湖羊基地1个，肉羊年存栏2万多只；肉牛扶贫养殖场20个，年存栏1000多头；肉猪扶贫养殖场2个，年存栏5000多头。

对不适合发展的村屯，实行易地扶贫搬迁，到2020年，七百弄乡所有贫困村出列、所有贫困户实现摘帽，农民人均纯收入从2016年的4986.75元增长到2020年的9371.83元，年均增长达21.98%。

七百弄里的"人间奇迹"是大化县决胜脱贫攻坚战的典型。大化瑶族自治县是国家贫困县、片区县、库区县，是广西四个极度贫困县之一，也是国家挂牌督战县。2015年底，大化县共有92个贫困村、

10.49 万名建档立卡贫困人口，贫困发生率为 25.9%。至 2020 年 12 月，大化累计脱贫 22404 户 104935 人，全县 92 个贫困村全部出列。

"云端"边寨换新颜

那布村在海拔 1800 米的崇山峻岭之间，山峰险峻，烟雾缭绕，被称为"云端苗寨""云端壮寨"。

那布村位于那坡县百省乡西南部，地处中越边界，与越南高平省保乐县、苗皇县接壤。那布村距离那坡县城 76 公里，距离乡政府所在地 18 公里。在公路没有修通前，那布村到百省乡需要翻山越岭，爬行三四个小时。

那布村共有 12 个自然屯，有 370 户 1609 人，其中，壮族屯 4 个，189 户 748 人；苗族屯 8 个，181 户 861 人。由于山高路远、位置偏远、交通闭塞、信息不畅，那布村的基础设施相对落后，以种植玉米、红薯为主，出行难、饮水难、住房难、用电难、看病难、就医难、上学难等是千百年来的难题，大山中壮族、瑶族群众生活贫困。

自扶贫工作开展以来，特别是边境基础设施大会战、兴边富民行动基础建设大会战的实施，那布村发生了翻天覆地的变化，出行难、住房难、饮水难等问题得到初步解决，但是由于自然条件恶劣，2015 年底，那布村精准识别建档立卡贫困户 205 户 814 人，贫困发生率 53.17%，是"十三五"深度贫困村，更是国务院实施挂牌督战的 1113 个贫困村之一。

随着兴边富民和脱贫攻坚工作的深入推进，一条环山硬化水泥路沿着山道蜿蜒而上，将那布村的各个组、屯串联在一起，打通了群众脱贫的第一道关口，也使水弄苗胞彻底告别了"与世隔绝"的境况。全村 12 个自然屯都通水泥混凝土路，宽敞硬化的通屯路上树起了太阳能路灯杆。入夜，路灯照耀，点点灯光和天际的星光交相辉映，如天上街市。一条条宽敞平坦的公路修好后，那布村几乎每家都有摩托车，有的还买汽车，下山赶圩、看病、上学，十分方便，而且为发展产业、脱贫致富奠定坚实基础。

山区缺水，在历次扶贫攻坚中，各家各户家庭水柜建起来了，饮水难的问题得到缓解，但蓄水量小，旱季还会严重缺水。2018年，实施农村安全饮水工程改造，为那布村寻找到干净卫生的水源地，自来水通到家里，人畜饮水问题得到了保障。村民们在家里一拧开水龙头，就能喝上安全放心的自来水，还能用上热水器、洗衣机等家电，生活水平得到很大提升。

茅草房在2008年实施兴边富民大会战中已经成为历史，但国家统建的边境苗寨房屋多数为一层60平方米的砖瓦结构房屋，年久失修，人均居住面积不足13平方米。2017年，那坡县实施深度贫困试点村屯脱贫攻坚项目建设大会战，以那布村水弄一社、二社深度苗族贫困村屯项目建设为试点，推进深度苗族贫困村屯的项目建设。那布村水弄一社、二社和其他6个苗族屯175户的民房175栋实施危旧房改造，拆除危旧房，新建砖混结构稳固住房，全村苗族群众全部住进坚固安全的住房，并且人均面积不低于13平方米。

同时，进一步完善村级公共服务平台，配齐完善各村办公设施，不仅通电视、电信，还开通网络宽带，现代化的信息沟通跨越到大山深谷。

通路、通水、通电、通网络后，才能发展农村产业，脱贫攻坚战进入最艰难的阶段。发展牛、猪、杉木等种植养殖产业，带领苗族同胞不断巩固脱贫成果。2020年，那布村实现整村脱贫出列目标。

那布村的脱贫是那坡县打赢脱贫攻坚战的缩影。那坡县地处中越边境，是国家重点扶持的贫困县，全县共有85个贫困村，贫困村占行政村总数的46.4%；13670户贫困户53768名贫困人口，贫困发生率28.18%，属于广西极度贫困县。

那坡县以脱贫攻坚统揽经济发展全局，围绕"沿边开发，脱贫为先，工贸并进，美边固疆"发展思路，实施村屯道硬化、饮水安全、农网改造、农田水利等基础设施建设，实现乡乡通柏油路、村村通公路、沿边修通三级公路，行政村 100% 通硬化路，通屯道路硬化率 95%，完成村村通电、通广播电视、移动通讯网络工程；为保证边境特少数民族学生入学就读，那坡县在各边境乡镇创办边境苗族、瑶族、彝族少数民族励志班，在学习上和生活上给予关照，实现"上学路上一个都不能少"。大力发展中草药、桑蚕、水果等特色高效生态农业产业，增强"造血"功能；实施扶贫生态移民安置点建设，对生活在基本生存条件恶劣、环境脆弱的贫困农户，实施移民搬迁和异地开发。

通过艰苦奋战，2020 年 11 月 20 日，经自治区人民政府批准，那坡脱贫摘帽。

"千姿百色"红城新貌

鹅江与澄碧河在百色城区的西、北方向蜿蜒而来，汇合成右江向东流去，这三江交汇口的西北岸就是百色大码头。

百色水路上通云南、贵州，下接南宁、广州，是滇黔桂三省商埠客运货运的集散地。至明末清初，百色已发展成为滇、桂、黔三省结合部的最繁华的商埠。

1929 年 10 月 22 日，邓小平、张云逸率领广西警备教导总队和第四大队特务营从南宁、平马溯右江到达百色，在大码头上岸。后来，大码头被称为红军码头。

当天，邓小平、张云逸等进驻粤东会馆。会馆成为党委机关和起义指挥部；中国工农红军第七军成立后，军部也设在这里。"中国工农红军第七军军部旧址"这几个大字，就是邓小平 1977 年亲笔所题。

在岭南特色的古老骑楼间，粤东会馆成为人们纪念邓小平和百色起义、回顾百色悠久历史的地方。

◆ 百色市城市建设日新月异。

泛舟右江，两岸绿树成荫、碧草红花，半岛公园、大瀑布公园、"布洛陀诗经"广场、红军码头等，领略红城百色的秀美和繁华。

百色是区域性中心城市。地处云贵高原的东南边缘，是广西平均海拔最高的地级市。百色地形以山地为主，占总面积约95.4%，北、西、南三面环山，中部为右江河谷平原。从百色右江区到田阳、田东一带，为狭长的河谷平原，全长约70公里，南北均宽约10公里。河谷平原地形平坦、气候优越、农业发达，是百色市区扩展的方向。

顺流而下，从老城区进入百东新区，一幢幢高楼拔地而起，一条条道路宽阔通畅，一个个公园草木飘香，一座座大桥连接南北……百色干部学院、百色天立学校、右江民族医学院附属百东医院、园博园、体育中心等一批重大工程投入使用，中车集团、吉利控股集团、太平洋建设集团等世界500强企业强势进驻，新能源、新材料、科技金融、智慧物流、文化旅游、大健康产业蓬勃发展……百东新区为百色的重点发展区域，是百色未来的新城。

产业是支撑地方经济社会可持续发展的主动脉。百色铝基新材料新山产业园（新山铝产业示范园）、百色铝基新材料六塘产业园（百色市工业园）、百色战略性新兴产业园（深百产业园）三大园区呈现特色化、差异化和协同化发展的良好局面，为百东新区高质量发展提供源源动力。三大园区共聚集各类企业300多家，其中，规模以上工业企业60家；超80亿元产值企业1家、超30亿元产值企业1家、超10亿元产值企业10家、超亿元产值企业20家，高新技术企业35家。中国—东盟（百色）铝产品仓储交易中心、百色生命健康城等一批大健康、智慧物流、文化旅游、科技金融服务业项目正为百东新区产城融合和高质量发展注入新动能。

2013年，百色市委、市政府作出"挺进开发百东新区，再造一座百色新城"的战略决策。围绕"广西百色重点开发开放试验区核心区、粤桂扶贫协作示范区、国家级高新技术产业开发区、百色政治经济文化新中心"总体发展定位，"三年打基础、五年成框架、十年现雏形"的建设目标一步步变为现实。

百色市实施城市主次干道、新旧小区道路、百东新区周边交通线等道路改扩建工程，大力推进百东新区建设，百东新区路网已初具雏形，连接右江与田阳的主干道百色大道已全线通车。G324、南昆高速、南昆铁路、云桂铁路过境百东新区，交通十分便利。

百色是西南交通枢纽，高铁、高速公路、航空、水运等交通体系建成。实现县县通高速公路、乡乡通沥青路、村村通水泥路，高速公路8小时覆盖西南地区以及珠三角部分地区，2小时覆盖相邻地市；云桂客专百色段全线通车，融入首府"一小时经济圈"；百色巴马机场6条航线通达国内10个重点城市，西江黄金水道右江段千吨级船舶直达珠三角，形成西南水运出海主通道，融入西部陆海新通道建设。

努力实现住有所居，发展经济适用住房和保障性租赁住房。加快实施棚户区、老旧小区、危旧小区和城中村"三区一村"改造，抓好棚改项目建设管理和回迁安置，配套教育、医疗、卫生、文体等公共设施完善；推进城中村改造，整治脏乱差，道路翻修、小区绿化、新建电动车充电桩……经过一番改造，老旧小区纷纷旧貌换新颜，改善人居环境。

百色的农村面貌焕然一新，城镇化率不断提高。配合乡村风貌提升工程，我市开展乡村风貌提升"三清三拆"百日攻坚专项行动，在全区率先实现所有村庄"三清三拆""基本扫一遍"目标。农村人居环境整治工程有序推进，屯内道路硬化项目全部竣工，村级垃圾处理设施建设、农村公共照明、非正规垃圾堆放点、自然村公厕等项目有序实施，农村人居环境获得极大改善。

百色是"中国优秀旅游城市"，环境空气质量优良率达98.6%，森林覆盖率超过80%，有百色起义纪念馆、百色起义纪念碑园、红七军军部旧址、红军码头等红色旅游资源，又有右江民族博物馆、澄碧湖、大王岭原始森林、乐业大石围天坑群、靖西通灵大峡谷、凌云茶山金字塔等人文景观和自然风光，红色文化、绿色生态与长寿康养旅游相互融合。

如今的百色实现从贫困落后走向繁荣振兴、从传统农业地区迈向工业城市、从交通末梢到区域交通枢纽、从南国边陲到开放合作前沿的跨越，城镇建成区面积扩大，配套设施日臻完善，生态环境持续向好，城市形态逐步迈向"美丽宜居"，人民生活实现"全面小康"，先后荣获"中国优秀旅游城市""全国双拥模范城""国家园林城市""国家卫生城市"等荣誉称号。

高铁奔驰左右江老区

2015年12月，云桂高铁南宁至百色段开通运营，百色革命老区百色市开通了第一条高铁。青色的山，绿色的水，金色的芒果，黄色香蕉，红色番茄，橙色的橘子，银色的铝锭……列车奔驰在右江革命老区，五彩斑斓的颜色映入眼帘。

由百色站开出的动车组列车与湖南、云南、广东等省（区、市）实现直通"当日达"，为连接珠三角经济圈和粤港澳大湾区提供快速大通道，加快右江革命老区的开发和建设。

2022 年 12 月，南凭高铁南宁至崇左高铁正式开通运营，左江革命老区开通了第一条高铁。

◆ 南宁至崇左高铁是左江革命老区的第一条高铁。

一望无际的甘蔗林，郁郁葱葱的山林，龙眼、荔枝、木菠萝、木瓜、香蕉、柑橘等热带亚热带果树漫山遍野，奇峰异岭，碧波绿水……列车奔驰在左江革命老区，青山绿水的喀斯特景色映入眼帘。

南崇段开通后，南宁至崇左乘火车的旅行时间由原来 2 小时 36 分缩短至 52 分钟，南宁站到吴圩机场站实现 15 分钟可达。

南崇高铁建成通车，对加快左江革命老区建设，助力边疆民族地区发展，更好服务中国—东盟自由贸易区建设具有十分重要的意义。

2023 年 8 月 31 日，贵阳至南宁高铁全线开通运营，这是右江革命老区河池市开通第一条高铁。

◆ 贵阳至南宁高铁是河池革命老区第一条高铁。

　　贵阳至南宁高铁是广西首条设计时速 350 公里的高铁，是西部陆海新通道重要组成部分。建成通车后，南宁至贵阳的列车运行时间从 5 个多小时缩短至 2 小时左右，南宁至成都的列车运行时间从 9 小时缩短至 6 小时以内。贵南与沪昆、成贵等高铁衔接，成为川渝黔乃至西北地区通往南宁、北部湾、粤西、海南及东盟国家的快速通道。

　　云桂高铁、南崇高铁、贵南高铁建成后，左右江革命老区的百色、崇左、河池先后进入高铁时代。一条条铁龙穿越壮乡九万大山，横渡左右江两岸，喜迎八方来客，革命先辈用鲜血染红的沃土焕发出新的生机，展现出新的面貌。

　　高铁铺为绿水青山变成金山银山铺就致富路、幸福路。

　　高铁带动左右江革命老区的生态旅游。如贵南高铁穿过红水河、九万大山，在云贵高原上架设一条"天路"，连通"多彩贵州"和"壮美广西"。沿线串联起贵州的甲秀楼、青岩古镇、贵安樱花园、花溪十里河滩、荔波大小七孔，以及广西的环江木论世界自然遗产地喀斯特景区、都安澄江国家湿地公园、马山金伦洞、南宁青秀山等风景名胜区。又如凌云县开通全国首个高铁无轨站。凌云县伶站瑶族乡浩坤湖景区迎来了越来越多的游客，湖光潋滟，山色青绿，曾被称为"穷山沟"的浩坤湖成了游客竞相打卡的景点。

借助铁路的运输优势，2013 年，百色—北京果蔬绿色专列"百色一号"正式开通，实现果蔬铁路冷链运输革命性跨越，打通我国南北地区农产品冷链运输瓶颈。截至 2022 年 11 月，"百色一号"专列开行突破 2000 趟。其中，国内专列超过 1000 趟，在原来百色—北京班列的基础上，拓展了百色至上海、广州、南京、成都，以及从龙邦口岸、北部湾港至成都、重庆、昆明等方向的运输；跨境专列超过 1000 趟，开通"中越班列"南宁至越南胡志明、河内、安员、同登等班列，与"中欧班列"实现了对接。

百色市位于北回归线上，光雨充沛，土肥气润，山清水秀，得天独厚的暖湿气候和地理环境，使百色具备丰富农特作物种植条件。百色市打造"百香百色"区域公共品牌为抓手，大力实施"百万亩芒果工程""百万亩山茶油工程""百万亩蔬菜工程"，建成了百色芒果基地 136 万亩、年产量 100 多万吨，成为全国第一大芒果种植基地；油茶基地 212 万亩，占广西油茶林总面积的近四分之一，排全国地级市第三；蔬菜基地 176 万亩、年产量 300 万吨，是全国重点"南菜北运"基地。依托"百色一号"专列，每年把百色芒果、百色山茶油、百色特色蔬菜源源不断运往北上广深等全国各地，"百香百色"大宗特色果蔬外销率超过 70%。

在"中国南大门"凭祥，一批批货物在完成报关手续后有序通关，一列列跨境列车在铁路线上往返……南宁至越南胡志明、河内、安员、同登等"中越班列"开通，建立越南火龙果、榴莲、龙眼，以及东南亚水果直采基地和物流分拨中心，交互运输我国电子产品、服装。

湘桂铁路、南崇高铁使左江革命老区变成西部陆海新通道的重要节点，大量来自中国和东盟国家的货物在此互联互通。

随着云贵高铁、贵南高铁、南崇高铁的修建，左右江老区全部进入高铁时代。这些高铁和南昆铁路、湘桂铁路、黔桂铁路等横拓纵伸、互补联动，将把左右江革命老区串联起来，融入全国经济社会发展的大格局中。曾经偏居一隅的"交通末梢"，建成了纵横交错的公路、铁路、民航、水运立体交通，成为连接东南亚的交通"大动脉"，左右江革命老区正融入共建"一带一路"、新时代西部大开发、西部陆海新通道建设等国家战略。

左右江沿岸，青山绿水，沃野千里，生机勃勃，动车奔驰，载着老乡们走上小康路，迈向现代化道路。

永不言倦的"扶贫状元"

2023 年 3 月，83 岁的他带领多家爱心企业到百色考察，并开展捐资助学等活动。自 1996 年第一次来到百色，27 年来，他到百色扶贫助学 123 次，为百色教育引进善款 8 亿多元，惠及学生 10 万多人。

他的名字在百色，在左右江革命老区家喻户晓，"全国扶贫状元"、广州市政协原主席、百色市教育基金会名誉会长陈开枝。

◆"全国扶贫状元"陈开枝。

1996 年，中央作出东西部扶贫协作工作部署，广东帮扶广西，广州对口支援百色，时任广州市常务副市长的陈开枝自此与百色结下不解之缘。到了百色，尽管事前已经得知贫困户的困难，但是真的走进贫困户的家中，陈开枝还是被震惊了，茅草房四处进风漏雨，他揭开虚掩的锅盖，看到一锅很稀的玉米糊，而且闻到一股变质的酸味，一群苍蝇嗡嗡地围着。改革开放近 20 年了，老百姓还这么困难，陈开枝一阵心酸。陈开枝说："我前 10 次去百色，都是流着眼泪离开的。"

陈开枝想起邓小平的南方谈话。1992 年，邓小平发表南方谈话时，陈开枝担任广东省委副秘书长，陪同邓小平视察广东。陈开枝说：邓小平谈到社会主义本质论，要求我们要先富帮后富，走共同富裕的道路。一名共产党员强烈的责任感要求我，必须把扶贫工作作为神圣的使命，为老百姓去出力拼命。

陈开枝说，扶贫不是一种恩赐，更不是一种救济，而是一个政治使命，一定要找对路子，扶真贫、真扶贫。

为了掌握真实情况，陈开枝平均一个多月去一趟百色，进村入户做调研。每次去百色都是星期五早上五点起床，乘坐七点飞机飞南宁，下飞机直奔扶贫点。车上放点红薯、玉米，饿了就吃一口，常常是下午两点吃午饭，晚上九点吃晚饭，十点后开会研究工作。星期天晚上九点从南宁飞回广州。陈开枝为了扶贫是拼命工作。有人为他编了顺口溜："跟着陈开枝，累死无人知。"

有一次调研，由于山路崎岖，加上劳累过度，陈开枝晕倒在路上，经过 20 多分钟的抢救才苏醒过来。醒来后，陈开枝对陪同的当地领导和身边的秘书说："百色不脱贫，马克思也不会收我的，没事，还得继续往前走。"

通过调研和实践，陈开枝探索出广州帮扶百色的路子：一是异地安置，把贫困群众从没有生存条件的大山山区搬出来；二是劳务输出，组织几十万百色农民工到珠江三角洲务工；三是培训干部，百色基层干部到广州接受培训，增强脱贫发展能力；四是开展经贸协作，发动广东企业到百色投资兴业；五是教育扶贫，解决失学少年读书问题；六是发动社会帮扶，形成扶贫帮困合力。

1998年，陈开枝任广州市政协主席，很多人认为，陈开枝不会再来百色了，一是他当上省级领导干部，二是他从政府转到政协去了，而扶贫工作是政府部门直接责任。但是，陈开枝不仅没有结束自己在百色的扶贫工作，反而来得更加勤快了。

1998年11月，陈开枝收到从广西平果县寄来的一封求助信。这是希望学校一位女生写的，她是当年邓小平同志以一个老共产党员名义资助的25个百色贫苦孩子之一。邓小平1997年逝世后，邓红霞担心以后失去援助，不能继续读书。陈开枝当即答复她：我一定继承邓爷爷的遗志去帮助她。后来，陈开枝一直资助她到大学毕业。

从1998年开始，陈开枝将扶贫重点放在教育扶贫上。大石山区群众贫困的原因除了恶劣的自然环境，更重要的是这些地方基础教育极端落后，没有对教育的投入，造成人的素质低下和人才匮乏。扶贫先扶智，治穷先治愚。解决孩子们上学问题，是阻断贫困代际传承的根本途径。

2005年，陈开枝从领导岗位上退下来了。他说：那年春节，我第50次，也是连续9个年头的春节到百色帮扶，带去了企业家捐赠的1800万元善款。在捐赠大会上，我当着百色干部群众说：我今年满65岁了，中央已批准我退休了，很多人问我，今后你还来百色吗？我说，我在位时来了百色50次，我和百色人民结下了深厚情谊，我永远热爱这块红土地。我以后还会来，只要健康地活到85岁，我一定再来50次；一生来100次百色，继续当百色人民的打工仔。我筹不到大款，就筹小款，哪怕我每年拿出3个月的退休金也可以帮10个孩子。

2012年，陈开枝创建百色教育基金会，担任基金会名誉会长，并带头筹款。每年陈开枝都拿出部分退休金去捐款，至今已捐出 70 万多元。

2017 年 8 月，陈开枝第 100 次去百色。有人说：你 13 岁外出读书工作，60 多年回老家不到 50 次，21 年你却来了百色 100 次。陈开枝却说：我是广州人民和百色人民的"打工仔"。做共产党的官，就是做人民的公仆，要正确对待手中的权力，要为更多人的利益牺牲自己的利益；要把自己像蜡烛一样燃烧，在照亮别人的同时看到自己存在的意义。否则，你就一分钱也不值。

有人问陈开枝，你已提前完成 100 次的目标，以后还来吗？陈开枝说，回想起走过的路，是党将我这个苦孩子培养成为能为老百姓办点实事的人民公仆，我心存感激。"我们的奋斗就是为了老百姓能过好生活，作为共产党员，要一直把这个事业作为使命去努力拼搏。助学助困是我的追求，在这条道路上，我决不退休，永不言倦。"

除了广西和百色，从汶川、玉树、雅安等灾区到大别山革命老区，从云贵高原到大兴安岭，担任中国扶贫基金会副会长、广东省老区建设促进会会长的陈开枝奔赴全国各地。

1998 年 10 月，陈开枝被国务院评为全国"扶贫状元"。2004 年被国务院授予"全国东西扶贫协作先进个人"光荣称号。2021 年 5 月，广西壮族自治区党委、自治区政府决定，授予陈开枝"广西扶贫工作特别贡献者"称号，以表彰他对广西扶贫工作的突出贡献。

"深圳小镇"和粤桂扶贫协作

2022 年 12 月，冬日暖阳照在百色市百东新区"深圳小镇"的上空，一栋栋崭新的商住楼耸立在山林中、绿水畔，学校、医院、超市、农贸市场、商场，物业服务中心、就业社保服务中心、文体活动中心、老年服务中心、儿童之家等配套齐全。自 2018 年底第一批易地搬迁的贫困户入住以来，这里日渐繁华热闹了起来，一个充满着生机和活力的新社区，一群从边远山区的贫困户转变为融入都市的新市民，见证着粤桂扶贫协作、易地安置扶贫，实现与全国同步全面建成小康社会，共享改革开放发展成果的创举。

"深圳小镇"占地面积565亩，总建筑面积62万多平方米。项目总投资20多亿元，是广西最大的易地扶贫搬迁安置点，由广东深圳市参与帮扶建设，对百色市凌云、乐业、田林、德保、靖西等9个县（市）57个乡镇304个自然条件恶劣、不适合人生存的贫困村，实行整村易地搬迁，实际安置4285户18419人，有壮族、汉族、瑶族、苗族等11个民族，少数民族占总人口的70%。

◆ 百色市百东新区"深圳小镇"。

深圳小镇项目建设资金主要通过易地扶贫搬迁专项补助资金、深圳帮扶资金、银行贷款等方式进行筹措。项目建设以来，共获得深圳帮扶资金支持2.5亿多元，成为粤桂扶贫协作的重大项目。

深圳小镇公共配套设施齐全，功能完善，按城市社区标准进行设置，搬迁群众生活环境及质量优越，配套建有深百实验学校1所、深圳小镇幼儿园1所、社区医院1个、农贸市场1个。搬迁户的住宅面积有50、75、100、125平方米，根据迁移户的家庭成员数量来进行分配。

搬迁群众原来生活在偏远的山村，搬迁入住后，成立百祥社区居民委员会。

依托产业园、发展集体经济、深企招工平台等，社区不断拓宽居民增收渠道，努力让搬迁群众"搬得出、稳得住、有保障、能致富"。

配套建设占地规模达 3.3 万亩的"深百产业园"，成立创业就业技能培训中心，创建小镇扶贫车间，建立就业服务信息网络平台，确保实现搬迁移民"领到一把住房钥匙、签订一份就业协议、参加一次技能培训、得到一个就业岗位、获得一项稳定收入"的"五个一"目标。鼓励搬迁户自主创业，如开超市可享受 1 万元的创业补贴，减免租金；鼓励企业优先招聘小镇搬迁群众进厂就业，为搬迁群众提供采摘果蔬、园林绿化等灵活就业机会。2022 年以来，累计帮扶实现就业逾 8000 人。

同时，培育和发展集体经济，为搬迁户安居乐业打牢基础。为小镇社区居民合作社购建标准厂房、商铺、农贸市场、中国—东盟农产品交易中心扶贫电商产业园、果蔬交易市场；对移民承包地进行土地流转、土地入股、退耕还林等，采取"公司＋合作社＋基地"模式，建成林业产业示范园和精品用林示范林 5465 亩，实现易地扶贫搬迁安置点后续发展有产业兜底保障的目标。

同饮珠江水，两广一家亲。仅 2016 年至 2020 年 8 月，广东财政投入帮扶资金 55.96 亿元、广东社会各界捐款捐物 12.31 亿元，1.3 万多家广东企业参与扶贫产业合作、投资额超过 3000 亿元，每年帮助广西贫困人口赴粤稳定就业超 50 万人，促成采购销售广西贫困地区农产品超 300 亿元；互派党政干部挂职 887 人次，互派优秀教师、医生等专业人才 7670 人次；广东累计引进 1.3 万多家企业到广西投资，投资额超过 3000 亿元；共建深巴、深百等扶贫产业园 62 个、扶贫车间 338 个；粤桂帮扶资金 2.19 亿元，在 33 个县实施农产品供销项目 53 个，有 7 个产品 10 个基地被认定为"圳品"，丰富了粤港澳大湾区的米袋子、菜篮子、果盘子，带富了广西贫困农民的钱袋子。^①粤桂合作构建起全方位、多领域、深层次的协作合作关系，结下了深厚友谊，为广西打赢脱贫攻坚战、巩固脱贫攻坚成果同乡村振兴有效衔接作出重大贡献。

当代"愚公"

穿越立屯隧道，站在山垭眺望，只见四面环山，山峰陡峭，奇峰异石，山林叠翠，山谷阡陌纵横，水塘如明镜，倒映着蓝天白云，蓄水池如星光点点，炊烟袅袅，鸡犬相闻，仿佛进入一个世外桃源。

"群山莽莽压大地，十户人家八户贫。"在立屯隧道未打通之前，立屯村民要沿着陡峭的山路，翻山梁、爬悬梯时用双手攀爬，翻越两座高山才能来到与外界相连接的乡村山路。大山的阻碍交通，孩子上学、群众求医困难重重，有病人住院、孕妇生孩子需要几个青壮年抬着出山，很多人生病只能熬着，油盐酱醋靠肩挑人抬，养的鸡鸭、种的果子，再好再多也难出山沟，生活生产十分困难。

摆脱贫困、走向小康，承载着千千万万困难群众的追求与梦想，也铭刻着共产党人始终不变的初心。

1973年2月6日，从部队复员回来任立屯第一任党支部书记的赵德清率领立屯人在布宁山下打响了凿山挖洞的第一炮。赵德清和立屯人宣誓：立屯人决心开山凿道，不达目的誓不罢休，今后不管谁当家都一如既往带领大家开山凿洞，隧道不通，挖山不止！

在没有任何现代化机械的条件下，开凿通往屯外的山洞，这几乎是异想天开的事情，但立屯人在党支部的带领下，靠锄头、钢钎开凿，用雷管和炸药炸开巨石，用簸箕、箩筐和手推车拉石头和泥沙。一日复一日，一年复一年，坚持不懈。

---

① 《同饮一江水 携手奔小康——两广合作综述之粤桂扶贫协作》，《广西日报》2020年9月22日。

1984 年 7 月 12 日，打通了一条长 160 米、宽和高各 2.2 米的隧道。立屯人第一次不用爬山就走上通往山外的大路。

由于隧道高度、宽度有限，拖拉机等交通工具难以通行，1986 年开始，立屯党支部决定继续拓宽隧道，让汽车开进山里。群众一听，自发上工。当年参加挖隧道的爷爷、奶奶们，扛着锄头、簸箕出发了，身后是他们的儿子、孙子带着电锤、手推车……在老中青三代人的艰辛劳动下，1997 年，打通了长 460 米，宽 4.6 米，高 4 米的石山隧道，大卡车可以开进山弄里，彻底解决了立屯群众出行难等问题。

人定胜天！世上无难事，只要肯登攀！石头硬，人民的意志更硬！从 1973 年到 1997 年的 24 年间，立屯前后三任党支部书记传棒接力，立屯人或子承父志，或弟接兄班，以铁锤钢钎凿山挖洞，坚持每天挖山不止，共投工投劳 10 万余人次，打钝数千条钢钎，烧掉数万根蜡烛，用坏数百支手电筒，报废数百辆人力车，搬运石头 1 万余立方。

立屯隧道为隔绝的村庄打开了连接世界的大门。这条隧道，让村民翻越了贫困的大山，让产业落地生根，让百姓奔上小康致富路。

打响脱贫攻坚战后，立屯党支部持续传承和发扬"宁愿苦干、不愿苦熬"的精神，通过打造立屯天梦景区，建特色水果产业链，规模化种植甘蔗、辣椒等特色农产品，开发乡村旅游产业等带领群众脱贫致富。

道念村在 2017 年顺利脱贫摘帽，2020 年立屯人均纯收入超过8300 元。2021 年，道念村荣获全国脱贫攻坚先进集体，立屯天梦景区列入 2022 年第二批国家 4A 级旅游景区、自治区级旅游度假区和四星级（含）以上乡村旅游区（农家乐）名单。

"自力更生，敢想敢干；坚持不懈，久久为功"——立屯人的不懈努力折射出广西奋勇向前追梦小康的奋斗历程。

壮语中，天等的"天"是石头之意，"等"是矗立之意，天等就是大石山矗立的地方。天等县地处滇桂黔石漠化片区，"九山半水半分田"，山多地少，土地贫瘠，基础设施落后，是崇左市脱贫攻坚任务最重的地区，2015 年底全县建档立卡贫困人口 91073 人，贫困村59 个，贫困发生率 21.31%。

◆ 天等县都康田园风光。

经过大石山区基础设施大会战等实施，乡村的通路、通水、通电、通电视、通互联网等公共设施逐步得到完善，实现脱贫致富最艰难的一步就是发展产业。但是天等山多地少，资源不足，交通和信息相对闭塞，发展产业的基础十分薄弱，产业发展困难重重。

为了如期完成脱贫任务，天等县大力弘扬宁愿苦干、不愿苦熬的精神，充分发挥群众自力更生、不等不靠的主体作用，充分发扬自强不息、艰苦奋斗、改天换地的精神，大胆闯拼命干，返乡工业、养牛、旅游等产业"无中生有"，带动贫困户脱贫奔小康。

改革开放后，天等人陆续走出大山，走南闯北，务工经商。全县有超过 15 万人在外务工创业，占全县总人口的 35% 以上，创办的企业达 6300 多家，其中，经营桂林米粉店 1500 多家，旅馆 450 多家，办厂250多家。随着东部产业加快转移，越来越多在外打拼的天等人陆续返乡自主创业，开辟脱贫攻坚新"战场"。天等县建设占地1300多亩的农民工返乡创业园，出台返乡创业优惠政策，在企业融资、用地、税收、厂房租金、招工等方面给予优惠和扶持。通过返乡创业园的引领带动作用，全县共有900多人返乡创业，带回近9000万元资金，办起130多家工厂，吸纳安置8000多人就业，有效帮助劳动力实现家门口就业。

天等县有适宜肉牛生长的生态环境，有丰富的饲草、秸秆资源，有悠久的肉牛养殖历史。但是，肉牛养殖只是农户的零星散养，谈不上产业化、规模化。为带动农民脱贫致富，天等县引进规模的龙头企业，建立种牛繁育基地、饲料加工基地，建成崇左首个大型牲畜交易市场——兴宏牲畜交易市场，建立肉牛加工厂，推动肉牛产业形成闭环的全产业链。为鼓励农户发展肉牛产业，发放肉牛产业项目以奖代补资金超过3000万元，受益群众7000多户；创新"牛脸识别＋保险""牛脸识别＋活体抵押"技术，通过牛脸识别技术完成9万多头牛的数据采集和承保，风险保障金额超9亿元，降低因病因灾或意外事故给养殖户造成的损失。通过各种帮扶，全县牛饲养量从2016年的3万多头增加到2022年的11万多头，建成50头以上规模养牛基地38个，牛养殖小区130多个，养牛户1.58万户，年产值2.24亿元，肉牛产业呈现蓬勃发展良好势头。

"无中生有"的还有文化旅游产业。过去曾有人说，"天等都是石头，哪有旅游可言？"可经过多年推动、发展，天等县建成国家4A级旅游景区1家、3A级旅游景区3家，四星级乡村旅游区2家、三星级农家乐2家。天等县壮族霜降节入选联合国非遗代表作名录，入选国家级非遗代表作名录1个、自治区级名录8个；壮歌剧《天梦》、山歌剧《天梦·钎声谣》走上国内外大舞台……

在脱贫攻坚中，天等县实现与周边县全部通达二级公路，乡乡通达二级或三级公路，全县所有村屯通沥青或水泥路，农村贫困人口在义务教育、基本医疗、住房安全、饮水安全等各方面得到保障。全县贫困村的肉牛、山羊、辣椒、甘蔗、稻米、柑橘、桂花梨、葡萄等特色产业覆盖率达到 95.34%，让脱贫更加稳定。

2020 年，实现 85339 贫困人口脱贫、50 个贫困村摘帽出列，贫困发生率降至 1.51%，实现脱贫摘帽。

"无中生有"折射出的是天等人民"宁愿苦干、不愿苦熬"的精神，是一代代共产党人艰苦奋斗、永葆初心的体现。

为了生存　永不放弃

1996 年秋，凌云县物资局两名工作人员来到泗城镇陇雅村，他们要找一个叫吴天来的包工头。他在物资局已经赊账 3 万多元的物资，这在山窝窝里是一笔巨款了；他还要申请继续赊账 5 万元，县里不放心，派人来查看一下。他们找到吴天来的家，看到两间破旧的砖头木屋，和周围破旧的房子一样，这破房子似乎让人不放心啊。

老乡说，吴天来修路去了。沿着蜿蜒的泥沙路，热心的老乡带他们到修路的地方。

悬崖上，七八个民工在钻炮眼，三个年轻的民工蹲在悬崖顶上拉着绳子，绳子吊到半空中，绑在一个中年民工的身上。只见那中年汉子，身手敏捷，两只脚，一前一后牢牢撑在石头上，双手平持油钻，钻头发出咔哒咔哒刺耳的冲击声，石灰岩的粉尘在空中随风散落，阳光下挥汗如雨。

村民指着吊挂在悬崖间打炮眼的中年汉子说，这就是吴天来，他带领村民修路，再过几个月，你们就可以开车到我们村里了，喊他下来吗？物资局两名工作人员说，不用了，我们知道他是谁了。

这一年，吴天来 37 岁，陇雅村的致富能人。两年前，他成为中共党员，决心带领村民闯出一条脱贫致富路。

　　陇雅村位于凌云县泗城镇的东北部的大石山深处，是三个乡镇的接壤之地，不通公路，不通电。由于缺水，陇雅村没有一分水田，只有人均半亩的旱地，以种植玉米和红薯维生。可谓"山高石头多，出门就爬坡；对面能说话，见面走半天；人无三文钱，户无隔年粮"。

　　1981年，因贫困高中辍学回村的吴天来，放弃了大学的梦想，脚踏在这片磐石，寻找致富的路子。1982年，他发现附近的村屯有锑矿。他办理采矿等证件，肩挑马背驮，把矿石卖到山外。这是他人生的"第一桶金"。

　　陇雅村离乡镇和县城二三十公里，没通公路，赶一次圩要早出晚归，吴天来就开了一家商店，经销糖烟酒、牙膏肥皂，以及化肥、农药、农具、水泥、饲料等。

　　山里盛产金银花等中草药。吴天来到南宁、玉林考察中草药市场行情，还到广东、贵州寻找销路，在家里的商店收购中草药。

　　吴天来成为乡村出名的致富能人。富起来的吴天来准备建一座4层楼房，拉来了一大堆沙子。在村头上坡的石头上，吴天来坐了一整天，他仿佛看到自家的高高耸立的洋楼，在周围破旧的木屋中鹤立鸡群，村外崎岖的山路，村里坑洼的泥巴路，这样的楼房，我能心安理得地住在里面吗？让乡亲们都能富裕起来，一起住上新楼房，这样的人生才有意义。

　　吴天来决定放弃建楼房，用这笔钱来拉电、修路。吴天来发动乡亲们集资，有人不理解：你既不是村干部，又不是党员，我们为什么要听你的？吴天来的父亲是共产党员，担任过生产队长，是个慈祥而热心肠的人，在当地很有威信。1993年，吴天来递交入党申请书；1994年，加入中国共产党，他要像父亲，挺直腰杆带领大家共同富裕。

　　饮水难是山区世世代代的困难。吴天来带领村民在山坡上修建蓄水池，一共修建14个大水池，总储水量达6000立方米，安装了3600

米的自来水管，可以把水接到家门口、厨房里。

吴天来联系供电站，拉一条高压电线到村里，但是进村入户的变压器、电表、电线需要村民自己集资，算下来，村民人均集资250元。这在当时可是一大笔钱，很多村民担心交了钱，电线也没接上。吴天来垫资购买电线杆、电线，当电线杆埋到家门口时，村民才放心交钱。部分困难户交不齐集资款，由吴天来垫支。吴天来共垫资10多万元，山村里灯火璀璨，告别了点煤油灯的历史。

解决了水电问题，1996年，雨季过后，吴天来开始发动修建村里连接到乡镇的2.26公里的公路。吴天来了解到，这条公路，县里有立项的计划，但还没有资金安排。不能再等下去，早修路早致富，吴天来决定垫支，先把路修起来。

吴天来捐资、垫资数万元用于测量、施工。没有钱买炸药，吴天来跑县物资局求助，先后赊了20吨炸药。为修路，吴天来先后垫支了20多万元。

这条公路经过四处的悬崖，只能在峭壁上开凿出通道，施工最为艰险。有一个叫鹰嘴崖的地方，公路要从离谷底150米的悬崖中穿过，施工难度很大，钻机根本派不上用场。吴天来叫人用绳子把自己拴住，然后从崖顶吊到半空中打炮眼。而为了做好这些工，吴天来在半山崖的石洞里待了九天九夜。颤悠悠的绳子让崖上崖下的人吓得不敢睁眼看，吴天来却和后面跟着下来的民工不慌不忙地打出一个又一个深约1米的炮眼。点炮时，他让其他人先上去，自己最后一个撤离。在吴天来的模范带动下，村里的党员、群众个个鼓足干劲，加班加点赶进度，仅用3个月时间就修通了公路全线。

在吴天来的带领下，陇雅村发展桑蚕、中草药、食用菌、铁皮石斛、母猪、山羊等特色养殖业。2017年，陇雅村村民的人均收入已经达到9000多元。基本实现水、电、路、电视、电话、沼气池、民房、庭院的"五通一建两改"，屯内所有道路实现硬化，新增生态造林900

亩，四周郁郁葱葱。还在村里建起广西首个高山汉族民俗博物馆——陇雅民俗博物馆。

吴天来先后获授全区优秀共产党员、自治区劳动模范、全国扶贫贡献奖、全国优秀共产党员、全国劳动模范、全区十佳村党支部书记等荣誉和光荣称号。

如今的陇雅村村口，镌刻着"为了生存，永不放弃"，揭示的就是在村党支部领导下，党员带群众、先富带后富、拧成一股绳、齐心协力干的精神。

大山深处最美芳华

2019年6月一个暴风雨的夜晚，乐业县新化镇百坭村党组织第一书记黄文秀在赶赴驻村的路上，被山洪冲走，不幸牺牲，年仅30岁。

为了寄托对黄文秀的思念，村委工作人员名单上还写着"黄文秀"的名字，岗位情况栏写着"请假"，仿佛明天她就会回来。乡亲们小心翼翼地保留她房间的每一件物品，好像她从来就没有离开过。

她的房间里有一张简易的单人床，一个两层的书架，一张椅子，一张桌子，一把吉他，两本驻村日记，床下摆放着她一双紫色的拖鞋，两双高筒雨鞋，一双黑色运动鞋，一双红色的运动鞋。

在乡下，她没有穿过高跟鞋、连衣裙，穿的都是运动鞋、运动服。她牺牲后，乡亲们从新闻报道的照片中第一次见到她穿裙子样子，原来她是一个多么爱美的姑娘！在她的衣柜里，有一件新买的鱼尾裙，商标吊牌还没有摘掉。

那把吉他，是同学送的，因工作太忙而落了灰尘。2018年7月，北京师范大学哲学学院学生暑假实践队来到百坭村。白天，黄文秀陪同他们进村入户。夜晚，清风送来阵阵稻香，她们弹着吉他，唱起校园民谣……那首《丁香花》仿佛是为她而写："你说你最爱丁香花，因为你的名字就是她。多么忧郁的花，多愁善感的人啊……那坟前开满鲜花，是你多么渴望的美啊，你看啊，漫山遍野，你还觉得孤单吗……"

在同学的眼里，黄文秀是一名勤奋好学、善良清纯的女生。

黄文秀出生在田阳县巴别乡大山深处的农村家庭，母亲患先天性心脏病，干不了重活，家里家外主要靠父亲。黄文秀一家在她研究生毕业的当年才实现脱贫，并从山里易地搬迁到了县城附近的搬迁安置房。虽然家庭经济困难，但她从不自卑，从不把自己封闭起来，见到老师总是大大方方地喊"老师好"。她成绩一直名列前茅，父亲至今还保留她读书以来的各种奖状、证书。读大学时，她利用假期和课余时间，或做家教，或做临时工，补贴生活。但当班里推荐贫困补助名单，她总谦让给其他同学。

2016 年，黄文秀北京师范大学研究生即将毕业。她说，我是在贫困的大山里走出来的孩子，国家培养了我，我要到国家最需要的地方去；家乡养育了我，我要回家乡去。

在回家乡工作之前，她就默默安排好一切。2015 年国庆节，她带父亲到北京，让 60 岁的父亲圆了"看看天安门"的愿望；给母亲送了一个银手镯，上面刻着"女儿爱你"四个字。2016 年寒假，老师问黄文秀，今年春节不回家？黄文秀说，还有几个月就回家乡工作了，以后到北京的时间就少了，这个春节就不回去了，想在学校和北京多待一会。由此可见，她的细腻情感，她的深思熟虑，而背后是孤独的思虑，也是艰难的抉择，而这却是她内心的纯净和高洁。

在乡亲们的眼里，黄文秀就是一名热情纯朴、乐于助人的邻家女孩。

2018 年 3 月，黄文秀到百坭村任党组织第一书记。此前，她到乡镇挂职锻炼过，可以不用再次下乡，而且父亲刚刚确诊患肝癌，需要动手术，而十多万元的医疗费都是借来的。黄文秀去世后，同事们去慰问她父母，走进家门不禁热泪盈眶：客厅里连一张沙发都没有，接待客人的就是几个废旧汽车轮胎上搭上一块木板，电视机还是十几年前老旧的显像管电视机；黄文秀的房间只有一床、一蚊帐。面对重重的家庭困难，黄文秀从未向组织提及，她毅然来到百坭村。

从镇上到村里有 10 公里，进村山路崎岖，没有直达公交车。她搭乘公交车，在距离村庄最近的地方下车，然后步行 3 公里才到村委。全村 11 个自然屯位置分散，多个屯距村委所在地 10 公里以上。

◆ "全国脱贫攻坚楷模""七一勋章"获得者黄文秀。

百坭村全村 472 户，其中，贫困户 195 户，贫困发生率 22.88%，如何按计划脱贫呢？黄文秀心里很着急，拿着笔记本跑到贫困户家里。黄文秀不会说当地的方言，只能用普通话来交往，可是很多村民不会说普通话；很多村民见她打开笔记本记录，就什么也不愿说，有的连家门都不给她进。

黄文秀内心压力很大，在日记里写："我还不够勇敢。"村里的老支书说，乡亲们常年居住在山里，和外界往来少，不知道和你说什么好，等熟悉了，自然就话多了。

黄文秀开始学说方言，把笔记本收了起来，用心来记录。看望贫困户时，看见他们收稻谷，她就下地一起帮忙；见到老人看小孩，她就教孩子画画、唱歌；见到困难户不会填表申请助学金、报销医疗保险，她就帮他们申报。就这样，乡亲们逐渐认识了这位心地善良的女孩，亲切地叫她"文秀书记""文秀姑娘"。

她柔弱而勇敢，多愁善感而豁达乐观。一个人住在村委办公室，遇到村里有办丧事的，她有些害怕。农户白天干活，晚上才回家，她常常打着手电筒，晚上八九点钟进村入户。为了引进蜜蜂养殖业，害怕蜜蜂的她勇敢地戴上纱帽、手套，在嗡嗡作响的成千上万蜜蜂群中，抓起蜂王。

她奔忙在扶贫攻坚的路上，父亲住院也未能抽空陪伴。她省吃俭用，没有乱花一分钱，却经常资助村里的孤寡老人和留守儿童。她教孩子们唱歌跳舞，对乡亲们笑脸相迎，她给人带来快乐，却将自己不开心留在心底。

一年三个月的任职里，她带领村民种砂糖橘、枇杷、八角、杉木和油茶树，帮村民建蓄水池、硬化道路、架起了路灯、开设电子商务，103户贫困户顺利脱贫88户，贫困发生率降至2.71%。她在《驻村日记》中写道："每天都很辛苦，但心里很快乐。"

父亲肝癌手术后，黄文秀听说有国外一种抗癌药特别有效，就托北京的同学买。收到药品后第二天，2019年6月16日，刚好是周末，黄文秀一个人开车把药送回家。

见到女儿，父亲格外开心，黄文秀高兴地在朋友圈发文：今天恰好是父亲节，这算是给老头子的父亲节礼物吧！配图是药品和蜂王浆。这是她朋友圈的最后一次更新。

当天下午，接到暴雨的天气预报，她决定返回百坭村。从家里到村里200公里，很多是盘山公路，下雨路滑，父亲不放心。她对父亲说，正因为暴雨才赶回去，怕村里受灾，我得马上走了，你要按时吃药哦。

返回百坭村的路上，她打电话给村支书，询问村里的灾情。村里平安，没想到，汹涌的山洪夺走了她的生命。

带着对亲人的眷恋，对乡亲们的挚爱，黄文秀走了，留在世间的是她不老的容颜和永远的青春。

2020年底，百坭村人均纯收入超过1.5万元，脱贫户人均年收入达8000元以上，乡村面貌焕然一新。百坭村脱贫了，黄文秀愿望实现了……

脱贫攻坚路上的航标灯

2018年底，融安县大坡乡同仕村的金桔种植示范园，翠绿的树叶，金黄的桔子，淡淡的桔香，一派丰收的景象。贫困户饲养的果园鸡，冠红毛亮，羽毛丰满，陆续出栏上市，正在实现脱贫致富的愿望。在这收获的季节，乡亲们倍加思念扶贫帮扶的"蓝亲戚"。

"蓝亲戚"是自治区扶贫办外资扶贫项目管理中心监测统计处处长，自治区驻融安县扶贫工作队队长，挂任融安县委常委、副县长的蓝标河。

他经常深入融安县大坡乡同仕村看望贫困户，每次到村里，他都会买好肉和菜，或者给老人小孩备上一份礼物。乡亲们说，蓝县长，你来看我们，我们很高兴，千万不要带东西来了。他说，我这不是"走亲戚"嘛，我就是你们的亲戚，你们有什么困难尽管说，我们一起想办法。

他总是和蔼可亲，就像自家的亲戚一样，乡亲们都喊他"蓝亲戚"。

2018年4月的一天，蓝标河因连续加班、疲劳过度病倒在了扶贫工作上，再也没醒来，年仅44岁。蓝标河殉职后，被追授全国脱贫攻坚模范、自治区优秀共产党员等荣誉称号。

蓝标河大学毕业后一直从事着与扶贫相关的工作，初入广西社会科学院即被派到农村当扶贫干部，到挂职大化县副县长协管扶贫工作，随后调到自治区扶贫办外资扶贫项目管理中心（广西扶贫信息中心）监测统计处工作，蓝标河一直"扶贫"始终贯穿着他的职业生涯。

工作中，他是个"拼命三郎"，忘我工作，不知疲倦。

2014 年，蓝标河调到自治区扶贫办不久，负责草拟全区贫困县的考核工作体系。当时，全国的考核体系仍处于探索阶段，没有现成"版本"可以参照，一切只能从零开始。为此，他经常到北京出差，向中央有关部委请教。考核指标涉及的部门众多，他带队一个一个部门去商讨。为了检验考核体系的操作性，他带队到各县各乡镇，一村一户实地模拟考核，吃住都在乡下。

2015 年，全国开始实施精准扶贫工作，蓝标河参与制定出精准识别方案。广西"八有一超"脱贫标准，经过数十次的修改，每一次修改稿打印出来，摞起来有一人多高；如《精准识别入户评估表》将农户贫困程度被细化为住房、种养、务工、健康等几十项指标。为做到每一个指标更精准，仅 2017 年，他到过 20 多个县，走访近 100 个村400 余户农户。

2018 年，组织拟派他到融安担任扶贫工作队队长。他已经多次下乡参加扶贫工作，在一线扶贫多年，他可以选择不去。家人也说，家里有 2 位年近 80 岁的老人，孩子还小，你不能跟组织说一下困难吗？他说，我是一个农民的儿子，帮助农民脱贫奔小康是我的愿望；现在是全国脱贫攻坚关键期，我是一名党员，又是扶贫干部，肯定要带头。

在融安担任扶贫工作队队长的每一天，他几乎每天都在工作。在他推动下，全县建立了"扶贫工作日"制度，每周五帮扶干部下到联系点与贫困户同吃同劳动；推动制定全县脱贫摘帽预考核工作方案，列出全县脱贫攻坚的困难清单。在不到一个月的任期里，距离县城 20

公里外的大坡乡他就去了 4 次，先后到过同仕村、福下村、星下村等多个村屯，走访帮扶户。

他是一个清廉的领导干部。刚到融安县时，周转房尚未腾出，他住到条件简单的招待所。当县政府要帮他报销床上用品的费用时，他一口回绝，说这是个人生活用品，不能用公家的钱。每次进村入户调研，与当地干部群众一起吃饭，他从来都是主动付餐费。遇到不愿收取的，他把钱悄悄放在桌上，或转交给当地扶贫干部。

他是一名优秀的共产党员。优秀共产党员首先是一个纯粹的人，一位善良本分、勤俭勤奋的人。

他出生于大石山区的都安农村，父亲是一位村干部，尽管家里经济困难，但他总愿意帮助有困难的乡亲；父亲重视教育，上山采中草药，养猪养鸡，一点点的积蓄，送儿上学。蓝标河是一个阳光少年，刻苦学习，考上广西民族学院。大学期间，他学习勤奋，成绩优秀；担任学生会干部，热心工作；他是运动健将，每次校运会的短跑、长跑、接力赛，他都能拿到奖牌；经过锻炼和考验，1996 年，他在学校加入中国共产党。1997 年，蓝标河大学毕业后分配到广西社会科学院。从都安的山村走出一位大学生，并在自治区直属部门工作，蓝标河成为当地学子的榜样。

蓝标河性格和善，不骄不躁，从不乱发脾气，脸上总带着微笑。他的同学、朋友、同事都说从没见过他生气的样子。

他生活俭朴，不讲究吃穿。读书时，他穿着朴素，经常就是圆领 T 恤、运动鞋。参加工作后，仍然保持朴素的作风，过年过节，妻子要帮他买新衣新鞋，他总说"够穿，不要买了"。一双皮鞋穿了好几年，已经开了一个口，但他舍不得扔，补一下，继续穿着，走进融安的大山深处。

他爱家人，也爱乡亲父老。在家庭和扶贫大业之间，他常常牺牲家庭。在大化扶贫支教的时候，母亲也住在大化县城，但是他忘我工作，只能偶尔抽空回来看望一下母亲。调到扶贫办工作，经常出差北京。母亲对他说，你有空也带我去一次北京，看看天安门广场吧。他说，好的，等忙完，就带您去。母亲中风在医院住院一个多月，他都没能回去看望。扶贫工作繁重，他忙得过年也不能回家，他在电话里安慰母亲：明年我一定回去！遗憾的是，这些愿望再也无法实现了。

"挂职不是来镀金，要干出一番实实在在的成绩，助力融安如期脱贫摘帽，不辜负组织的信任，不辜负融安干部和父老乡亲的期望。"这是蓝标河到融安县上任第一次见面会上的发言。

2020 年 5 月，自治区人民政府批复同意融安县脱贫摘帽。但是，蓝标河已经永远离开，村头桂花树下，金桔林中，仿佛还见到他的背影，留下他音容笑貌。每年金桔花开的季节，那雪白的，淡黄的花儿，在阳光下绽放枝头，仿佛还在讲述他的故事……

一切都献给人民

2019 年 6 月 3 日上午，张华在他的扶贫日记本上记录召开村委扶贫工作会议的情况；下午 6 时 46 分，张华昏倒在办公桌子前。当天的会议记录是他人生最后的记录。

张华是靖西市安宁乡汤亮村的驻村扶贫第一书记。

1977 年 9 月，张华出生在江西宜春市一个普通农民家庭。1999 年 7 月，他从桂林陆军学院毕业分配到四十一集团军某师，成为塔山英雄部队的一员。长期在艰苦地区服役，多次参加联合军事演习表现优异，多次带队参加并出色完成抢险救灾等急难险重任务，多次被授予"优秀基层干部""优秀机关干部""优等指挥军官"等光荣称号，先后荣立个人三等功 2 次。

2017 年 12 月，张华从塔山英雄部队转业到自治区党委政法委任执法监督室副调研员。2018 年春节刚过，他就主动请缨到扶贫工作一线，到汤亮村担任驻村扶贫第一书记。

　　张华到靖西，乡里安排他暂住乡政府，因为村委办公大楼还没通自来水，没有卫生间，互联网也没接通。张华说，没关系，再困难也不比得上行军中露营的困难。他提着行李袋直奔村里。在村文化活动室一间空房里，架起铁架床，铺上床板，一张旧办公桌、一台电磁炉、一包盐、一瓶油、几包面，把家安置了下来。

　　第二天，张华开始打量这个陌生的村落。

　　汤亮村位于中越边境，山高路陡，沟壑连绵，是靖西市较为贫困的乡村之一。过去，人们都说："海拔八百三，人均三十三；山高粮荒荒，有女莫嫁汤亮。"经过边境大会战后，汤亮村的基础设施得到了根本的改善，但有一些深山中的村民还没能摆脱贫困。汤亮村共有328户1260人，经过多次扶贫帮扶，大致还有100户左右的贫困户，这些贫困户有的是因病返贫，有的是孤寡老人，有的是单亲家庭。至于具体还有多少贫困户，需要张华再次进行精准识别。

　　人生地不熟，语言不通，张华遇到交流难的问题。汤亮村的村民说的是壮话，很多老人听不懂，或者不会说普通话。加上很多老人一辈子都在山里生活，很少和外界打交道，见到陌生人的到访，不知道说什么才好，干脆闭门不见客。

　　张华不气馁，他每天傍晚都到各家各户走走看看，慢慢地，村民们熟悉了他，也学着用普通话和他打招呼，聊聊天。尽管说的普通话，张华有时也听不懂，但他心里很感动，这是乡亲们的一片赤诚之心啊。

　　张华主动帮村里办好事，从庄稼种植到小孩上学、老人看病就医、年轻人外出务工，只要是群众的事，无论大小，他都放在心上，想方设法解决困难。

　　村里有一五保户，66岁了，房子的窗户坏了，每逢雨天，风一吹，雨水就灌进屋里，满地都是水。张华量好窗户的尺寸，叫人做好窗户，并安装好。

村民杨亮，自己还没成家，因为弟弟交通事故离世，弟媳抛下三个孩子离家出走，杨亮的父母已经老了，杨亮放弃外出打工，留在家里承担养育三个孩子的重任，生活十分困难。张华安排杨亮父亲到村委当清洁工，每个月的报酬可以补贴家用，张华支持杨亮在家养蚕，给他送来养蚕书籍，联系企业资助小孩读书。

张华的点点滴滴，乡亲们看在眼里，对他十分尊重和信任。

张华最担心的是孩子辍学的问题，在他的动员下，5名厌学辍学的孩子全部返校；8名贫困学生申请了每人每学期1500元的补助；引入社会爱心企业，帮助全村10名贫困学生、8名大学生，并为两名贫困学生提供从小学到大学一对一资助帮扶。

经过一个月的入户调研，张华根据实际情况，从最初划定的99多户中，确定了87户324人，列为精准扶贫、精准脱贫的对象。

在张华的争取下，自治区党委政法委、靖西市、安宁乡等有关方面投入160余万元建成从汤浓屯到陇读、立论屯3.5公里砂石路，解决村屯交通不便的问题；争取资金安装120盏太阳能路灯，解决全村道路夜间照明问题；争取10万元修缮村小学围墙和公共厕所，解决校园安全隐患问题；争取有关单位支持免费为全村326户村民全部安装净水器，解决全村饮用水安全问题；发展桑蚕业，汤亮村种桑面积从180余亩发展到680亩，两座1600余平方米的大蚕房、300多亩的桑蚕种养分离示范基地建成……

2019年元旦，张华从汤亮村到靖西车站准备返回南宁，在候车室，接到临时的工作通知，需要他回村里。张华当即退了车票，返回村里，元旦3天的假期都在工作。

妻子在崇左工作，儿子在南宁读书，母亲在江西老家，四人分居四地。在驻村一年多的时间里，张华回家的时间不到10天，不能照顾家人，他也感到对不起家人。2019年的春节，大年初三，张华带着妻子和孩子，一起来到汤亮村，慰问困难群众，和他们一起过年。他们给五保户送去米、油、糖果、点心，和他们一起谈起从前，展望未来美好的生活。

2019 年 5 月 27 日，靖西市遭百年一遇暴雨，汤亮村村部和农田、集体桑园受灾严重。正在靖西市开会的张华，开完会就冒雨赶回汤亮村，他涉水察看灾情、转移安置群众……率领党员干部抗洪救灾。

2019 年 6 月 3 日，正在工作中的张华突然昏倒，被送往靖西市人民医院急救。担心张华的安危，10 多位村民自发开车一路跟在救护车后面，赶到医院陪护着他，张华被送到重症室，来看望的村民隔着玻璃潸然泪下……

6 月 7 日，因脑溢血抢救无效，张华 42 岁的生命永远定格在南疆边境的扶贫路上。

遵从张华的遗愿，在他逝世后捐献了心脏，移植到千里之外一位陌生人的身体里重启跳动，一名心脏病患者因此重获新生。

"才下征尘马，扶贫跨铁鞍。英魂随逝水，生命不凋残。"这是张华一生的写照。

2020 年，汤亮村全村产业覆盖率达 100%，人均纯收入 1.46 万元，实现了脱贫攻坚。如今，村委服务中心设施完备，道路平坦干净，路灯整齐明亮；池塘里蛙声一片，一群鸭子在水中游；茂盛的桑树林，碧绿的稻田，蜻蜓飞过……提起张华，村民们仍然念念不忘，他永远活着人们的心里。

用生命照亮瑶乡致富路

2019 年 12 月 26 日，夜晚山区的寒风凛冽，树梢上隐约挂着露霜。都安县拉烈镇地平村驻村第一书记黄景教走出贫困户的家门，山风拂面，一脸的清冷。告别老乡，他和同事驱车返回村委驻地。

担任第一书记近四年的时间里，他对这里的山山水水，如同故乡一般，已经十分熟悉。汽车和往常一样，沿着蜿蜒的山区公路行驶。

不幸的是，山高路滑，汽车翻下山崖。黄景教不幸殉职，年仅49岁。

2020年6月，自治区党委追授黄景教"自治区优秀共产党员"称号。2021年2月，党中央、国务院追授黄景教"全国脱贫攻坚先进个人"称号。

黄景教是都安瑶族自治县供销联社党组成员、监事会副主任，都安县拉烈镇地平村驻村第一书记。

"地平村"，望文生义，这应该是一个地势平坦宽广的村落，实际上，这里山高地不平，属于大石山区，耕地极少。地平村距都安县城约70公里，距拉烈镇约15公里，山高路远，交通闭塞。

地平村共有230户、893人，其中，建档立卡贫困户73户、298人，超过三分之一的人口属于贫困人口，是都安县最贫困的村之一，是脱贫攻坚战中的"硬骨头"。

2016年2月，他到拉烈镇地平村任党支部驻村第一书记。此前，他已经在加贵乡加泵村任党支部驻村第一书记。驻地平村后，黄景教每天晚上依次到各个贫困户走访，了解他们的诉求和愿望，有的是患病在身，缺医少药；有的是房子破旧了，希望得到危旧房改造款的援助；有的是核桃刚种上，不知道怎么护理……黄景教的扶贫笔记本很快写了一大本。

群众要求迫切解决的是村委驻地到巴桑屯1.5公里的沙土路铺上混凝土路面，这条路是村里的主干道，路面坑坑洼洼，晴时一脸灰，雨时一身泥，出行十分不便，也是村容村貌落后的关键因素。

黄景教向上级争取到修路资金，但这笔资金没有土地征收补偿费，而新修的道路经过部分村民的土地。黄景教上门诚恳地请求他们支持，他说：路修起来后，可以通汽车，猪羊鸡鸭、核桃黄豆可以拉到圩上卖，亲戚上门也方便啊，这些受益远远大于损失的一两分旱地，而且让子孙后代享福，路通了，上学方便，接新娘的花车才能开进村里啊！在黄景教的感召下，村民无偿让出土地，弄园至弄仰的公路很快建成通车。

地平村的村委办公楼破旧简陋，黄景教争取村级综合服务中心项目经费，建起村委服务中心大楼，完善卫生室、文化室、舞台、篮球场、公厕等公共设施。

黄景教入户时看到有几户农舍已经摇摇欲坠，难避风雨。山里夜晚，除了短暂盛夏，要盖被子才能抵御寒气。要尽快帮助他们建起新房子。黄景教驱车到 10 多公里外的镇政府，请镇里帮助协调危房改造指标，争取巴桑、弄险两个屯 7 户农户得到危房改造款，春节前，建起宽敞明亮的钢混平顶房，欢天喜地进新房。

搬上新房的农户很感激黄景教，春节前特地给黄景教送上两只大公鸡，黄景教笑着说，媳妇在家已经准备好了，你们拿回家过年吧！无论农户怎么劝说，黄景教就是不接受这份心意。黄景教离开后，农户提起他都念念不忘，多好的人啊，就这样离开了！

修路建房，只要资金到位，短时间就可以实现，但是要让农民真真正正发家致富，这是一场漫长而艰辛的攻坚战。

2016 年 6 月，黄景教组织 6 个队的群众组建了养鸡场，成立农民养鸡专业合作社。购进 1200 多只鸡苗，没想到，没过几天，鸡苗突然染病，死了 1100 多只，损失 1 万多元。有的村民把气发泄到黄景教身上，怨他叫大家搞养殖发家，没想到没发财，反而先亏了一大笔钱。

黄景教压力很大，但他没说什么，他知道一定是护理有问题，鸡苗损失了，农户难过，他心里也很难过。黄景教驱车 70 公里，到县畜牧兽医局，带来 2 名兽医，到养鸡场查看病因，并在村委举办了地平村首届科学养鸡技术培训班。

兽医说，鸡苗长途运来，鸡苗本身抵抗能力弱，被雨水一淋，就容易发病，夏天闷热潮湿，鸡场没有消毒、通风，容易滋生病菌，就出现鸡苗大面积死亡的现象。

原来养鸡场要定期杀菌消毒，原来埋怨黄景教的人知道错怪了黄景教，连忙向黄景教道歉。黄景教说，不怪你们，是我工作不到位，没能给你们安排技术指导。

黄景教自掏腰包，给农户垫支，帮助他们再购进一批鸡苗。吃一堑长一智，由于学会了养殖技术，2017 年，合作社养殖出栏土鸡3000 多只，收益 2 万元左右，群众经济收入大幅度提高。

2017 年，都安县实施了"贷牛（羊）还牛（羊）"产业扶贫项目，黄景教在村里举办 4 期养牛、养羊技术培训班，带领群众创办农民养羊专业合作社。在黄景教帮助下，村里种植两性花毛葡萄 110 亩、旱藕 100 亩。

撼天地容易，移风易俗难。遇到红白喜事，大操大办是山村千百年来的旧习俗。如办丧事，有的人家前后办 9 天，杀猪宰羊，花费数万元。在黄景教的推动下，村民召开会议，制定"丧事从简，不请魔公道师；婚嫁不大操大办，男女各方标准在 10 桌以内；新居升学喜事，一律从简"的村规民约，黄景教说：老人在世能够吃好穿好，才是真正的孝顺。家里亲人离世，心里已经十分难过，还要折腾几天，花费几万，这样多年的血汗钱就没了。其实，大家心里都明白这个道理，只是家看家，户看户，怕被众人议论。大家一致举手表决通过从简的公约。大操大办红白喜事的旧俗逐渐改变，极大减轻了村民负担。

经过几年的努力，地平村贫困户产业覆盖率达 100%。2016 年至2019 年底，地平村贫困人口只剩下 21 人，贫困发生率降为 2.47%。

黄景教全身心投入扶贫事业，得到家人的理解和支持。为了方便他进村，妻子将家里的门面转让，给他买了一辆越野车。脱贫攻坚战紧张的时候，他经常两三个月才能回一次家。每次到家，小女儿总是搂着他的脖子不放；每次离家时，小女儿总问：爸爸什么时候才回来？每次回来，他都抢着做家务，妻子知道，他是用这种方式来弥补。每一次，妻子都默默地看着他，又默默地送他上车下乡去。

黄景教已经离去，化作了一座巍峨的大山，地平村的群山静穆，树木伫立，连风声都听不到，它们都在怀念这位朴实的优秀的共产党员。

仫佬族整族脱贫

2020 年，罗城仫佬族自治县正式退出贫困县序列，仫佬族实现整族脱贫，与全国人民同步实现全面小康，这是仫佬族发展史上具有里程碑意义的大事，也是中华民族共同繁荣发展的一件大事。

仫佬族主要分布在广西，贵州也有。多数聚居在罗城仫佬族自治县的东门、四把、黄金、龙岸、天河、小长安等地。仫佬族先民，属于西瓯骆越民族一支，泛称为"僚"。宋、元两代，是仫佬族从"僚"中分化成为单一民族的时期。与桂西南土官制度不同，宋之后，罗城一代实行汉官管理，仫佬之名在史籍中有明确记载，称"穆佬""木娄"等。明后，以"木老""木佬""姆佬"等名称见于史册。1956 年，经过民族识别，国务院正式确认为仫佬族。

罗城县位于云贵高原苗岭山脉九万大山南麓，西北高、东南低，喀斯特地貌。1952 年，天河县并入罗城县。1984 年，经国务院批准，成立罗城仫佬族自治县，是全国唯一的仫佬族自治县，仫佬族人口占全县总人口约 35%。

新中国成立后，仫佬族地区实行土地改革，完成农业合作化，开启民族发展的新纪元。改革开放后，罗城仫佬族自治县成立，政治、经济、社会、文化迅速发展，城乡发生翻天覆地的变化。

但是，由于自然、历史等条件，作为全国唯一的仫佬族自治县、国家扶贫开发工作重点县、滇桂黔石漠化片区县和广西深度贫困县，罗城全县总面积 2651 平方公里，辖 7 镇 4 乡 141 个村（社区），总人口 38.8 万。其中，2015 年底，全县共有 8.39 万建档立卡贫困人口、

82 个贫困村，贫困发生率为 28.47%。

党的十八大后，罗城仫佬族自治县聚焦"两不愁三保障"短板，着力打好义务教育保障、基本医疗保障、住房安全保障、饮水安全保障、产业就业全覆盖"五大战役"，以打赢脱贫攻坚战，同步实现全面小康。

罗城县"仫佬家园"位于县城的黄金地段，南邻罗城仫佬族博物馆、于成龙廉政文化展示馆及成龙湖公园，依山傍水，湖光山色，美不胜收。"仫佬家园"总投资约 7.44 亿元，占地面积 443 亩。其中，安置小区建设用地 295 亩，总建筑面积约 20 万平方米，共建有安置房 44 栋 2356 套，搬迁安置建档立卡贫困人口 1964 户 8932 人，是罗城 4 个易地扶贫搬迁安置小区中建设规模最大、配套功能设施最全的一个小区。

"仫佬家园"安置小区水、电、路、网等市政道路、绿化、亮化等基础设施齐全，配套建有中学、小学、幼儿园、医院、农贸市场、文化广场、派出所，还有民族产业园、农村电商中心、扶贫平价超市、就业创业培训中心、便民服务中心、老年活动中心、图书室、文化室等。

深圳市福田区是罗城县的对口扶贫单位，为确保搬迁群众能够实现"搬得出、住得下、能发展、可致富"目标，福田区在"仫佬家园"教育、医疗、产业等方面大力扶持，如修建宽度 30 米、全长 1.16 公里的园区主干道"深圳路"，建设深圳福田扶贫车间·松声电子厂、罗城·深圳实验小学、罗城·深圳福田幼儿园等配套项目。罗城·深圳实验小学开设 28 个教学班，在校学生 1422 人，搬迁群众子女在小区内上学，免去接送之劳。而此前，很多孩子去学校每天跋山涉水，从家里到学校需要步行一两个多小时的山路。

社区通过采取"党建＋就业"扶持工作模式，实施"一人就业"扶持政策，做到有劳动力且有就业意愿的搬迁户至少有 1 人稳定就业。除了扶贫车间项目，通过电子商务与深圳直销对接的渠道，罗城手工切粉、五色糯米、七彩土鸡蛋、野生山茶油等特色产品销往广东和深圳等地。

此外，实施"一千亩红心猕猴桃、一千亩毛葡萄、一千亩黄金百香果"的"千亩千户"工程，即通过流转 3000 亩土地用于发展红心猕猴桃、毛葡萄、黄金百香果等产业，搬迁户每户可获得 1 亩以上产业收入分红。

除了"仫佬家园"，罗城县还有"凤凰寨"和"老乡家园"易地扶贫搬迁安置点，共安置 1.23 万的贫困人口。

对于一方水土不能养活一方人的贫困户实行易地扶贫搬迁，而大多数的贫困户通过完善基础设施建设和发展特色产业等途径，实现脱贫致富。

罗城县建成屯级硬化路 1200 条 1893 公里，山区超过 18 万人告别行路难；累计建设集中供水工程 611 个，解决了 20 多万人的饮水难题。

鼓励贫困群众在石山地区大力发展毛葡萄产业，在坡岭地区种植油茶、"三特"水果，在平原地区发展糖料蔗、桑蚕等扶贫产业。全县创建各级现代特色农业示范区（园、点）190 多个，特色产业面积达 280 多万亩，肉牛养殖存栏量 2.8 万余头，特色产业覆盖贫困户93.39%，群众有了稳定的、可持续的收入来源。罗城县是"中国野生毛葡萄之乡"。由于毛葡萄根系发达，耐旱耐瘠，具有恢复植被、防止土壤沙化、保持水土的能力，是石漠化、丘陵山地生态恢复重建的理想树种。罗城县种植毛葡萄总面积达 8 万亩，毛葡萄产业是治理石漠化、促进农民增收的重要举措。然而当地毛葡萄深加工企业规模小、产品单一，影响了毛葡萄产业的种植效益。在粤桂协作扶贫中，建毛葡萄深加工及冻库项目，生产毛葡萄原浆 1000 吨、优质毛葡萄饮料 2000 吨，帮助解决罗城县毛葡萄产销矛盾问题。

大力推进电商扶贫，建成了罗城电商扶贫产业园，培育发展 50 多家电商扶贫企业，建成了覆盖所有行政村的 137 个电商服务点，带动 6000 多户贫困户增收。

罗城依托丰富的旅游资源发展生态旅游业，引进旅游开发公司投资 3.2 亿元，开发棉花天坑生态旅游扶贫项目，并成功获评国家 4A 级景区，周边群众通过土地入股、景区务工，1560 多名贫困人口实现增收。2018 年 12 月，罗城被评为全国森林旅游示范县。

经过长期的脱贫攻坚，仫佬山乡旧貌换新颜，一条条乡村公路四通八达，一栋栋崭新楼房拔地而起，一个个扶贫产业星罗棋布……2020 年，罗城仫佬族自治县正式退出贫困县序列，制约仫佬族发展的千年贫困被拔除，仫佬族实现整族脱贫，昂首阔步奔向美好未来。

毛南族整族脱贫

"得知毛南族实现整族脱贫、乡亲们生活有了明显改善，我感到很高兴……希望乡亲们把脱贫作为奔向更加美好新生活的新起点，再接再厉，继续奋斗，让日子越过越红火。"2020 年 5 月 20 日，习近平总书记对毛南族实现整族脱贫作出重要指示，他再次强调："全面建成小康社会，一个民族都不能少。"[①]

毛南族实现整族脱贫的消息让人们再次关注毛南族和这个位于黔桂交界的环江毛南族自治县。

毛南族是全国 28 个人口较少民族之一，环江是毛南族的发祥地和主要聚居地，也是全国唯一的毛南族自治县，全国 70% 的毛南族集中居住在该县，全县有 72 个毛南族聚居村、6.45 万毛南族人口，是国定贫困县和广西 20 个深度贫困县之一。

1956 年 7 月经过民族识别，正式确定毛南族为单一民族，称为

---

① 《习近平对毛南族实现整族脱贫作出重要指示》，新华社 2020 年 5 月 20 日。

"毛难族"。1984 年，环江县设立上南和下南两个毛难族乡。1986 年，国务院批准"毛难族"改为"毛南族"，批准撤销环江县，设立环江毛南族自治县。

一般认为，毛南族与布依族、仫佬族、仡佬族等南方民族有渊源关系，都是由岭南百越支系发展而来的。

新中国成立前，毛南族地区基本处于一种政族合一的自治行政建制中。毛南族都以同姓同族聚居，各个家庭以同宗共祖的关系聚居在一个村屯之中，一般一个姓氏为一个村峒。环江县毛南族以谭姓最多，约占本民族总人口的 70% 以上。此外，还有韦、覃、袁、卢等姓。村寨在半山腰或山顶上，多则几十户、少则十来户，最大的也不超过百户。房子为干栏式，砖瓦房、泥巴房、茅草房，依山而建。毛南族主要从事农业生产，主要种植玉米、红薯、黄豆等杂粮，有水源的地方种植水稻。

新中国成立以后，中国共产党和人民政府带领毛南族人民废除了封建土地所有制，实现了耕者有其田，从政族合一的半原始状态进入到现代社会。为改变毛南族地区交通不便，粮食不足，人畜饮水困难等落后状态，环江毛南族山区兴修水库、山塘、人畜饮水池，大搞农田水利建设。先后修建了蓄水 6 万立方米以上的水库 5 座，特别是修建了容水量达 130 万立方米的南川水库，使毛南山乡农田的灌溉得到了保证。特别是改革开放后，随着村村通路、水、电、电视、互联网等扶贫开发项目的实施，环江毛南族山区的吃饭难、饮水难、出行难等问题基本得到解决。

由于历史、地理、自然等因素，环江毛南族自治县的发展仍然比较落后。2015 年，全县 6 万多毛南族人口，其中建档立卡贫困人口 1.47 万人，占全县贫困人口的 22.07%。

为了实现与全国同步全面建成小康社会的目标，环江毛南族自治县实施"生态立县、旅游兴县、工业富县、文化活县"的发展战略，打好义务教育保障、基本医疗保障、住房安全保障、饮水安全"四大战役"，集中攻坚"路、电、网"建设，补齐基础设施短板，采取扶贫、扶志、扶智相结合的办法，狠抓产业扶贫和易地搬迁，解决"两不愁三保障"突出问题。

下南乡中南村南昌屯，是环江毛南族的发祥地之一。如今的南昌屯，91户352人在"整村推进"扶贫模式中，实现全屯脱贫致富。村民们不但告别了过去简陋的瓦房，而且在保留民族文化元素的基础上，整合资金1000多万元，进行全屯风貌改造。青山绿水、风光如画的南昌屯被评为"中国少数民族特色村寨"。

南昌屯是环江县决胜脱贫攻坚战的一个缩影。实施精准扶贫以来，环江143个行政村（社区）全部通硬化路，1728个20户以上自然屯全部通砂石路或水泥硬化路；143个行政村（社区）均建有办公场所并设有宣传栏、篮球场、文化室（农家书屋）、戏台等硬件设施；全县100%的农户有电视机或电脑、智能手机等，网上营商已成为毛南山乡最新时尚。

以大力发展桑蚕、香猪、优质稻、杉树、柑橘、菜牛、油茶等七大扶贫产业为主要产业，全县143个行政村（社区）全部有新型农业经营主体或产业基地覆盖；全县建档立卡的26322个贫困户，除3770户属于无劳力户或举家长期外出务工不能发展产业外，扶贫特色产业覆盖率达94.62%。

建立县城2个、乡镇7个易地扶贫搬迁安置点，异地安置4360户17860名贫困群众，其中，包括2356名毛南族贫困人口。通过产业园分红、扶贫创业、扶贫就业等途径，实现"搬得起、住得下、能致富""新村变新城、农民变市民"的目标。

扶贫攻坚中不忘民族文化的发展。花竹帽是毛南族文化的代表之一。2011年，毛南族花竹帽编织技艺被列入第三批国家级非遗名录。下南乡被原文化部授予"中国傩戏（木面舞）之乡"称号。

◆ 环江县下南乡中南村南昌屯。

　　"绿水青山就是金山银山"。环江确立"生态立县"战略，引导群众林下种植、养殖，创建了 100 多个现代特色农业（核心）示范区，带动种植生态特色水果 13.8 万亩。环江是国家级生态示范区、全国绿化模范县、中国兰花之乡，森林覆盖率达 72%。

　　环江喀斯特已申报成为世界自然遗产地，有九万山久仁和木论喀斯特两个国家级自然保护区，牛角寨瀑布群、木论喀斯特生态旅游区两个国家 4A 级旅游景区，两个四星级乡村旅游景区，先后荣获"首批国民休闲旅游胜地""全国森林旅游示范县"等称号，加之多彩的少数民族文化，环江的旅游业发展前景广阔。

　　毛南族整族脱贫，对广西各民族决战决胜脱贫攻坚具有里程碑式的重要意义，充分体现了不管哪个民族、条件多难，党和政府对人民群众"全面建成小康社会，一个民族都不能少"的承诺一定会兑现。

结　语

　　蜿蜒左右江，滔滔红水河，巍巍大石山，这里是邓小平、张云逸等老一辈无产阶级革命家领导百色起义和龙州起义的地方，是韦拔群、陈洪涛等红七军、红八军将士抛头颅，洒热血的地方，回响着"红旗不倒"的革命壮歌，映照着插上镇南关的红旗；这里是"高峡出平湖""好人好马上三线"的创业者战天斗地、无私奉献的地方，这里有"分田到户"和"村民自治"的敢为人先、敢闯敢试的创举。

　　这里山川纵横、峰峦林立、沟壑绵延，大自然鬼斧神工造就了"甲天下"的山水，也造成"九山半水半分田"的地貌，这里是广西自然条件最恶劣、交通最闭塞、基础设施最薄弱的地方，行路难、上学难、看病难、用水难、用电难、上互联网等问题长期以来难以根除，是全国脱贫攻坚的主战场之一。

　　革命老区和人民为中国革命作出巨大牺牲和贡献，让老区人民同全国人民一道进入全面小康社会，是对先烈的告慰，是我们党的庄严承诺。习近平总书记 2017 年 4 月在广西考察时指出，广西是革命老区，是贫困地区，也是边境地区、民族地区[①]。2015 年 2 月，国务院批复同意实施《左右江革命老区振兴规划》，提出将左右江革命老区打造成产业集聚、经济繁荣的活力老区，天蓝山青水净的美丽老区，人民安居乐业的幸福老区，全国旅游文化示范的文化老区。

　　左右江革命老区所涵盖的范围，在广西境内包括今百色、河池、

[①] 《八桂大地起春潮——以习近平同志为核心的党中央关心广西发展纪实》，新华社 2018 年 12 月 8 日。

崇左 3 个地级市和南宁市的 2 个县，共有 32 个县（市、区）。它们是：百色市的右江区、田阳区、田东县、平果市、德保县、靖西市、那坡县、凌云县、乐业县、田林县、隆林各族自治县、西林县，河池市的金城江区、宜州区、罗城仫佬族自治县、环江毛南族自治县、南丹县、天峨县、凤山县、东兰县、巴马瑶族自治县、都安瑶族自治县、大化瑶族自治县，崇左市的江州区、扶绥县、大新县、天等县、宁明县、龙州县、凭祥市，南宁市的隆安县、马山县。这是广西贫困人口最多、贫困面最广、贫困程度最深的地区，是广西脱贫攻坚战的最后的、最难攻克的堡垒。

莫怨嗟，稳脚度年华，铁树要开花。老区各级党员干部和各族群众牢记习近平总书记嘱托，弘扬老区精神，以"不破楼兰终不还"的气势，投入决战决胜脱贫攻坚战中。

修路建桥、平地盖房，清除垃圾、修建下水道，谋民生之利、办民生之事、解民生之忧从一草一木，一砖一瓦做起。兴建高铁、高速公路、机场，村村通路、通电、通水、通电视、通网络等工程竣工，良好基础设施让老区面貌焕然一新，极大地改善老区人民的生活生产条件，迅速缩小城乡差距。基础设施建设为决胜脱贫攻坚战奠定坚实基础。

全面加强党的组织建设，切实把习近平总书记关于脱贫攻坚的重要论述和指示精神落到实处，把思想和行动统一到打赢脱贫攻坚战的实践中来，举全自治区全社会之力，层层落实，凝心聚力，攻坚克难，这是决胜脱贫攻坚战的根本保证。

因地制宜、因户施策，一县一业、一乡一特、一村一品，诠释了精准扶贫、精准脱贫的要义。绿茶、红番茄、黄橘子、青皮甘蔗、黑皮冬瓜、紫色火龙果，还有白的羊、黄的牛、黑毛猪、绿头鸭……老区的产业发展了，农民增收了，集体经济壮大了，发展产业是打赢脱贫攻坚战的根本之策。

"绿水青山"就是"金山银山"。退耕还林，退牧还草，石漠化治理，江河湖库治理，让穷山恶水改换了容颜，荒山秃岭披上了绿装。如今的左右江地区，生态优良，森林覆盖率超过70%，空气质量优良天数比率超过95%。如"世界长寿之乡"巴马，年接待游客数量从10多年前不足1万人次增至当前500多万人次，每年超过10万"候鸟人"留居于此。"绿水青山的优势金不换"是决胜脱贫攻坚战的底色。

艰难困苦，玉汝于成。2020年底，左右江革命老区建档立卡贫困人口230.32万人全部脱贫，28个贫困县全部摘帽，如期实现脱贫目标。短短几年，基础设施大改善、经济总量大增长、社会事业大发展、人居环境大变样、生活水平大提高，思想观念、精神面貌也发生深刻变化，左右江各族人民摆脱了长期困扰的绝对贫困，和全国人民一道，站在全面小康的新起点上。

全面建成小康社会，实现第一个百年奋斗目标，在中国共产党奋斗史、新中国发展史、中华民族文明史上都具有里程碑意义。

不忘初心，方得始终。中国共产党人的初心和使命，就是为中国人民谋幸福，为中华民族谋复兴。中国共产党打江山，为的是让人民过上好日子；守江山，为的也是让人民过上好日子。从新民主主义革命到社会主义革命和建设，再到改革开放和社会主义现代化建设，从小康到全面小康，党的百年奋斗史就是为人民谋幸福的历史。老百姓衷心拥护中国共产党，就是因为中国共产党始终全心全意为人民服务、为各民族谋幸福。得民心者得天下，守民心就是守江山。

党根基在人民、血脉在人民。中国共产党之所以能克服艰难险阻，从胜利走向新的胜利，正是因为一切为了人民，一切依靠人民。"为有牺牲多壮志，敢教日月换新天"，从硝烟弥漫的战场，到没有硝烟的脱贫攻坚战，党和人民一次次生死相依，一次次患难与共，开创出历史辉煌，创造出人间奇迹。党同人民一条心、军民团结如一人，则无往不胜、无坚不摧，这是党在血与火的斗争中得出的颠扑不破的真理。

关山万千重，山高人为峰。共产党人是中华民族的筋骨和脊梁，在百年征程的道路上，无论遇到什么困难、问题和挑战，始终初心不改、使命在肩、忠贞不移、笃行不怠。在广西脱贫攻坚战场上，无数共产党人勇挑重担，只争朝夕，埋头苦干，他们踏遍千山万水，深入千家万户，逢山开路、遇水架桥、披荆斩棘，写下了荡气回肠的英雄赞歌；共有 170 多名扶贫干部的生命留在了扶贫路上，黄文秀、蓝标河……他们用生命兑现了"脱贫攻坚不获全胜绝不收兵"的庄严承诺，谱写着不负历史、不负时代、不负人民的最美篇章。

全面建成小康社会，一个不能少；共同富裕路上，一个不能掉队。从扶贫攻坚到乡村振兴，是中国共产党带领全国各族人民追梦新时代的生动注解。

2020 年 5 月 20 日，习近平总书记对毛南族实现整族脱贫作出重要指示。指示中说："得知毛南族实现整族脱贫、乡亲们生活有了明显改善，我感到很高兴……希望乡亲们把脱贫作为奔向更加美好新生活的新起点，再接再厉，继续奋斗，让日子越过越红火。"[①]

2021 年 4 月，习近平总书记视察广西时指出："现在全中国 56 个民族都脱贫了，兑现了我们的庄严承诺。但我们还不能停步，接下来要向着第二个百年奋斗目标新征程迈进，一个民族也不能少，加油、努力，再长征！"[②]

2023 年 12 月，习近平总书记视察广西时指出："广西是我国少数民族人口最多的自治区，同时是革命老区、边疆地区，在中国式现代化建设中肩负重要使命。""广西雨热充沛，农业生产条件好。要发挥

---

① 《习近平对毛南族实现整族脱贫作出重要指示》，新华社 2020 年 5 月 20 日。
② 《"加油、努力，再长征！"——习近平总书记考察广西纪实》，《人民日报》2021 年 4 月 29 日。

广西林果蔬畜糖等特色资源丰富的优势，大力发展现代特色农业产业，让更多'桂字号'农业品牌叫响大江南北。""祝愿乡亲们的生活像甘蔗一样甜蜜！"①

为实现第二个百年奋斗目标新征程上一个民族也不能少的庄严承诺，我们要继承老区精神，弘扬"上下同心、尽锐出战、精准务实、开拓创新、攻坚克难、不负人民"的脱贫攻坚精神，将之转化为推动新时代中国发展进步、战胜一切风险挑战的重要精神动力。

时光流转，不朽的是精神。无论是在革命年代，社会主义建设和改革开放时期，还是新时代新征程上，左右江革命老区的那些人、那些事永驻人心，至今仍然感动着我们，温暖着我们，鼓舞着我们，激励着我们。老区精神的传承生生不息，老区精神的力量无穷无尽。左右江革命老区各族人民将继承和弘扬坚定信念、求真务实、艰苦奋斗、争创一流、无私奉献的老区精神，以义无反顾、不屈不挠、自强不息、敢于胜利的英雄气概，在追梦路上砥砺前行。

---

① 《幸福的歌声 希望的田野——习近平总书记考察广西纪实》，新华社 2023 年 12 月 17 日。

后 记

"东流逝水几经秋，回首征程岁月稠。"为争取民族独立、人民解放和国家富强、人民幸福，中国共产党领导全国各族人民不懈奋斗，走过百年的光辉历程。百年的峥嵘岁月将永远被世人所铭记，百年的光辉业绩将永载历史丰碑上，百年铸造的中国共产党人的精神谱系也必将被代代传承。

为深入学习贯彻习近平新时代中国特色社会主义思想，及时记录新时代决战脱贫攻坚、决胜全面小康的伟大历程和辉煌成就，讲好红色故事，赓续红色血脉，汲取奋进力量，共圆伟大复兴中国梦，国务院参事室、中央文史研究馆组织编纂《红色记忆——革命老区巡礼》系列丛书。

本书是丛书中的一个分篇，按照中央文史研究馆制定的编撰方案、编辑体例和相关要求进行编撰。主要反映广西左右江革命根据地的概况，新民主主义革命时期主要是土地革命战争时期的革命斗争情况，新中国成立后特别是打赢脱贫攻坚战、全面建成小康社会的翻天覆地的变化。在记叙上，不采用党史正本的写作方式，不求全面叙述左右江党组织的发展历程，不对重大问题、重要事件、重要人物进行全面评叙；在内容上，不是对当地经济、社会、文化、教育、卫生等方面的全面记述，而是在掌握基本史实的基础上，发掘、筛选其中带有典型意义的人物和事件，以史话的形式，反映老区各级党员干部和各族人民"为有牺牲多壮志，敢教日月换新天"的精神风貌，讴歌伟大的老区精神和脱贫攻坚精神。

本篇的编撰，国务院参事室、中央文史研究馆始终高屋建瓴，把关定向，悉心指导。文史业务司司长耿识博亲临广西调研，指导编纂工作；王优同志对书稿的组织、编撰、审读等工作给予细致指导、热情帮助。丛书专家委员会委员王新生、李亚平对书稿多次提出具体的修改意见。本篇由广西壮族自治区人民政府参事室、广西文史研究馆具体组织编撰。设本篇组委会，由主任张志文，副主任黄景、韦廷宗，委员喻明强、郑健、韦青峰、熊玉宇组成。组委会精心组织，从各方面保证编撰工作的顺利进行。中共广西壮族自治区委员会宣传部、党史研究室审阅了编撰方案、编目提纲、部分书稿，提出了很好的意见。本书的编写广泛吸收了党史界和其他社会科学界的研究成果，并得到百色、河池、崇左、南宁等市委宣传部、党史研究室及地方志、档案馆等有关部门、单位的支持和帮助。在这里，谨向所有关心、支持、帮助本书编撰出版工作的单位和个人致以诚挚的感谢！

"丹青之兴，雅颂之述，美伟业之馨香。"承担本篇的编纂工作，幸何如之！这是以史为鉴、不忘来路的职责所在，更是记录新时代、讴歌新时代的使命担当。为不负所托，2022 年 7 月起，我们开始制定本篇的编撰方案、篇目提纲，送相关单位征求意见，加以完善。随后调研、征集资料、撰写初稿。经反复多次评稿、修改，审稿、再修改。本篇执笔：第一部分黄铮，第二部分庾新顺，第三部分覃坚谨、蒙爱群。全书由覃坚谨统稿，黄铮、庾新顺审订，彭洋对部分书稿进行修改润色。经编写组和相关人员历时一年有余的努力，始得完稿。

由于时间仓促，加之编者的学识和所掌握的资料有限，本篇在史料运用、文字表述等方面难免存在疏漏和不足之处，敬请读者批评指正。

本书编委会

2023 年 12 月